經濟周期謎團！從信貸市場到結構性改革

企業思想之父的創新理論與現代應用

彼得
(umpeter)

著

王永勝 — 譯

The Theory of
conomic Development

熊彼得
經濟發展理論

新經濟學之父熊彼得的經典著作

濟學界和管理學界的必讀書目

齊周期 × 資本利息 × 循環流轉 × 生產要素

新是經濟發展的核心動力，熊彼得的顛覆性理論見解！

目錄

序

本書所提到的某些思想最早可以追溯到 1907 年。1909 年時，我終於把這些思想整理完畢，此時關於資本主義社會的純粹經濟特徵的分析框架已經成形，而且自那之後沒有發生重大的改變。這本書於 1911 年的秋天以德文首次出版，在它出版之後的十年內沒有再版。十年之後，我勉強同意了出版第二版，刪除了第七章，並重寫了第二章和第六章，對文章其他的部分也增減了一些內容，這是發生在 1926 年的事。德文版的第三版僅僅是第二版的重印，沒有什麼變化，現在的英文譯本是根據德文第二版翻譯的。

如果我說本書再版時除增加了一些說明註釋之外沒有任何修改，是因為我對本書的每一個細節都很滿意，相信書中的論點是完善的，就等於說我對本書初次出版後自己所說和所做的，產生了認知上的偏差。儘管我認為書中的框架（或者可以稱為「觀點」）和結論基本上是正確的，但是對於其中的很多內容，我現在持有另外的看法。在這裡，為了說明情況，我舉一個例子說明。讀者可以在第六章發現，當我第一次提出經濟周期理論時，我想當然地認為它是單一的波浪式運動，也就是朱格拉周期（Juglar cycle）。但我現在相信至少存在著三種或三種以上這樣的經濟周期運動；而當前經濟周期理論家面臨的最重要的問題是把這些經濟周期區別開來，並描述它們之間相互作用產生的經濟現象。但是，我沒有打算把這些要素寫入到本書後來的版本之中。因為，書籍如同孩子一樣，一旦它們離開「父母」的懷抱，就已經自成一體，它們擁有自己的

生活，我們不應該去干涉那些「離家的人」的生活。因此，對我來說最好的處理方法是盡量保持這本書的原貌，不去「破壞」它。因為這本書已經開拓出了自己的道路，不論是對是錯，在浩如煙海的德國文獻中，它已經在自己所處的時代和領域占有一席之地。如果沒有我的好朋友陶西格教授的建議，我就不會出版這本書的英文譯本。

　　基於同樣的原因，我也沒有像我偉大的導師龐巴維克教授（Eugen von Böhm-Bawerk）那樣對待自己的作品 —— 他耐心地關注每個反對或批評的意見，並在隨後再版的書中針對這些意見加上自己的評論。對於認真評論我的觀點的人，我更傾向於把爭論降低到最低程度，這不是因為我對他們缺乏敬意，恰恰我認為獲得他們的批評是我的榮幸，但是，我不得不承認至今還沒有遇到實質性的、能夠讓我信服的反對觀點。

　　雖然我現在關於「事實」研究和「理論」研究之間關係的想法和1911 年時有所不同，但是我仍然相信經濟學不能丟掉提煉出來的理論。理論無疑是重要的，因為它是我們分析現實問題的工具。儘管不斷出現的未經分析的事實，尤其是統計上的事實對於我們的理論研究來說非常重要 —— 事實會為經濟理論結構提供大量素材 —— 但在任何給定的階段，一些必備的經濟理論知識是處理出現的新事實的先決條件。如果關於這些新出現的經濟理論沒有發展，還停留在當初剛提出來的階段，那麼可以說這個理論是不好的理論，但卻不能說它不是一種理論。舉個例子，我現在仍然未能讓自己相信利息的來源這個經濟問題是既不重要又索然無味的。無論如何，我還是希望透過對貨幣、信貸、利息和經濟周期方面的更加「現實」的研究，提供更詳盡的數據，而這些數據正是現在的研究所缺少的。

　　本書中的論點形成了一個連貫的體系，這倒不是因為事先做過考慮

周密的計畫。大約 25 年前，我剛開始做利息理論、經濟周期理論方面的研究時，還沒預見到它們會和企業家的利潤、貨幣、信用等其他問題連繫在一起，但這整個過程引導我得出了現在的結論。結論表明，這些經濟理論是正確的，並且可以和均衡理論相對應。均衡理論過去是，現在仍是傳統經濟理論的核心。起初，我用了「靜態」和「動態」來表達這兩種結構關係，但是現在 —— 遵從弗里施教授（Ragnar Frisch）—— 我不再用這兩個詞表達這樣的結構意義。這兩個詞已經被其他的詞所代替，我也發現它們不斷地為我現在的研究工作提供很大的幫助。這種情況在經濟學範疇之外的領域也得到了證實，即我們所謂的文化演進理論。這種區別本身也遇到過很多批評，然而，這非常符合生活實際，比如經營一家公司所產生的現象和創立一家新的公司所產生的現象是有區別的。對那些喜歡鑽研詞語源流的人來說，如果他們覺得有必要做「機械的類比」，就應該提及一種動物學上的類比，因為「動態」和「靜態」這兩個詞是由約翰·密爾（John Mill）引入經濟學的，密爾可能是從孔德（Auguste Comte）那裡引入的，而孔德又告訴我們，他是從動物學家德·布雷維爾那裡借用來的。

在此，我要誠摯地感謝我的朋友雷德維斯·奧佩博士，他用難能可貴的好意承擔了需要耗費大量精力的翻譯工作，必須說這種工作是非常困難的。我們決定刪去原版第一章和第三章中的兩個附錄，以及某些部分的段落和小節。另外，我也對某些說明做了改動，有些地方整頁改寫了。由於本書中的論點本身沒有做任何的修改，所以做一張更改前後的對照表我認為是多餘的。

約瑟夫·熊彼得（Joseph Schumpeter）
美國麻薩諸塞州坎布里奇

第一章

給定環境制約下的經濟生活的循環流轉 [001]

[001] 這個題目是參考菲利波維奇使用的表述方式而選定的。參閱他的《概論》，第 II 編，緒論部分。 —— 原注

社會的發展過程實際上是不可分割的整體。如果把它比作洪流，那社會的研究者就是徒手從中提取經濟這個概念，並把一類事物稱為經濟的勇士。這樣的事實本身就包括了一種抽象的概念，即關於經濟的概念。任何一個事實都絕不僅僅或純粹是經濟的，它總會包含其他方面的內容，而且這些內容往往更為重要。然而我們也有權談論科學方面的關於經濟的一些事實；同樣，我們也有權書寫一部文學史，儘管一個民族的文學和它所處環境中的其他要素都存在著不可分割的連繫。

　　社會事實是人類行為的結果，而經濟事實是經濟行為的結果。因此，我們可以將經濟行為定義為人們以取得物品為目的所採取的行為。在這個意義上，我們可以研究行為的經濟動機，或是研究經濟在社會生活中的影響力，等等。但是，我們所關注的僅僅是透過交換或生產來獲得物品的經濟行為，因此我們應該將經濟行為的概念限定在獲得物品的這種行為上，而把其他比較廣闊的研究領域歸屬於經濟動機和經濟影響力這兩個概念。

　　經濟研究的領域首先應該限定在經濟行為這個概念上。必須指出的是，每個人都有經濟行為，區別只是或多或少而已；每個人都必須是經濟主體或依附於某個經濟主體。隨著社會群體中成員之間的分工越來越細緻，我們就可以把人們分為兩類：一類是直接經濟行為者，他們的主要活動是經濟行為或商業活動；另一類是間接經濟行為者，他們的經濟行為在社會生活中居於次要地位，被其他方面所掩蓋。這種情況下，經濟行為被特殊的團體活動所代表，儘管社會其他成員也必定會發生經濟行為。這個特殊群體的活動構成了經濟生活，這樣一來，我們所說的經濟事實不再是一個抽象的概念，儘管經濟生活在某種程度上和我們一般人的日常生活有著非常密切的關係。

接下來，我們要談一下經濟發展。說明並闡述經濟發展的規律是本書的目的所在。在提出我們的論點之前，我們首先應該在本章中提供一些必要的原則，熟悉一些概念，這些可能在我們以後的分析中會用到。其次，我們需要掌握過去已有的經濟理論的工具。從方法論意義上來說，我完全摒棄了在書中撰寫註釋這一做法。關於這些，我只是想讓大家注意到本章雖是經濟理論這個大的主題中的一部分，但是並不要求讀者真正具有論證這些知識的能力。再次，由於我們的論證較少需要理論上的知識，因此我會盡可能地用簡單的詞語而非專業的術語來講解。關於這些，大家可以參考我的另一本書[002]。

當我們探討經濟現象的一般表現形式、一致性或它們的關鍵點時，我們希望它們是「未知」的，是需要調查、探索的事物；然後，我們想要深入探索它們，把它們變成「已知」的，這和其他任何一門科學處理它們的研究客體是一樣的。當我們成功發現兩種現象之間明確的因果關係時，如果其中的「原因」不是經濟現象，那麼我們的問題就解決了。這樣便完成了經濟學家在研究中所能做的事情，其他的就應該交給對應的學科來解決。反之，如果其中的「原因」本質上屬於經濟現象，我們必須繼續探索，以求解釋這些現象，直到能夠對這些現象進行非經濟領域的解釋為止。這種研究路徑對一般的理論研究和具體的個案研究來說都是適用的。舉個例子，如果我們能論證地租差別是由於土地的品質不同造成的，經濟學解釋就到此為止；再比如，如果我能證明某種特定的價格運動是由於政府的商業管制造成的，那作為一個經濟學家我已經做到了極致，因為政府進行商業管制的目的不是為了透過交換或生產獲得

---

[002]《理論政治經濟學的本質和主要內容》（*Das Wesen und der Hauptinhalt der theoretischen Nationalökonomie*）——原注

產品，因此超出了純粹經濟事實這一概念的範疇。我們總是把經濟數據和非經濟數據連繫起來作為因果關係的一般形式來描述，而這無疑是可行的。每個具有實踐經驗的人都知道，經濟自身具有獨特的邏輯性，需要我們有意識地準確表達。為了做到這些，同時為了簡便起見，我們以一個孤立的社群作為樣本考慮。在這個孤立的社群中，我們同樣可以看到在複雜的環境中可以看到的事物的本質，這也是本書的主旨。

　　我們需要勾勒出心中所想像的經濟機制的主要特徵。為此，我們可以假設存在一個商業上有組織的國家，其中私人財產、勞動分工和自由競爭占主導地位。

　　如果一個人從來沒有見過或聽過這種國家，那麼當他發現一個農民生產穀物是為了滿足一個遙遠城市的麵包消費需求時，他不禁要問，這個農民怎麼會知道城市的消費者想要麵包，並且恰好是那麼多呢？而當他了解到這個農民根本不知道穀物被運往哪裡，被誰消費掉時，他一定會大吃一驚。此外，他可能還會觀察到，穀物必須經過一些人的手才能給到消費者手中，但是除了最後賣麵包的人，其他人都不知道最終的消費者是誰；甚至這些賣麵包的人也是一般的生產者或者購買者。農民很容易回答擺在他面前的這個問題，即長期的經驗 [003]，部分是繼承於他的。前人告訴他為了達到最大利益應該生產多少穀物，經驗也告訴他要考慮需求的大小。他盡量維持著這個產量，只有在外界環境發生重大變化時才會逐漸調整產量。

---

[003] 參閱維塞爾所著的《自然價值》（*Natural Value*），維塞爾在這本書中首次提出了這一點，並闡明了其意義。—— 原注

美國伊利運河通航，繪於 1829 年。

19 世紀初期以前，美國從東部港口向西到內陸去的貨物運輸，主要靠馬拉牛拽的大篷車隊，嚴重不利於經濟發展。於是美國建設了從伊利湖東端至哈得遜河上游的伊利運河，於 1817 年始建，1825 年竣工。伊利運河打通了五大湖和西北地區的貿易和移民，由伊利湖到紐約的貨運，只需要從前 1/10 的費用，使當時比費城和波士頓小得多的紐約，迅速發展成為美國最大的港口和城市。

　　在核算其他作物時，農民依舊採用這種方式，他們在相當程度上受到習慣的影響，而不是像大企業家一樣精準地核算。在一定的限度內，他知道自己必須購買的物品的價格；他知道自己必須付出的勞動的多少（不論他是根據純粹的經濟學原理來衡量勞動量，還是用不同於別人的眼光衡量在自己土地上的勞動量）；他知道耕作的方法，這是從歷年的經驗中得到的。經驗還告訴他，所有賣給他東西的人也都知道他的需求大小。所有經濟節奏中最引人注目的是經濟周期[004] 的循環流動，經濟周期的運動相對來說是比較快的，並且每個周期整體執行的步驟都是基本相似的，因此經濟交換的執行機制是非常精確的。經濟周期支配著個人的活動。農民必須生存，要麼直接依靠前一個經濟周期生產的產品，要麼

---

[004] 經濟周期，是指經濟執行中周期性出現的經濟擴張與經濟緊縮交替更迭、循環往復的現象。一個經濟周期可以大致分為衰退、谷底、擴張和頂峰四個階段。── 譯者注

依靠這個經濟周期生產的產品獲得的收入。此外，經濟周期還使得他捲入難以擺脫的社會和經濟關係的網路中。這些關係給他帶來了一定的生產方法和生產數據。所有這一切把他緊緊束縛在既定的人生軌道中。這種經濟的力量對我們來說具有非常重要的意義，需要仔細研究。在這裡必須說明的是，在接下來的分析中，我們假定每個人在每個經濟周期都是依靠前一個經濟周期生產出來的產品為生的，只要生產延伸到過去，或者只要一個生產要素的產品持續不斷地流動，那就是可能的。這是為了盡量簡化我們的闡述。

現在我們可以歸納並推廣上面所說的農民的例子。假定所有人都出售他們的產品，某人既是生產者也是消費者，當他消費自己生產的產品時，角色又變為顧客。他的私人的消費數量也是由市場價格決定的，這就意味著他可以透過減少對自己生產的產品的消費來間接增加對其他產品的消費；相反，此人消費自己生產的產品數量也是由市場價格決定的，這就是說，他消費自己的產品實際上也是展現在市場中的。就這一點來說，商人和農民所處的位置是一樣的 —— 在同一時刻為了他們自己的生產和消費，既是買家，又是賣家。當然，對工人也可以這樣看，他們所提供的生產服務可以和市場上其他種類產品列為同一類別。現在，每一個商人根據他自己的經驗來生產產品並尋找買家，這一點和農民是一樣的，擴大一點說，每個人都是一樣的。排除掉由於各種原因可能出現的干擾因素的影響，所有的產品都必須被賣掉，因為它們確實是根據經驗得知的市場消費量而生產出來的。

關於這一點，我們進一步說明。屠戶能出售多少肉取決於他的消費者，比如裁縫要購買多少肉，購買價格是多少，但是這又取決於後者的營業收入；而裁縫的收入又取決於他的顧客（如鞋匠）的需求量和購買

能力，而鞋匠的購買力又取決於他的顧客的需求量和購買力；如此循環，直到我們找到那個收入取決於將自己的貨物售賣給屠戶的消費者。這種相互連線和連繫，在經濟體系的構成之中是隨處可見的，不論人們選擇從哪個方向進行這種體系的研究。從研究點向上開始研究也好，向下開始研究也罷，在經過了若干步之後，最終會回到研究的起始點。這種分析不會自然而然地停止，也不會由於出現了一個偶然因素而走向歧途，因為我們的研究要素更多的是在決定其他要素，而不是由其他要素來決定。

如果想要讓整體框架更完整，或許我們不應該用慣性思維來看待消費行為。舉例來說，我們每個人都認為自己是麵包的消費者，而不是土地、服務、鋼鐵等產品的消費者。但是，如果我們把每個人都看作這些東西的消費者，也仍然能夠清楚地看到個人生產的產品在經濟循環流動體系中的執行方式 [005]。現在，每種商品的每個單位，都不是按照相同的循環路徑到達相同的消費者手裡的，也就是說它們不總是像之前的商品在前一個經濟周期所經歷的生產過程那樣，經過相同的循環路徑到達相同的消費者手裡。但是我們可以假定，在不改變實質內容的前提下，這樣的循環流動是會不斷發生的。我們可以想像，生產力這個永不衰竭的資源年復一年地被重複使用，就是為了讓生產的產品和之前一樣，到達相同的消費者手裡。如果這樣的事情發生，那物品循環流動過程的結果就都是相同的。因此，在經濟體系中，一種需求總對應著一種供給，而且，在這個體系中不是只有一種商品，還有許多互補品，這些互補品就是人們所擁有的其他物品，人們會根據以往的交換經驗和條件，用它

---

[005] 參閱 A. 馬歇爾的《經濟學原理》（*Principles of economics*）第VI編，以及他的演說《老一代和新一代經濟學家》。對他來講，這個概念具有相同的作用。 —— 原注

們來交換其他的物品。根據所有的商品都能找到與之對應的市場這一事實，當所有物品的出售者都以購買者的身分出現，並且他們用各種交換手段獲得充足的物品以維持他們在下一個經濟周期的消費和生產時，經濟生活的一個循環流動就結束了。

由此可見，生活中各個家庭或生產者都是根據以往經驗給定的數據和同樣由經驗確定的生產方式來生產的，但這並不意味著在他們的經濟活動中就不可能發生變化。經驗給定的數據可能會發生變化，人們一旦注意到了，就會根據這種新的、變化了的數據來進行生產活動。但是人們會盡可能地遵從已經習慣的生產方式和方法，只有在外界環境發生較大變化時才會有所改變。因此經濟系統不會由於它自身的創新性而隨意變化，而是在任何時候都和先前的狀態相連繫，這就是「威澤爾的繼續性原則」[006]。

如果經濟系統真的不會「自行改變」，那麼，我們簡單地假定它總是傾向於維持原狀。我們並沒有忽視任何影響研究的要素，這樣做也只是想用理想的精確性來表達一個事實而已。如果我們描述一個完全沒有變化的制度，這確實是一種抽象式的假設，然而為了表述實際發生的事情的本質，我們將暫時這樣做。這樣做和傳統的理論並不相悖，至多只是習慣的說法有些不同，而後者卻不能表述清楚我們的論點[007]。

透過另一個途徑，可以得出相同的結論。一個社會在一個經濟周期內生產和銷售的一切產品的總和，可以稱為社會產品[008]。為了我們的研

---

[006] 最近在關於貨幣價值的著作《社會政策協會論文》（1909 年的會議報告）中有所闡述。──原注

[007] 參閱《理論政治經濟學的本質和主要內容》第 II 章。──原注

[008] 這一點要特別參閱亞當·斯密和 A. 馬歇爾的著作。這個概念幾乎和經濟學一樣古老，眾所周知，它有一段豐富的歷史，因此在使用它時一定要非常謹慎。對於有關的概念還可以參閱費雪（Irving Fisher）的著作《資本與收入》（*The Nature of Capital and Income*）、A. 瓦格納（Adolph Wagner）的《奠定基礎》以及皮古（Arthur Pigou）的《優惠關稅和保護關稅》（*Protective & Preferential Import Duties*），在此書中，皮古大量運用了「國民總所得」這個概念。此外還可以參閱他的《福利經濟學》（*The Economics of Welfare*）。──原注

究目的，不必更加深入地鑽研這個概念的意義。社會產品本身並不是作為「社會產品」而存在的。它並不是系統活動自然導致的結果，就像經濟制度本身也不是一種按照統一計劃執行的「經濟」一樣。然而這是一種有益的抽象思考。我們可以想像，在經濟周期快結束時，所有個人生產的產品在某個地方湊成了一大堆，然後根據某種原則分配。因為這個假設不包含對事實的重大改變，因而是可以成立的。然後我們可以說，每一個人都對這個巨大的社會資源作了貢獻，又從這個社會資源中得到一些東西。對每一種貢獻，在制度的某一處有著與之相應的另一個人的請求權；每一個人的份額都在某個地方隨時準備著。由於所有人都從經驗得知，為了得到他們所需要的東西，他們必須貢獻多少（考慮到每一份額包含一定貢獻這個條件）；這個制度的循環流轉就結束了，所有的貢獻和份額必須互相抵消，不論根據什麼原則去分配。至此為止我們所做的假設是，所有的相關數量都是由經驗給定的。

用我們大家都熟悉的方法，可以進一步提煉我們的分析架構，使我們對經濟系統的運轉規律有更加深入的認知。我們假定所有的這些過去的經驗都煙消雲散了，所有與需求和生產相關的數量都必須被重新確定[009]，這同樣的一群人，仍然具有相同的文化、口味、技術知識，對消費品和生產品有著相同的最初存量[010]，但是沒有過去經驗的幫助，他們必須透過自覺的努力，尋找到能將自身經濟利益最大化的辦法。我們並不就此以為人們在真實的經濟生活中有能力做出這種努力[011]，而是想要

---

[009] 這個方法是萊昂·瓦爾拉斯（Léon Walras）使用的方法。——原注
[010] 正如每一個 J.B. 克拉克的讀者所知的那樣，我們必須嚴格看待這些存量：不是按照它們的自然形態——例如多少張犁，多少雙靴子等——而是作為累積的生產力，可以在任何時候沒有損失、沒有摩擦地轉變成需要的任何特定的商品。——原注
[011] 因此，時常對純粹理論提出的反對意見不免是一種誤解：說它假定享樂主義的動機和完全合理的行為是經濟生活中實際發揮作用的唯一力量。——原注

以此說明經濟行為的理性，且不考慮現實中觀察到的家庭和廠商的真實心理反應[012]；我們也不想勾勒經濟發展史的輪廓，我們想要分析的，不是經濟過程是如何歷史地發展到我們實際所觀察到的情況的，而是在任何特定的發展階段，它的經濟執行機制或組織是如何運轉的。

　　要詳細闡述上面這些分析，就需要用到我們現在大都熟悉的一些概念。經濟活動可以有任何動機，甚至是精神方面的，但是經濟活動的意義在於滿足人們的需求。因此，我們從需求這一事實中得到的概念和命題非常重要，其中最重要的是效用的概念以及由它衍生出來的邊際效用[013]，或者用一個更現代化的詞語——選擇係數（Selection Coefficient）[014]。我們繼續提出一些原理，即資源在各種可能的需求範圍內的分配、互補品與競爭品等，由此我們可以推演出一些概念：交換比率、價格以及古老的經驗——供給與需求法則[015]。最後我們得到關於價值體系及其均衡條件的初步思想[016]。

　　一方面，生產是由所用原材料的物質屬性和自然程序決定的。這也屬於經濟活動，因為如約翰·雷在其編著的《資本社會學理論》[017]中所言，經濟活動只是觀察自然過程並對其進行充分加工利用的結果；自然過程中有多少事實與經濟方面相關，是難以盡述的。人們已經熟知的理論類型在具體的經濟事件中可能具有很重要的作用，也可能沒有任何意

[012] 當然，稍後還要引用心理學，來說明實際行為與合理圖畫的偏離。在以後各章中我們主要討論的是這樣的偏離：習慣的力量和非享樂主義的動機。——原注
[013] 邊際效用指在一定時間內消費者增加單位商品或服務所帶來的新增效用，也就是總效用的增量。在經濟學中，效用是指商品滿足人的慾望的能力，或者說，效用是指消費者在消費商品時所感受到的滿足程度。——譯者注
[014] 選擇係數，指不同個體在同一種環境條件下被淘汰掉的百分率。——譯者注
[015] 供給與需求法則，指在完全競爭的市場條件下，需求與供給會自然地逐步趨於平衡狀態，此時社會上各種商品的供給量和需求量相等，標誌著社會資源達到最優配置。——譯者注
[016] 這裡請讀者參閱邊際效用理論及其後繼者的全部文獻。——原注
[017] 這部著作具有強大的洞察力和創見，值得學者閱讀。——原注

義，比如物質報酬遞減法則（Law of Diminishing Return）[018] 這一理論。某一事實對於經濟福利的重要性和它對於經濟理論的解釋的重要性沒有必然連繫。但是，像龐巴維克[019] 的例子所表明的那樣，我們也可能在任何時候把新的生產技術引入我們的生產中。社會組織和我們所談論的經濟組織不屬於同一類，但在處於經濟理論的領域之外，僅作為技術事實的「數據」這一點上，社會組織和技術事實是處於相同的地位的[020]。

而在另一方面，我們可以更為深入地探討生產的核心，而不僅僅局限於它的物質和社會兩個方面，這是每一個生產行為的具體目的。一個經濟人在生產時除了知道生產什麼之外，還清楚地知道生產方法和生產的數量。顯然，在給定方法和客觀需要的框架內，沒有論據能夠證明必須生產「什麼」和「為什麼」生產。這樣，生產目的只能是創造有用的東西、創造消費品。在一個沒有交換的經濟系統內，只存在關於消費效用的問題，因為在這種情況下，每個人生產產品都只是為了直接滿足自己的消費需要。這種情況下，個人對產品生產需要的性質和強度，在可行的範圍內，對生產產生決定性的作用。給定的外部條件和個人需求顯然是經濟過程的兩個決定性因素，它們之間互相配合，共同決定了經濟的結果。生產跟隨著需求，可以說生產被需求拉著走。就交換經濟的情況來說，在其細節真實有效的前提下，情況也是一樣的。

---

[018] 報酬遞減法則，是指人類的經濟活動都是透過投入得到產出，但產出的增加趕不上投入的增加，最後必定會達到報酬遞減的狀態。換句話說，從投入得到產出的活動，其效率最後必然是遞減的。—— 譯者注
[019] 他關於收益隨著生產周期的增加而增加的規律，在我看來，似乎是把時間要素成功地引入到了生產方程式中。—— 原注
[020] 由於這一點及其他原因，約翰·密爾關於生產和分配的明顯區分，在我看來是不能令人滿意的。—— 原注

〈藥劑師實驗室的內部〉，
1818 年，荷蘭畫家約翰尼斯·耶爾格希斯（Johannes Jelgerhuis）繪製。
畫中一個藥劑師正在為顧客調製藥品。穿過門口，可以看到學徒正在工作。

　　生產的第二個方面決定了它一開始就是一個經濟問題。它必須與生產中的純技術問題區分開來。它們之間存在一種可以經常從經濟生活中看到的微妙的對立，這就是企業中作為個體的技術經理和商業經理之間的對立。我們經常看到生產過程中一方建議改變，而另一方卻總是拒絕，比如，工程師會推薦一種新的生產方式，而商業主管會以該方式不能增加效益為由拒絕採用。工程師和商業主管都可以表達他們自己的觀點，他們的目的都是恰當有效地管理企業，而他們的判斷來自對這種恰當性的認知。拋開誤解和對知識、事實的不了解等因素，他們之間在判斷上存在的差別就僅僅來自他們對恰當性的不同理解。當商業主管提到「恰當性」時，明顯指的是商業利益，我們可以這樣表述他的觀點：某種生產方式所需要的資源，如果用在其他地方，會產生更大的利益。商業主管認為在一個非交換的經濟中，生產過程的改變不會增加需求的滿足，相反，還會減少這種滿足。技術人員眼中的「恰當性」又是怎樣的呢？如果全部生產的唯一目的是需求的滿足，那把資源用在有損於滿足

需要的生產方法上確實不具有任何經濟意義。只要商業主管的異議在客觀上是站得住腳的，那他不聽從工程師的意見就是正確的。在此，我們不考慮由於技術使得生產工具日臻完善而帶來的半藝術性的滿足。實際上，在現實生活中，我們可以觀察到當技術和經濟效益相衝突的時候，技術因素會做出讓步。但是，這並不否認技術的獨立性、重要性以及工程師觀點中的合理性成分。因為，儘管在實際經濟生活中，經濟目的支配著技術的運用，但弄清楚生產技術的內在邏輯性而不考慮實際應用中的障礙，還是很有意義的。這一點我們可以舉例說明，假設蒸汽機的所有部件都符合經濟的恰當性，而且也被充分地利用，如果給蒸汽機更多的燃料，讓有經驗的人去操作它，並改造技術來提高工作效能，讓它在工作中發揮更大的作用，但卻不能帶來經濟效益的話，那這樣做就沒有任何意義，也就是說，如果為了提高蒸汽機的效能所增加的燃料、人力、技術改進以及原材料的成本大於它所能產生的經濟效益時，這樣做就不具有任何經濟意義；但是如果僅考慮在現有的條件下如何讓蒸汽機更有效率地運轉，及在現有的知識條件下能夠對蒸汽機進行何種程度的改進等，這樣做還是很有意義的。因為當所有這些條件都具備時，一旦這些技術變得有利可圖，它們就可以立即被付諸實踐。不僅如此，對於每次技術的改進都做認真思考，使得放棄那些技術並不是由於對現實條件的無知而是對經濟原理的深思熟慮，也是非常有益的。總之，在特定的歷史階段所使用的各項生產技術和方法不但包含經濟的內容，而且也包括物質的內容。物質方面的內容具有其自身的問題和邏輯性，要把這些想清楚 —— 首先不去考慮經濟效益方面的因素以及最終起決定性作用的因素，而是純粹考慮技術的意圖 —— 如果經濟因素在其中不具有任何決定作用的話，將這些新的技術運用到實際中就是技術意義的生產。

歸根到底，目前就是「權宜之計」決定著技術的生產和經濟的生產，兩者之間的差別在於這種權宜之計的性質不同。兩者相同的是，不同角度的思考方式首先向我們展示了技術的生產和經濟的生產之間的基本對比，然後又指明了一個同樣的區別。從技術和經濟兩方面考慮，生產其實沒有「創造」出任何物質意義上的新東西。在這兩種情況下，它都僅能影響或控制事物和生產過程，或者說「力量」。為了方便後面的論證，我們現在需要提出一個新的概念——「組合」，它包括「利用」和「影響」，涵蓋許多對物品不同的使用方法和處理方法；包括位置的改變，以及物理的、化學的和其他的生產過程。所涉及的這些方面無非是改變我們的需求現狀，改變事物和力量之間相互作用的關係，把某些事物組合起來而把另一些事物拆開來。從技術上和經濟上考慮，生產意味著在我們力所能及的範圍內，把事物和力量組合起來，並對它們施加影響和控制。每種生產方法都意味著這樣一種特定的組合。不同的生產方法只有透過組合方式的不同來區別，也就是說，要麼根據它們所組合的客體，要麼根據它們之間的數量關係來區別。對我們來說，每一個具體的生產方法都是這種組合的具體展現。這個概念可以延伸到交通運輸領域等。總之，從廣義上來說，「組合」可以被運用到任何生產領域中。每一個企業，甚至整個經濟系統的生產條件，我們都可以稱為「組合」。這個概念在我們的分析中造成了很重要的作用。

　　但是在現實中，經濟和技術的組合並不是一致的，前者考慮的是現實中存在的需求和手段，後者考慮的是生產的基本方法。技術生產的目的確實是由經濟系統決定的，技術只為人們需要的物品研究生產方法。經濟現實並不一定會把生產方法貫徹到符合它們自身的邏輯上並在技術上至臻至善，而是執行屈從經濟的方法。任何沒有考慮經濟條件的方法都會被修改，這說明經

濟的邏輯勝過技術的邏輯。因此，我們在現實生活中，看到圍繞我們的是有缺陷的繩索而不是鋼纜，是有缺陷的耕畜而不是參賽的良駒，是較原始的手工勞動而不是完美的機器等。經濟上的最優和技術上的完善並不相悖，然而它們在實際中卻經常背道而馳，這不是因為我們無知、懶惰，而是由於技術上低劣的方法可能仍然是最適合特定經濟條件的方法。

「生產係數」代表在一單位產品中各種生產要素的數量關係，是生產組合最基本的特徵。在這一點上，經濟因素和技術因素是相互對立的。以經濟利益為主的觀點不僅需要在兩種不同的生產方法之間做出選擇，還需要在特定生產方法的前提下，去考慮生產係數的影響，因為在某種程度上個別生產方法需要用到的生產數據是可以互相替代的，也就是說，一種生產數據的短缺可以透過另一種生產數據的增加來代替，但是這不會改變既有的生產方法。比如，在蒸汽機的例子中，可以透過增加手工勞動的人數來彌補蒸汽動力的減少，反之亦然 [021]。

透過用生產力組合的概念，我們界定和描述了生產過程的特徵，這個組合的結果就是生產出產品。我們現在必須準確地界定哪些要素要被組合到一起，通常來說，各種可能的物品類型和「驅動力」都可以以不同形式組合到一起。他們的大部分是由已經生產出來的產品組成的，只有很少一部分是自然形成的。當然，從物理屬性來說，很多「自然驅動力」實際上也扮演著產品的角色，比如電流。它們部分包括物質方面的東西，部分包括非物質方面的東西。此外，把一種物品解釋為產品還是生產數據，常常是人們如何解釋的問題。比如，勞動力既可以被看作被工人消費的產品，也可以被看作原始的生產數據。通常來說，一種物品屬於這種分類還是屬於那種分類取決於個人的出發點或立場，因此，同

---

[021] 卡弗在《財富的分配》中，對於文中所說的「變動」已經做了清楚的解釋。 —— 原注

一個物品對一個人來說可能是消費品，但對另一人來說可能是生產數據。同樣，一件物品的特徵通常取決於它被指定的用途。在理論文獻，尤其是早期的理論文獻中，到處可以看到關於這些問題的討論，在此我們只是指出這一點，接下來我們將討論更為重要的問題。

人們通常根據物品與最終消費行為的距離依次將它們分類 [022]。按照這樣的原理，消費品排在第一位，直接生產消費品的物品組合排在第二位，其他的以此類推，逐漸到更低的位次。必須牢記的一點是，只有在消費者手中並準備用來作為消費品的物品才能排在第一位。以麵包師烘烤出來的麵包為例，嚴格來說，它只有和送麵包的工人勞動組合到一起時才能被列為第一位。而位次較低的物品，如果不是自然界賦予的，那它總是由位次較高的物品組合而產生的。儘管這種排位可以用其他的標準表示，但為了我們的研究目的，最好還是把一個物品歸類到它曾經出現過的最高位次上。比如，勞動就是處於最高位次的物品，雖然它出現在產品生產的各個階段，但是它在最初階段就會出現在所有的生產中。在連續的生產或要素組合過程中，每種物品透過和其他較高位次或較低位次的物品的組合就被加工成為消費品；透過藉助其他與之相搭配的產品，它最終到了消費者手中，這如同一條河流，藉助匯合到其中的條條小溪，衝破岩石等的層層阻攔，最終變為幹流。

我們必須考慮這樣一個事實，那就是我們會看到隨著位次由低到高，物品會越來越失去自己的特性，即只做一種用途而不做其他用途的那些明確的特性品質。物品所處的位次越高，它們就越會失去自身特有的屬性，即只用於特殊目的的功效；它們的潛在用途越廣泛，對生產就

---

[022] 參考 K. 門格爾的著作《國民經濟學原理》（*Grundsätze der Volkswirtschaftslehre*）和龐巴維克的《資本利息的實證理論》（*Capital and Interest*）。 —— 原注

越具有普遍性意義。我們繼續沿著物品生產次序的邏輯系統往上走，會不斷碰到各種物品，它們的種類越來越不容易被辨別，屬性也變得越來越多、越來越廣，它們關於自身內容方面的概念變得越來越空洞，但是它們所代表的範疇變得越來越大，它們的家族體系也變得越來越單薄。簡單來說，我們所選擇的立足點離最終的消費品越遠，處於第一位次物品的數量就越來越多，它們是由處於較高位次的相同物品組成的。當任何一種物品全部或部分由相類似的生產數據組合而成時，我們就說它們在生產中是相關聯的。因此，我們可以說物品之間的生產關係是隨著它們所處位次的提高而連繫更加緊密的。

18 世紀熱氣球、飛艇設計圖。
熱氣球是人類最早發明的飛行器，18 世紀，法國造紙商孟格菲兄弟（Frères Montgolfier）受到紙屑在火爐中不斷升起的啟發，開始用紙袋試驗熱氣球。1782 年，他們進行了第一次飛行試驗，乘客是一隻羊、一隻雞和一隻鴨子。試驗時，孟格菲兄弟使用廢舊皮靴做燃料，因此，當時的人們相信熱氣球是靠惡臭的氣體而飛上天空的。熱氣球與飛艇寄託的正是人類的飛行夢想。

如果我們沿著物品的層級關係上溯，就會發現我們的目的所在，即生產的最終要素 —— 勞動、土地 [023]。所有其他物品都包含其中至少一種要素，大部分物品兩者都包括。我們可以把所有的物品分解為「勞動和土地」，在這種意義上，我們可以把所有的物品看作勞動和土地所提供服務的組合體。但是，消費品卻是其中非常特殊的一類，因為它們具有直接被消費的特徵。而其他的物品都是「生產出來的生產數據」，一方面它們只是「勞動和土地」這兩種原始生產數據的展現，另一方面它們又是潛在的消費品，或者說是潛在消費品的一部分。目前為止我們找不到任何理由，顯然以後我們也不會找到任何理由來揭示為什麼我們把它們看作獨立的生產要素 [024]。我們把它們分解為勞動和土地，同樣可以分解消費品，或者按照相反的做法，把原始生產要素看成潛在的消費品。這兩種觀點，都只適合於生產出來的產品，因為它們沒有獨立的存在形態。

現在的問題上升為：勞動和土地這兩種生產要素彼此之間具有什麼樣的關係，是其中一個比另一個重要，還是它們的作用根本不同？我們不能從哲學、物理或其他角度來回答，而只能從經濟學的角度解讀。需要注意的是，對這個問題的回答在經濟學領域內不具有普遍的意義，只有在某個理論體系特定的範疇內才是有效和具有意義的。比如，重農主

---

[023] O. 埃菲爾茲特別強調了這一點。古典經濟學片面地強調了勞動的重要性，這一點和他們所得到的某些結論具有緊密的連繫，而實際上，只有龐巴維克一人在這一點上達到了一致性。埃菲爾茲對勞動和土地的強調，也是一項重要的貢獻。—— 原注

[024] 生產要素是經濟學中的一個基本範疇。現代西方經濟學認為生產要素包括勞動力、土地、資本、企業家才能 4 種，隨著科技的發展和智慧財產權制度的建立，技術、資訊也作為相對獨立的要素投入生產。這些生產要素進行市場交換，形成各式各樣的生產要素價格及體系。—— 譯者注

義（Physiocracy）[025] 看重土地的重要性 —— 這樣的回答本身是完全正確的，因為他們的回答主要是想說明他們的觀點，即勞動不能夠創造任何具有物質屬性的物品。我們無法反駁這個觀點本身，可以探討的是在經濟學領域內這一概念具有多大的作用，取得了多大的成果的問題。同意重農主義的這個觀點，並不妨礙我們對他們的進一步論證持反對意見。

亞當·斯密（Adam Smith）[026] 認為勞動比土地重要，這種論點本身沒有錯誤，甚至把這個觀點作為研究的出發點也是恰當的。它表達了這樣的一個事實：對土地的利用不需要我們做出任何其他物品的犧牲，如果我們想從土地這個生產要素中獲得物品，我們也可以接受這個觀點。亞當·斯密認為來自自然的生產力都可以看作是自由獲取的，但是放在整個經濟體系中看，這並不符合社會的現實情況，因為現實中土地是被地主占有的。顯然他認為在沒有土地私有權的社會裡，勞動力就是進行經濟效益核算時的唯一要素。他的出發點本身可能是站得住腳的，但這種觀點現在看來是不正確的。大多數古典經濟學家（Classical economics）[027] 都把勞動要素放在第一位，尤其是李嘉圖（David Ricardo）[028]。他們之所

[025] 重農主義是西元 1750 ～ 1770 年代的法國資產階級古典政治經濟學學派。重農主義以自然秩序為最高信條，視農業為財富的唯一來源和社會一切收入的基礎，認為保障財產權利和個人經濟自由是社會繁榮的必要因素。——譯者注
[026] 亞當·斯密（1723-1790 年），英國第一個著名的經濟學家，也是西方最傑出的經濟學家。他的《國富論》（The wealth of nations）是古典經濟學的奠基之作。斯密也因此聲名顯赫，成為西方經濟學的奠基人。——譯者注
[027] 古典經濟學，凱因斯理論出現以前的經濟思想主流學派，由亞當·斯密開創。主要追隨者包括大衛·李嘉圖、托瑪斯·馬爾薩斯（Thomas Malthus）和約翰·密爾（John Mill）。一般說來，該學派相信經濟規律，特別如個人利益、競爭等決定著價格和要素報酬，並且相信價格體系是資源配置的最有效的方法。——譯者注
[028] 大衛·李嘉圖（1772-1823 年），英國資產階級古典政治經濟學的主要代表之一，1817 年發表《政治經濟學及賦稅原理》（On the Principles of Political Economy and Taxation），建立起以勞動價值論為基礎，以分配論為中心的理論體系。他繼承了亞當·斯密理論中的科學因素，堅持商品價值由生產中所耗費的勞動決定的原理。他提出決定價值的勞動是社會必要勞動，決定商品價值的不僅有活勞動（物質數據的生產過程中勞動者的腦力和體力的消耗過程），還有投在生產數據中的勞動。——譯者注

以這麼做，是因為透過地租理論（Law of Rent）[029]已經排除了土地及其價值的決定因素。如果地租理論本身能夠站得住腳，那我們一定會對這個概念感到滿意。即使像約翰·雷這樣擅長獨立思考的人也會滿意並接受地租理論。當然，這裡還有關於我們所提的問題的第三種回答，即一些經濟學家否定了「勞動與土地一個比另一個重要」的判斷。我們的觀點與他們一樣。在我們看來，勞動和土地這兩種生產要素在生產中都是不可或缺的，它們之間是平等的。

　　至於勞動與土地這兩種要素如何發揮作用的問題，又可以有不同的回答，而且這個回答和上一個問題的回答沒有任何連繫。例如，埃菲爾茲認為勞動產生主動作用，而土地產生被動作用。他這樣認為的理由很明顯。他認為勞動在生產中代表主動性的因素，而土地則是展現勞動成果的客體，這一觀點是無可非議的，但是他並沒有給我們帶來關於勞動和土地關係的新知識。在技術生產的層面上，他的這一觀點並不可取，對我們闡述觀點也發揮不了太大的作用。我們只關心個人在對經濟的思考和行為中，這兩種原始生產要素所產生的作用大小，在這種關係中，這兩者所產生的作用是一樣的。勞動和土地一樣是被節約使用並根據經濟原則判斷其價值的，也就是說這兩種要素在經濟上的考慮是一樣的，而且除此之外，它們均不涉及別的方面的考慮。既然在原始生產要素方面除了土地和勞動，沒有其他要素與我們的研究目的相關，那我們就應該把這兩種要素放在同等的位置來看待。在這種解釋上，我們同意其他邊際效用理論家的觀點。

　　儘管我們對「土地」這個生產要素沒有更多的理論闡述，但對於

---

[029] 指古典經濟學的地租理論。李嘉圖認為，土地的占有產生地租，地租是為使用土地而付給土地所有者的產品，是由勞動創造的。地租是由農業經營者從利潤中扣除並付給土地所有者的部分。——譯者注

「勞動」這個生產要素，我們卻應該仔細認真地研究。我們暫且不討論生產勞動和非生產勞動、直接用於生產的勞動和間接用於生產的勞動之間的區別，也不考慮與之類似的腦力勞動和體力勞動、熟練的勞動和不熟練的勞動之間的區別，而是評論其他兩種勞動的區別 —— 它們非常重要，因為我們可以從評論中得出對我們的研究至關重要的觀察結果。它們就是領導的勞動和被領導的勞動之間的區別，以及獨立勞動和薪資勞動之間的區別。區分領導的勞動和被領導的勞動是一個根本性的問題，這裡有兩個主要特點。第一，領導的勞動在生產組織結構的等級中處於較高的位次，它領導和監督一般「執行的」勞動，正是這一職能似乎把它從其他類別的勞動中獨立了出來。由於執行的勞動與土地的各種用途一致，從經濟的觀點看，它們所產生的作用是絕對相同的，但領導的勞動與執行的勞動以及土地的作用相比，明顯處於支配和主導的地位。因此，領導的勞動似乎形成了第三種生產要素。將領導的勞動與被領導的勞動區分開來的另一個特點就是它本身的性質：領導的勞動具有創造性，能夠為自己訂立生產的目標。對於獨立勞動和薪資勞動之間的區別，我們同樣可以追溯到領導的勞動和被領導的勞動之間的區別。獨立勞動由於具有領導的勞動的職能，因此它具有一些特性，而在其他方面，它和薪資勞動沒有任何區別。因此，我們可以得出這樣的結論：如果一個個人獨立生產，並作一些執行的工作，那麼可以把他看成兩個個體，一個是領導者，一個是普通的工人。

　　很容易看出，監督管理職能本身處於較高位次等級的特點，並不構成實質性的經濟區別。在工廠中，僅僅根據一個工人的位次在另一個工人之上，即一個工人處於領導和監督地位這一情況，並不能使他的勞動在本質上變成不同性質的東西。從這種意義上來說，即使「領導者」不

動一根手指，沒有直接對生產做出貢獻，他仍然在執行普通意義上所說的勞動，確切地說，好像一個看守者一樣。「領導者」自身具有的其他要素在生產中造成更大的作用，那就是他決定生產的方向、方法和數量。即使上述處於較高位次的管理者在經濟上沒有多大的重要性──也許更多的是社會學上的重要性──但人們能夠看到管理者的決策職能與其他勞動者在本質上具有不同的特徵。

　　但是我們可以看到，任何工作都會出現做出決策的必要性。例如，一個修鞋匠的徒弟，不論事情大小，如果他自己不做出某些決定，不獨立地解決一些問題，那他就無法做好修鞋這件事。雖然「做什麼」和「怎麼做」是師傅教過他的，但是這並不意味著他自己不具有某種必要的獨立性。當一個電力公司的工人到一個家庭去修理照明系統時，他仍然必須自己決定「做什麼」和「怎麼做」。一個代理商可能不得不參與到商品價格制定的決策中，因為價格制定關係到他能夠獲得的利潤空間──而在這一過程中他既不是「領導者」也不是「獨立的勞動者」。一家企業的領導或獨立的所有者肯定要做出大量的決定和決策，但是「做什麼」和「怎麼做」也是有人教給他的。他首先知道怎麼去做──他已經掌握了生產中所需的技術以及與生產有關的全部經濟數據，還有其他很多需要做決定的事情，這種決定和修鞋匠的徒弟需要做的決定只是在程度上存在區別而已。至於「做什麼」的問題是需求本身已經決定好的。他沒有設定具體的目標，而是由周圍的環境驅動他按照一定的方式去做。當然經濟數據可能會發生變化，這取決於他的決策能力，即如何快速、成功地對這種變化做出反應。不過，對任何工作做決策都是這樣的，不能根據事情的表象做決定，而是需要根據已經掌握的事物的某些特徵來做決定，尤其是根據顧客直接表現出來的需求趨勢做決定。他不斷屈從

於這些趨勢，並分析它們，因此只有不是很重要的要素才是他所不知道的。從這種角度出發，我們就可以認為只要人們在自己的經濟行為中根據已知的外界環境來做決定──這也是經濟學以及我們在這裡所研究的──那麼他們究竟是領導者還是被別人領導就變得不再重要了。前者的行為和後者的行為都服從相同的規律，而建立這種規律，並表明表面上偶然的東西實際上是被嚴格確定的，這是經濟理論研究的根本任務，也是我們這裡所要研究的。

古老的義大利地圖，由亨利克斯·洪迪斯繪製，1631 年在荷蘭阿姆斯特丹出版。

　　一般來說，生產數據和生產過程沒有真正的領導者，或者可以說真正的領導者是消費者。那些領導企業的管理者只是在執行根據需求和供給已經確定了的生產，而他們所用的生產數據和生產方法也是給定的。個人只有作為消費者並表達對某種物品的需求時才能對生產產生影響。從這種意義上來說，不僅是企業的領導者參與了生產管理，其實每個人

都參與了生產管理，尤其是從最狹隘的意義上來說的那些從事生產的工人。除此之外，個人對企業的領導沒有任何意義。過去支配經濟系統的數據是人們所熟悉的，如果這些數據不變，經濟系統就會按照同樣的方式運轉下去。人們對數據可能發生的變化並不敏感，但從生產的原則來說，人們會盡可能地適應這些變化。他不會自發地改變任何的東西，只是改變那些外界條件已經按照它們自己的規律改變的東西，消除經濟數據和自己經濟行為之間的不一致，這種不一致的出現是由於給定的經濟條件已經發生改變，而人們仍然按照以前的生產方式進行生產而產生的。任何個人都可以採取與我們假設的觀點不一樣的方式安排生產，但是只要生產的改變是來源於外界的壓力，那麼經濟系統中就不存在任何創新。如果個人採取不同的行動，那麼我們就可以看到實質上不同的現象。但在這裡，我們只關注經濟事實所固有的內在邏輯。

　　根據我們的假定，也可以這樣說：勞動的數量是由給定的環境決定的。這裡我們要附加一個問題，這個問題是以前沒有解決的，那就是任何時候都存在的勞動供給量的大小。顯然，一定數量的人做多少工作不是一開始就明確確定的。如果我們暫且假定，僱用個體勞動的最佳數量是已知的，這樣就為僱用規定了尺度，界定了嚴格的範圍和數量，在這個尺度上的每個點，每種具體僱用勞動的預期效用就可以和它的非效用進行對比。來自日常生活的眾多聲音提醒我們，提供給我們麵包的勞動是一項任務比較重的工作，人們只有在不得已的情況下才會從事這項工作，如果有其他的選擇，人們會丟棄這份工作而從事其他工作。這裡明確顯示了將要完成的工作量。在每一個工作日的開始，這種對工作的比較自然有利於促進人們努力完成工作。但是，隨著人們在工作中需要獲得的滿足越來越多，工作的動力就會越來越低，同時，它所比較的產生

非效用的勞動的數量就會越來越多。因此，對工作的比較變得越來越不利於工作的繼續，直到對每個工人來說，勞動所增加的效用與所增加的非效用達到平衡，這種不利影響才會停止。當然，這兩種效用的對比產生的驅動力因人而異、因國而異。在這些差異中，有一個根本性的要素可以說明工人和國家歷史的形成，但是這不會影響理論原則的本質[030]。

因此，勞動和土地只是生產力量。衡量任何品質的勞動數量都是困難的，但是這是可以辦到的，如同在實際中，不管事情有多麼複雜，我們都可以給土地的服務規定某種可以衡量的物質標準。如果只有一種生產要素，比如我們假設一種品質的勞動能夠生產出所有的物品——如果我們假定從自然界獲得的原材料都是免費的，那麼我們的假設（勞動能夠生產所有的物品）就是可以成立的，而這樣就不會產生任何經濟問題——或者土地和勞動兩個生產的要素彼此獨立工作，它們都能夠獨自生產出性質不同的產品，從事生產的人就需要為他的經濟計劃制定相應的衡量標準。例如，如果某種價值確定的消費品的生產需要 3 個單位的勞動，而另一種和它價值相同的消費品需要 2 個單位的勞動，那麼他就可以決定生產行為了。但是在現實中，情況並非如此。實際上，生產中的各個要素共同發揮作用。現在，我們假定生產 1 件價值確定的產品需要 3 個單位的勞動和 2 個單位的土地，但是 2 個單位的勞動和 3 個單位的土地一樣能夠生產同樣價值的產品，生產者該選擇哪種生產方法？顯然，此時要有評價標準比較這些生產組合，而我們就需要這樣的標準。我們可以把這個問題稱為「配第的問題」[031]。

---

[030] 詳盡說明，請參閱《理論政治經濟學的本質和主要內容》第 I 和第 II 編。這一原則顯然僅對努力的一定成果有效，這是一個明確的結論，比如每小時的實際薪資。——原注

[031] 威廉·配第（William Petty，1623-1687 年），英國古典政治經濟學創始人，最先提出了勞動決定價值的基本原理。他的《政治算術》（Political Arithmetick）提到了這一問題。——譯者注

這個問題的解決方法給我提供了一個理論 ——「歸屬理論」。生產者想要衡量的是他的生產數據數量的相對重要性。他需要一個標準來管理他的經濟行為，也需要一些可以指導他安排生產的指標。總之，他需要一個價值的衡量標準。但是他只對他直接消費的物品才會有標準，因為只有這些消費品才能夠立即滿足他的需求，他對這些商品的需求強度是衡量這些物品對他的重要性的基礎。對於儲存的勞動和土地的服務，是缺乏這樣的標準的，我們也可以說，對於生產出來的生產數據，同樣也沒有這樣的統一標準來衡量。

　　顯然，這些其他的物品也有它們自身的重要性，因為它們同樣是為滿足直接需要服務的。它們對滿足需要做出了貢獻，因為它們對消費品的生產有著直接作用。它們的價值來源於這些消費品，而這些消費品的價值也會投射到它們身上。即價值「回歸」到這些其他的生產數據身上，而它們依據這些「回歸的價值」，在經濟結構中占有自己的位置。對儲存的生產數據的總價值或兩個原始生產要素中的一個的總價值進行確切數量的衡量，和表達被證明在特定的時候是可行的，因為它們的總價值通常是無限大的。然而，對實際的生產者或經濟理論來說，知道這個總價值是沒有必要的。這不是放棄每一個生產可能性的問題，也不是放棄生產存在性的問題，而只是把某種數量的生產數據劃歸到這一目的或那一目的的問題。例如，一個單獨的個人如果沒有兩種原始生產要素中的任何一個，是沒法生產的，他也就不能準確地衡量任何一個生產要素的價值。在這種程度上來說，密爾關於勞動和土地的服務是不確定的、不可衡量的觀點 [032] 是正確的。但是，他說在具體的生產中，人們不能分清產品中的「自然因素」和勞動，這種觀點是錯誤的。的確，從物質上

---

[032] 參見阿什利編的《原理》，第26頁。—— 原注

來說，這兩種要素是不可分割的，就經濟生產的目的來說，這種劃分也是不必要的。在經濟生產中，每個人都清楚地知道什麼是必要的，也就是說，人們滿足的增加是由於生產數據的增加。但是，在這裡我們不對「歸屬理論」做過多的研究和探討 [033]。

與消費品的使用價值 [034] 不同，生產物品的價值是「收益價值」，或者可以說是生產力價值。與消費品的邊際效用（marginal utility）[035] 相對應，後者便是邊際生產效用，或者用一個常用的術語 —— 邊際生產率（marginal productivity）[036]。勞動或者土地的單位價值的重要性是由它們的邊際生產率決定的，它也可以這樣定義：一單位給定存量的勞動或土地所能生產出來的最重要的產品的價值。這個價值表明了每一個具體勞動的服務或土地的服務在社會總產品的價值中所占的份額，因此可以明確地把土地的服務或勞動的服務稱為「產品」。對於不完全熟悉價值理論的人來說，這些簡短的說明是不能囊括它們的全部意義的。請讀者參閱 J.B. 克拉克（John Bates Clark）[037] 的《財富的分配》（*The Distribu-*

---

[033] 參見 K. 門格爾（Karl Menger）、維塞爾（Friedrich von Wieser）以及龐巴維克，他們最先研究了這個問題。也可以參考《理論政治經濟學的本質和主要內容》第 II 編，還有我刊登在《政治經濟學、社會政策和管理雜誌》（1909 年）上的〈歸屬問題評論〉。我們不涉及由邊際生產理論產生的更為複雜的問題，因此沒有必要談目前更加準確的形式。—— 原注

[034] 使用價值是一切商品都具有的共同屬性之一。任何物品要想成為商品都必須具有可供人類使用的價值；反之，毫無使用價值的物品是不會成為商品的。使用價值是商品的自然屬性。—— 譯者注

[035] 邊際效用，指在一定時間內消費者增加一個單位商品或服務所帶來的新增效用，也就是總效用的增量。在經濟學中，效用是指商品滿足人的慾望的能力，或者說，效用是指消費者在消費商品時所感受到的滿足程度。—— 譯者注

[036] 邊際生產率，指在各種產業中每多增加一單位的生產要素（如勞工、資本等）所能增加的生產量。當邊際生產率過低或接近 0 時，表示該產業的發展規模已經接近飽和，人力、物力應轉投向其他產業。當生產要素中只有一個是可變的（如：資本），則邊際生產率就是邊際產量。—— 譯者注

[037] 約翰·貝茨·克拉克（John Bates Clark，1847-1938 年），美國經濟學家，美國經濟協會創始人、第三任會長。他提出了邊際生產力的概念與生產耗竭理論，並研究出根植於邊際效用的需求理論。—— 譯者注

tion of Wealth: A Theory of Wages, Interest and Profits）一書，書中克拉克準確闡述了這一理論的意義 [038]。在這裡，我想強調，從純粹經濟論述的角度來說，克拉克的描述是對「勞動產品」這一概念唯一精確的闡述。我們僅在這個意義上使用這個詞，也是在這個意義上，我們認為在交換經濟中，勞動和土地的價格，即薪資和地租，是由它們的邊際生產率決定的。因此，在自由競爭的經濟中，勞動者和地主得到了他們各自的生產數據或者產品。我們在這裡稍微提及一下這個在現代經濟理論中幾乎沒有任何爭議的論題，在以後的闡述中這個論題會變得更加清晰。

下面的觀點對我們來說也是很重要的。在實際中，人們之所以能夠那麼容易地利用他的生產數據的價值，是因為這些生產數據所生產的消費品是人們所熟知的。由於前者的價值依賴於後者的價值，所以，生產的消費品過於單一時，生產數據必須改變。為了調查研究生產數據價值的本質，我們希望能夠忽略給定經驗的影響，並允許其他未生產過的消費品的存在，我們也必須從這一點出發，即個人還不清楚應該如何在現有的可能性中作出選擇。因此，他首先會把生產數據用在生產那些對於他來說最迫切需要的產品上，然後他會用來生產那些排在其後迫切性不斷降低的產品。此外，他每做一個生產的決策都必須考慮，有哪些需要是由於生產了當時來說較為急需的物品而未得到滿足的。只有當更迫切的需要不會由於他的決策而變得不可能滿足時，他的每一步的生產選擇才是經濟的。只要還沒做出生產選擇，那生產數據的價值就是不確定的。每種經過深思熟慮的生產數據生產的可能性，都會有每一增量的特定價值與之相對應。至於生產出來的產品中究竟哪些價值與特定的增量

---

[038] 對邊際概念的不同理解導致了許多誤解。關於這一點，請參閱埃奇沃思的論文〈分配理論〉，刊登於《經濟學季刊》（1904 年），尤其是他對霍布森反對克拉克的觀點的答覆。—— 原注

具有確定的連繫，這只有在人們作出了生產選擇並承受了經驗的考驗之後才能顯現出來。一個給定的需要在比它更迫切的需要得到滿足之前是不會得到滿足的，這一基本的條件將導致所有的生產數據必須按照它們不同的使用可能進行分組，從而使得每一個物品的邊際效用相等。在這種制度安排下，個人將根據給定的條件和自身的觀點找出最有利的生產安排。如果他這麼做了，那他就可以說，自己已經盡可能地充分利用了這些環境。他將努力實現生產數據的最合理的生產安排，改變每一個已經考慮過的或所執行的生產安排，直到生產安排達到最佳狀態。如果沒有現成的經驗可以借鑑，那他必須自己摸索，一步一步地實現這種生產安排。如果可以從先前的經濟周期中獲得這些生產安排的經驗，他就會試著遵循同樣的生產路徑。如果這種經驗所基於的條件已經發生變化，那他就會適應新的生產條件，並調整他的生產行為和評價以使得它們適應新的條件。

在所有的情況下，每種物品都有確定的生產使用方法，因此它們對需求的滿足也是確定的，這樣反應物品增量的效用指數就能夠表達人們的這種確定的滿足，它能夠表明物品的每次增量在個人生產中的地位。如果出現一種新的生產可能性，就必須根據這個價值去重新考慮生產安排。但是，如果我們返回到人們已經作出的並產生這種效用指數的「選擇行為」，我們就會發現，每種生產安排中，是另一種效用而不是這種已經確定的效用在產生決定作用。如果我已經把某種物品按照 3 種生產安排可能性進行了分類，當第 4 種生產可能性出現的時候，我將會根據已經在前 3 種生產可能性中實現的滿足去考慮它。然而，就這 3 種生產可能性的劃分來說，這種效用指數是不起決定作用的，因為這種效用指數是在劃分 3 種生產可能性之後出現的。但是，每一種物品都有一個確定

的效用範圍，它反映了這種物品所有用途的效用，並提供給該物品一個
確定的邊際效用。生產數據也是如此，就像我們前面所說的，透過它的
「產品」，或者按照維塞爾[039]的表述，透過它的「生產貢獻」。

〈聖路易斯的奇蹟〉，手稿發表於 1844 年的巴黎。
畫面上是穿著中世紀服裝的法國資產階級。

　　由於所有的生產都涉及在各種互相競爭的生產可能性之間作出選
擇，並且，這種選擇往往意味著放棄生產其他物品，那麼產品的總價值
就絕不是一種淨收益，而是減去可以生產出來的其他產品價值後的剩
餘。後者的價值代表被選定生產的產品的反向價值，同時可以衡量被選
定生產的產品的滿足程度。在這裡，我們要提出成本要素的概念。成本
是一種價值現象。對生產者來說，生產某種物品所花費的成本是一種消
費品，本來可以用相同的生產數據獲得，但是由於生產安排導致它不能
被生產出來，因此，對勞動這種生產數據來說，它的使用包含著一種犧

---

[039]　弗里德里希‧馮‧維塞爾（Friedrich von Wieser，1851-1926 年）奧地利經濟學家、社會學家，
　　　　奧地利學派主要代表人物之一。維塞爾繼承和發展了門格爾的主觀價值論。──譯者注

牲，其他生產數據和勞動是一樣的。對勞動的支出，還有一個條件必須得到滿足，就是每一次勞動的支出所產生的效用都應該至少能夠彌補由於勞動的支出而產生的反效用。然而，有一個事實是不能改變的 —— 在這一條件範圍內，個人選擇勞動的支出，與選擇其他生產數據的支出是完全一樣的。

因此，沒有得到滿足的需要並不是不重要的，它們帶給人們的影響隨處可見，每一個生產決策都必須和它對抗，而且生產者沿著給定的方向把生產推進得越遠，這種對抗就變得越困難；也就是說，一個具體的需求得到的滿足越多，和它處於同一水準的需求得到滿足的強度就越小，因此，透過進一步生產獲得的滿足的增加量是逐漸減少的。此外，與這個方向的生產相連繫的犧牲同時也在增加。這種產品所需要的生產數據必須從越來越重要的需求類別中抽離出來。從一種方向的生產中獲得的價值變得越來越小，最終它就會消失。當這種情況發生時，這種具體的生產就結束了。因此，我們可以說生產中存在收益遞減的規律，這種規律和產品遞減的規律具有完全不同的意義，我們命題的正確與否和這種規律也是毫不相關的 [040]。顯然，最終發揮作用的其實是成本遞增的經濟規律。即將做出的投資的價值最終會上升很多，而透過生產獲得的效用的增加最終會消失，即使這種投資的數量不斷降低，這種效用最終還是會消失。如果後者變為現實，很顯然，此時每個人的需求滿足的條件雖然都處於很高的水準，但是本質的現象不會因此而變得不同。

生產者對生產中的成本要素的考慮，只不過是在考慮使用其他生產方式來生產產品的可能性。這種考慮對每種生產方式構成了制約，而且

---

[040] 這種與物質遞減規律的背離，是我們擺脫古典經濟學體系邁出的具有決定意義的一步。這一點可以參閱我的論文〈分配理論中的地租原理〉，載於《年鑑》，施穆勒（1906 年和 1907年）。也可以參閱考懷茨的〈收益遞減〉，載於《社會科學簡明辭典》。—— 原注

被每個生產者所遵循。但在實際中，習慣使得這種考慮變成一句簡單的
描述，使每個人都可以使用它，而不必每一次都重構它。生產者在實際
生產中利用它，如果必要就調整它以適應不斷改變的環境；它也不自覺
地描述了需求和現有的生產方法之間的關係，而生產者的生產條件和經
濟視野都可以在它身上得到反映。

　　成本作為其他潛在生產數據的價值的表現，構成了社會資產負債表
的負債專案，這是成本現象的最深刻含義。生產者的物品的價值必須和
這個表現區分開。因為根據我們的假設，成本代表生產出來的產品有著
更高的總價值，但是根據上面的描述，在生產邊際上，兩者的數量是相
等的，因為成本會上升到等於產品邊際效用的高度。此時，我們通常稱
為經濟均衡，也是生產處於最有效率的位置的表現。只要能夠維持生產
給定的最優數據，這種經濟均衡就會出現在每一期的生產中。

　　這裡有一個非常值得注意的問題。透過上面的論述可以得到兩個結
論。首先，每種產品最後一單位的增量，將在除了成本之外得不到任何
效用的情況下生產出來。這不難理解。其次，在生產中不能得到超出生
產物品價值的剩餘價值。生產只能實現在經濟計劃中可以預見的價值，
而這個價值是預先潛存於生產數據的價值之中的。在這個意義上，不僅
從上述提到的物質的意義上來說，生產不「創造」任何的價值，而且在
生產的過程之中，也不會產生價值的增值。在完成生產之前，個人對未
來需求的滿足取決於對必要的生產數據的占有，這如同之後個人對需求
的滿足取決於對產品的擁有一樣。個人將盡力避免前者的損失，就像力
圖避免後者的損失一樣，而放棄前者也和放棄後者一樣，是為了得到相
同的補償。

　　現在，歸屬的過程必須重新回到生產的根本要素上來，即勞動和土

地的服務。這種過程不能停止在任何已經被生產出來的生產數據上，因為如果這樣，同樣的爭論就會出現的每種生產數據身上。因此，直到現在，沒有任何產品能夠表明它的價值會超過其中所包含的勞動和土地的服務價值。如跟我們前面把生產出來的生產數據分解為勞動和土地一樣，現在我們可以看到，在價值評價過程中，這些生產數據只是臨時的專案。

在交換的經濟中，在自由競爭的條件下，所有產品的價格必須等於在產品中展現出來的勞動和土地服務的價格。因為這個價格就是生產出來的產品所得到的價格，而對於一整套必要的生產數據而言，這一價格應該是可以預先得知的，因為依存於生產數據的勞動和土地服務的價格與依存於產品的勞動和土地服務的價格是一樣多的。每個生產者必須把他的全部收入轉讓給為他供應生產數據的人，而這些人又是另外一些產品的生產者，他也必須把他的收入轉讓出去，直到最後整個產品的原始總價格回到勞動和土地服務的供應者手裡。我們隨後將討論這個問題。

這裡我們遇到成本的第二個概念，即交換經濟的成本。商人把他必須支付給其他人以獲得商品或生產數據的總貨幣數目看作他的成本，也就是他的生產費用。我們還要把他個人努力[041]的貨幣價值也納入成本之中，以完成他的成本核算。這樣成本從本質上來說就是勞動和土地服務的總價格之和，而且這些總價值必須等於從產品中獲得的收入。從這種意義上來說，生產在源源不斷地進行，但是實質上不會產生任何利潤。經濟系統在最完美的條件下是不會產生利潤的，這是一種奇談怪論。如果我們還記得我們論述的意義，那這種怪論就會消失，至少會部分消

---

[041] 正如西格進行的恰如其分的描述，個人勞動服務是「實際的支出」；參閱他的《經濟學導論》，第 55 頁。每一個精打細算的商人目前都把自己的土地地租歸為費用支出。 —— 原注

失。我們的論斷並不意味著如果經濟系統處於完美的均衡狀態，它的生產就不會有結果，而只是意味著它生產的結果會完全流向原始生產要素。正如價值是貧窮的象徵一樣，利潤也是不完美的象徵。但是，怪論仍然部分存在著。很顯然，生產者按照一般的規則生產所獲得的東西，比付給他們勞動的薪資和可能擁有的土地的地租要多。從超過成本的利潤這一點來說，難道就沒有一個普遍的淨利潤率嗎？競爭可能會消滅一個行業特殊的剩餘利潤，但是它不會消滅所有生產部門共同的利潤。暫且假定生產者可以獲得這種利潤，那麼他們必須對他們所擁有的生產數據進行價值評估。而這些生產數據要麼是原始的生產數據，即個人的努力或者自然要素，這樣我們就回到我們研究的出發點；要麼是被生產出來的生產數據，這種情況下，它們就被賦予更高的評價，也就是說，展現在其中的勞動和土地的服務必然得到比其他服務更高的評價。然而，這是不可能的，因為勞動者和地主能夠與它們先前已經投入的勞動和土地的數量進行有效的競爭。因此，淨利潤是不存在的，因為即使整個生產過程在許多獨立的企業中被分割開來，原始生產服務的價值和價格也總會把產品的價值和價格吸收進去。我不想讓讀者對這個問題感到厭倦，因此把原本該在此處分析的一部分內容放到後面 [042]。

這一點不像某些讀者看到的那樣，與古典經濟學鮮明對立。價值的成本理論，尤其是李嘉圖的勞動理論，都強烈表明了相同的結論，比如，把所有收入甚至利息都稱為薪資的這種趨勢，都是由這些理論來解釋的。如果在古典時期這些理論沒有被清楚表達出來 [043]，首先這是因為古典經濟學家承認他們理論的推論不是很嚴格，其次是因為我們的理論

---

[042] 參考第 4 章，尤其是第 5 章。——原注
[043] 比如洛茨就是這樣的，雖然他以極其微弱的形式迴避這種直覺；參閱他的《社會科學簡明辭典》。在斯密的書中可以看到非常樸實的表述。——原注

顯得與事實相悖。龐巴維克確實是第一個清楚表達這個觀點的人，即如果生產過程是在理想狀態下進行的，那產品的所有價值原則上必須根據勞動和土地的價值劃分。當然，這要求整個經濟系統完全準確地適應生產，所有的價值必須與數據相適應；還要求所有的經濟計劃都能順利運轉，沒有任何事情干擾它們。然而，龐巴維克也指出，兩種情況會反覆破壞產品的價值和生產數據價值之間的均衡。第一種情況是摩擦。由於許多原因，經濟機體的運轉並非十分迅速。錯誤、災害、懶惰等以眾所周知的方式，持續不斷地造成損失，但這種損失也是利潤的泉源 [044]。

1619 年，20 名非洲奴隸被運到北美，在詹姆斯敦登陸。
隨著資本主義的興起，
非洲變成商業性擄獲黑人的場所，這是資本原始累積的主要表現之一。

在我們轉到龐巴維克提到的第二種情況之前，我們先插幾句關於兩個極為重要的因素的闡述。第一個是風險因素，可以區分為兩種：生產

---

[044] 參閱龐巴維克的註解，《資本利息的實證理論》第 4 版，第 219～316 頁。── 原注

技術失敗的風險和商業風險。只要這些風險是可以預知的，它們就會對經濟計劃產生直接的作用。商人們要麼把風險準備金包括在他們的成本核算中；要麼準備一筆資金來防備一定的風險；要麼會考慮並均衡生產的各個部門之間的風險，其辦法是避開高風險的部門的生產，直到這些部門生產的產品價格的增長能夠帶來某種補償[045]。這些均衡風險的生產基本上不會產生利潤。一個採取各種方式防範風險的生產者，在保護他的生產成果時具有一定的優勢，但是同時他也付出了相應的成本。風險準備金對生產者來說不是利潤的來源，但是對保險公司來說，卻構成了利潤的一部分，保險公司主要是把各種風險準備金彙總，以此來應對隨時可能發生的意外。較大的風險補償在表面上看是較大的收益，但是它還要乘上一個機率係數，這樣它的真實價值會再次降低，而正是這減少了剩餘的數額。任何消費這種剩餘的人在事情的發展過程中都會為此付出代價。因此，經常賦予風險要素獨立角色，以及與它相連繫的獨立收益，是沒有任何意義的。當然，如果風險是不可預知的，或者在經濟計劃中是不考慮在內的，那事情就變得不同了。此時，風險一方面是暫時損失的泉源，另一方面又是暫時收益的泉源。

　　我想闡述的第二個因素是這些收益和風險的主要泉源。它們的數據是自動變化的，而個人是習慣於考慮這些數據的。這些變化創造出了新的情況，而且重新適應新情況是需要時間的。在適應發生之前，經濟系統中會發生成本與收入的大量積極或消極的不一致，這說明適應總是存在一定的困難。關於這些變化的知識在很多時候不是那麼容易就可以獲取的。從知識得出結論也要走出很大的一步，因為在沒有準確經驗的條

---

[045]　參見埃默里的相關論述，在我的引文《美國的新經濟理論》中，載施穆勒的《年鑑》（1910年）和費雪的《資本與收入》。——原注

件下，這個過程會遇到很多障礙。相對以前，所有產品的生產不可能完全適應變化了的環境和數據，尤其是對於生產耐用消費品的生產者來說。在物品被完全磨損之前它必須經歷的時間內，不可避免地會發生條件的改變，這就發生了李嘉圖在他書中的第一章第四部分所指出的物品價值決定的特性。它們的收益與成本完全沒有連繫，而這是必須接受的現實；它們的價值發生了改變，但是這沒有改變與之相適應的供應。因此，某種程度上，它們變成一種特殊的收益，這種收益可能高於或低於這種產品中所包含的勞動和土地的服務的總價格。這些現象會出現在商人的眼中，就如同自然事物出現在他們的眼中一樣。像馬歇爾（Alfred Marshall）[046] 一樣，我們稱之為準地租 [047]。

龐巴維克還提到了第二種情況，這種情況可能改變歸屬的結果，也可能會阻礙產品的一部分價值在勞動和自然的服務中得到展現。眾所周知，任何生產中都包含著時間的流逝 [048]，除了那種維持生命的原始勞動的瞬間生產。由於時間的流逝，生產數據不僅僅是潛在的消費品，而且它還透過新的本質的特徵和消費品區分開來，即時間的距離把它們和消費品區分開來。生產數據是未來的消費品，所以它們的價值比消費品低，也不會耗盡產品的價值。

這裡我們觸及一個非常微妙的問題。由於它對本書論述的重要性有

---

[046] 阿爾弗雷德·馬歇爾（Alfred Marshall，1842-1924 年），近代英國最著名的經濟學家，新古典學派的創始人。他於 1890 年發表的《經濟學原理》，被看作是與亞當·斯密《國富論》、李嘉圖《政治經濟學及賦稅原理》（On the Principles of Political Economy and Taxation）齊名的劃時代著作，其供給與需求的概念，以及對個人效用觀念的強調，構成了現代經濟學的基礎。—— 譯者注

[047] 準地租又稱準租，是指在短時間內因使用固定資本而產生的超額利潤。因準地租是租用固定性耐久生產裝置（如建築物、大型裝置機器等），付給占有者租賃費（租金），其實質亦系超額利潤，類似地租，故稱準地租。—— 譯者注

[048] 在經濟生活中，對於時間的因素，龐巴維克是最具權威的。其次是 W. 傑文斯（William Jevons）和約翰·雷。費雪在《利息率》（The Rate of Interest）一書中有關於「時間偏好」這一特殊因素的詳細研究。還可以參閱 A. 馬歇爾對時間因素的闡述。—— 原注

限，因此我們在這裡僅點到為止。在一個經濟體制正常的生產程序中，生產過程年復一年地遵循同樣的規律，所有的經濟數據都是相同的，那麼和產品相比，我們對生產數據是否存在系統性的低估呢？這個問題可以分為兩個小問題：不考慮客觀和個人的風險係數，在一個經濟系統中，滿足未來需求的價值是否完全低於滿足現在同等需求的價值；在這樣的經濟系統中，除了時間流逝本身對價值的影響，在時間程序中所發生的事情是如何建立價值評價上的差別的？

對第一個小問題肯定的回答聽起來似乎很有道理。當場給予某些禮物肯定比許諾將來給禮物更受歡迎 [049]。然而，這不是我們這裡要處理的問題，而是對收入有規律流動的一種評價。如果可能，讓我們想像一下下面的情況。某人擁有了一筆終身年金。在他的餘生中，需要這筆年金的種類和購買力 [050] 保持絕對不變。這筆年金數目很大而且十分穩定，這使得他沒必要為了防備緊急情況和可能面臨的損失而去創立一份基金。他知道自己不用承擔照顧別人的義務，也不會突然產生此類慾望。他沒有必要以現在的利率將儲蓄用於投資 —— 假定有這種情況，我們就應該首先要考慮利息因素，從而陷入循環推理的危險情況中。現在，處於這種經濟狀態的人，在選擇年金的未來分期支付還是時間上與現在較接近的支付時，會不會更看重後者呢？當然不會，因為如果他這樣做了，也就是說放棄未來的分期支付而換取對他補償較小的現在的支付，他就會發現自己最後得到的滿足要小於應該得到的。他的行為會導致財產損

---

[049] 可以順便說一下，這一事實並非清楚和簡單的，其中的道理需要分析，下面就會做出簡略的
　　　分析。—— 原注

[050] 購買力是人們支付貨幣購買商品或勞務的能力，或者說在一定時期內用於購買商品的貨幣總
　　　額。它是消費者能夠對公司施壓降低其產品及服務價格的能力，同時也反映該時期全社會市
　　　場容量的大小。一切不透過貨幣結算的實物收支和不是用來購買商品和勞務的貨幣支出，如
　　　歸還借款、交納稅金等，均不屬於社會商品購買力範圍。—— 譯者注

失，這是不經濟的。然而這種行為在現實中還是會發生，就像違反經濟理性規則的其他行為常常發生一樣。這種現象的發生並不是這些規則本身的一個要素 [051]。當然，我們在現實中所遇到的大多數例外並不是違反這些規則所造成的，而是我們的假設與實際情況不符造成的。我們會發現自己很容易對當前的滿足感做明顯的高估，特別是兒童和教育程度較低的人群，那麼此時擺在我們面前的就是要解決經濟問題和現實中人們經濟觀點之間不一致的問題：兒童和教育程度較低的人群只知道瞬間的生產，未來的需求對他們來說遙不可及，他們根本不會看到這些未來的需求。因此，他們承受不住需要廣闊的視野才能做出決策的考驗。這是很明顯的。但是他們通常不需要做出這種決策。對於掌握了需求和滿足的手段雙重經濟節奏的人，在特殊的場合或許會嘲笑這個結論，即任何傾向一方的替換都意味著滿足感的缺失，但是他在原則上不能否定這個結論。

　　我們的第二個小問題是怎樣的？難道生產過程不能夠以一種與我們經典的假設不一致的方式進行嗎？難道貨物的持續流動不能有時微弱，有時強烈嗎？尤其是，產量更大的生產方法需要更多時間這一事實，不一定影響現在貨物的價值，從而使時間成為物品循環流動的一個因素，難道這不是事實嗎？我們對這個問題的否定回答很容易被誤解，而只有在未來人們才能明白它的全部含義。我不否認經濟生活中時間要素的重要性，但需要從不同的方面去看待它。引入更有效率的生產需要耗費更多的時間，時間要素如何影響生產過程，這是兩個完全不同的問題。我們不是談論引入新生產過程的問題，而是談論已經處於正常工作狀態的

[051] 費雪教授，作為在世的對未來滿足低估這一要素進行論述的最傑出的學者，把我的反對觀點充分地表達了出來。他引用「缺乏耐性」一詞來表述這個意思。如同錯誤一樣，非理性的缺乏耐性無疑也是存在的，但它不是事物正常發展過程中的要素。—— 原注

由給定的生產過程所構成的循環流動的問題。在這裡，任何更有效的生產方法，如同其他有效的生產方法一樣，不管生產時期的長短，都會立即取得相應的成果。一種生產方法之所以被認為有效，是因為在相同的時間內，使用相同數量的生產要素進行生產時，這種方法能夠比其他方法生產出更多的產品。給定必要數量的勞動和自然要素，這種有效的生產方法就會不斷重複進行，而不必進行其他的生產選擇，而它們也會源源不斷地提供產品。即使產品不是源源不斷地提供出來，也不會產生低估未來產品的傾向。理由很簡單，如果生產過程定期生產出產品，就不會存在等待產品的情況，因為消費行為能夠使自己適應生產，在單位時間內按照相同的速度持續進行，因此不會有低估未來的產品的動機 [052]。如果持有現在的物品能保證我們在未來可以得到更多的商品，那我對現在商品的評價可能會比未來商品的評價高。當我有充足的理由確信商品會源源不斷地流入，而且我的行為已經適應了這種情況，我就不再對現在的商品給予較高評價，而是對現在和未來的商品做出相同的評價，因而未來「更多的」商品將不再依賴於對現在商品的擁有。我們也可以把前面持有年金的人的例子應用到這種情況上。假設他每月可以領取 1,000 美元，但現在情況不同了，他被許諾在放棄按月領取後，可以在年終一次性獲得 20,000 美元。直到第一年的分期付款到期為止，時間因素可能使他感到不是很愉快，但是在收到 20,000 美元之後，他就會感到情況得到了改善，而且他的改善來自新增加的每年 8,000 美元，而不是來自之前的每年 12,000 美元的一部分。

---

[052] 穀物在剛剛收穫之後，肯定比將來的價格更便宜。不過，可以用儲存成本、實際存在的利息以及其他情況來解釋這個事實，所有的這些對我們的原則都不會改變。——原注

1861 年，大北方鐵路的蒸汽火車「威廉·克魯克斯」號啟用，配備了煤水車和汽機。煤水車是一種特殊的車輛，用來運載燃料和水，以保持火車執行。

　　同樣的論證也適用於節制要素[053]、等待的必要性等。在這裡我推薦讀者參考龐巴維克的觀點。對我們來說，只需要精確地表達自己的觀點。我們不能簡單地否認這種低估未來產品現象的存在，這種現象的本質比它的表象要複雜得多，而且值得注意的是，這種現象的本質和外在表現還沒有得到透澈的分析。在這裡，我們還必須把創造生產工具的過程和它被創造出來後提供給人們在生產中使用的過程區分開來。不管節制要素在創造生產工具的過程中造成什麼樣的作用——接下來我們不得不反覆提到這一點，首先會出現在下一章關於儲蓄的討論中——等待的必要性肯定不會出現在重複的生產過程中。人們不需要等待經常性的收益，因為人們在需要它的時候就會很自然地得到它。在物品的正常循環流動中，人們不必定期抵擋瞬間生產的誘惑，因為如果人們屈服於瞬間生產，那麼生產經營情況就會變得更糟糕。因此，這裡不會發生有收

[053] 主要的作者是西尼爾以及龐巴維克，後者在他的〈資本利息的歷史及其批判〉中有論述，最近還有美國的作者麥克維恩。也可參閱《帕爾格雷大辭典》中「節制」一條及其所列舉的文獻。關於這一因素常常被忽視，卡塞爾（Gustav Cassel）的《利息的性質和必要性》（*The Nature and Necessity of Interest*）是其代表作。我的觀點接近維塞爾的《自然價值》和約翰·B. 克拉克的《財富的分配》。還可以參閱《理論政治經濟學的本質和主要內容》。──原注

入來源而不去消費的節制問題，因為根據我們的假定，除了勞動和土地之外，沒有其他的收入來源。如果節制因素在最初創造生產工具的時候是必要的，那麼它就必須在以後的正規產出中得到補償，這難道是節制因素在正常循環流動中不能發揮作用的原因嗎？首先，在我們的調查過程中，節制要素在必要的生產要素中只造成次要作用。具體來說，新生產方法的引入從整體上說並不需要有預先的貨物累積；其次，如同龐巴維克曾表述過的 [054]，在這種情況下把節制看作成本的一個獨立要素實際上是把同樣的專案計算了兩次。不論等待的性質是什麼，它都不是我們在這裡所要考慮的經濟過程的一個要素，因為一旦物品的循環流動過程建立起來，在成本花費、生產努力和需要的滿足之間就不會存在任何缺口。按照克拉克教授的結論性表述，這兩者是同時發生的，而且發生的過程是一種自然的行為 [055]。

　　歸屬理論說明了所有單個物品的價值。這裡只補充一點，即物品的單個價值並不是孤立的，而是互為條件的。這種規則唯一的例外，就是不能由另一種商品來代替的商品，這種商品的生產數據是無可取代的，甚至這些生產數據不能用其他方法生產出來。這種情況是可以想像的，比如由自然直接提供的消費品就可能會發生這種情況，但是這也是一個可以忽略的例外。所有其他物品的數量和價值都處於一種嚴格的相互關係中，這種關係表現在互補、交換使用的可能性以及互相替代的關係等方面。即使兩種物品只有一個共同的生產要素，它們的價值仍然是有連繫的，因為兩種物品的數量和價值取決於該要素在生產過程中的分配合

---

[054] 費雪對這個問題的表述（《利息率》，第 43 ～ 51 頁）被認為是沒有說服力的，因為他把時間貼現看作一個基本的事實，而它的存在是非常顯然的。── 原注
[055] 克拉克確實把這種「同步性」歸因於資本的作用。接下來可以看到，我們並不贊同他的觀點。我重申：在利潤和損失的加速影響和阻撓下，支出和收益彼此是自動同步發生的。── 原注

作，由於該要素是這兩種物品所共有的，因此生產中也將遵循邊際效用相等的規則。幾乎沒有必要指出由勞動這個生產要素所引起的生產關係，實際上使得所有物品都具有相互關係。每種物品的數量和價值的確定都受其他所有物品價值的影響，只有在考慮所有其他物品的價值之後，才能對某種物品的價值和數量做出完全的解釋。因此，對每個人來說，每種物品的價值構成了他的價值體系，其中各個要素是相互依存的。

這個價值體系表現出了個人全部的經濟關係，包括他的生活、觀點、生產方法、需求以及經濟組合等。個人絕不會同時意識到這個價值體系中的所有部分；相反，這個體系中的大部分都會在個人的意識範圍之外。此外，當他進行經濟行為的決策時，他並沒有關注這個價值體系中所表達出來的所有經濟事實，而只是關注手頭現有的某些指標。在日常生活中，他根據習俗和經驗進行生產，對每種物品的使用都是從它們的價值開始的，而這些物品的價值也是經驗告訴他的，但是這種經驗的結構和本質是由價值體系給定的。這些價值，經過了它們之間的互相調整，透過個人年復一年的生產得以實現。因此，我們提到的這種價值體系表現出了顯著的穩定性。每個經濟周期都存在這樣的趨勢，即它重新回到以前的軌道上，並再一次實現相同的價值。即使這種經久不變的特性被打斷，一些持續的特性也會儲存下來，因為即使外界條件發生了變化，也不是要做某種全新的事情，而只是要使以前做過的事適應新條件。對每一個新的經濟周期來說，已經建立起來的價值體系和給定的生產要素組合都是新起點，也可以說是對下一步生產的有利的預測。

而對個人的經濟行為來說，這種穩定性是不可或缺的。實際上，在大多數情況下，人們不能從事創造新經驗必需的腦力勞動。我們同樣可

以看到，在現實中，過去各個時期的物品數量和價值決定著以後各時期物品數量和價值，但憑這一點還不能說明這種穩定性。顯著的事實是這些生產的規則承受住了經驗的考驗，每個人都認為他們不可能比這些規則所教導的做得更好了。我們對價值體系的分析，如同研究經驗這座大山的「地質學」，它向我們表明，在人們的需求和視野給定的情況下，物品的數量和價值可以解釋為周圍環境條件給定情況下的合理結果。

　　因此，個人生產行為的經驗不是偶然的，而是有它合理的基礎。在一定條件下，有一種經濟行為能夠在現有的生產方法和滿足個人需求的最好的生產方式之間建立均衡。我們所描述的價值體系和經濟均衡的位置是相適應的，這種經濟均衡的構成部分是不能改變的（假設所有的數據保持不變），否則，個人體驗就會持續變差。因此，只要問題是使他自己適應條件，並服從於經濟制度的客觀需要，而不是去改變它們，那麼對於個人來說，就有且僅有一種行為方式可以採用[056]，只要給定的條件不變，這個行為的結果就不會出現任何變化。

　　我們假定讀者對於競爭和壟斷情況下的交換和價格的一般理論是熟悉的。我們會注意到這樣一種情況，即普遍存在的交換可能性將自然而然地改變每個人的價值體系。根據基本的原理，資源的各個單位是在各種可能用途之間分配的，這是為了獲得相同的邊際滿足，這種基本原理會一直發揮作用。在交換經濟中，我們可以這樣簡要表述這個基本原理：對所有家庭來說，價格必須與消費品的邊際效用成比例；對所有生產廠商來說，價格必須與產品的邊際生產率成比例。但是一個新的現象表明了這樣的事實：在實踐中，產品不是按照它們所具有並提供給生產者的

---

[056] 這種情況只有在自由競爭和寡頭壟斷（這兩個詞是從技術意義上說的）的情況下才被普遍接受。但是這對我們的目的來說是夠了。後來已經證明，古諾的主張（即使在「壟斷競爭」領域，也存在這樣的事實）是沒有錯的。—— 原注

「使用價值」來定價,而是根據生產者最終能夠從這些產品身上獲得的效用來定價 [057]。每個人對他的產品的評價尺度以及對他可能擁有的生產數據的評價尺度,是由透過交換或購買獲得的物品的評價尺度構成的,而購買是透過出售生產數據的服務獲得的收入實現的。完成這些交換或購買行為的最有效的途徑是根據經驗進行,每一種商品或生產服務都是根據經驗來估值的。

在交換經濟的每個時期,我們可以觀察到無數交換行為,交換的全體構成了經濟生活循環流動的外部形態。交換規律向我們展示了給定的條件下,循環流動是怎樣進行的(即經濟生活的循環流動是如何進行的)。交換規律教給我們為什麼在條件不變的情況下,這種循環流動不會產生變化,它還教給我們這種循環流動為什麼會發生以及如何適應環境的變化。在假定條件保持不變的情況下,每一個連續的時期,同一種類、同等數量的消費品和生產品將被消費和生產出來,這是因為存在這樣的事實,即實踐中人們是根據反覆證明的經驗來安排生產和消費的。理論上,我們認為在給定的條件下,人們是根據現有的生產方法的最佳組合來安排生產和消費。但是,連續的生產時期之外還有另外一種連繫,因為每一時期都會使用前一時期為它準備的物品,而且每一時期也會生產物品供下一時期使用。為了簡化分析,我們現在假定如下情況來分析闡述事實,即每一時期只消費前一時期生產的物品,只生產下一時期將被消費的產品。這種將兩個經濟周期相互銜接起來的辦法不會改變任何實質性的東西,而且很容易讓我們看清經濟周期之間的關係。根據這個假定,每一種消費品不多不少都需要兩個經濟周期才能完成。

---

[057] 這就是奧地利人過去所謂的「主觀交換價值」。熟悉過去 50 年裡理論討論歷史的讀者,會如同反對奧地利理論的人一樣,認為試圖用「效用」來解釋價格包含著循環推理,也會想起這種現象如何引起對其所包含的循環推理的控告。 —— 原注

〈農民家庭的午餐〉，瑞士畫家阿爾伯特・涅胡斯（Albert Neuhuys）繪製於 1895 年。
畫面中，母親、孩子和父親正在吃午餐，食物是熱氣騰騰的馬鈴薯。

　　在這種簡化的經濟過程的每個周期，也必須要進行交換，現在我們將對交換進行分類。第一，把那種僅僅為了將所得的東西再轉出去的交換排除在外。理論表明這種交換必然大量存在於每一個貿易經濟中，然而在這裡，我們對這種純粹技術性的交易不感興趣 [058]。第二，在每種貿易經濟中，都會發生勞動和土地的服務對消費品的交換。毫無疑問，這種交換展現了經濟系統中大部分的物品流動，並且連線了物品的來源和出口（生產和消費）。但是，工人和地主出售他們的生產性服務是為了消化已經在手中的消費品，他們出售的這種服務只有在每個時期的末期才能生產產品。進一步說，即使他們出售的服務有一些是為了生產生產者需要的物品，那他們出售生產性服務也是為了消費品。在每一時期，有一些勞動和土地的服務是沒有展現在這一時期即將使用的生產數據中的，那麼它們就用來交換上一時期已經生產出來的消費品。這種說法與事實可能有些出入，但這只是為了讓說明簡單些，並不影響根本原則。在本次交換之前，誰擁有勞動和土地的服務是很清楚的，但是誰是

[058]　參閱《理論政治經濟學的本質和主要內容》第 2 篇。——原注

交易的另一方呢？交換行為發生之前，用來交換這些服務的消費品是在誰的手裡呢？答案很簡單，消費品在這一時期需要勞動和土地的服務的人，也就是那些希望透過增加更多勞動和土地的服務把前一時期生產出來的生產數據變成消費品的人手裡，或者在那些想生產新的生產數據的人手裡。為了簡化，我們假定這兩類人在每一時期都做相同的事情，也就是繼續生產消費品或生產數據 —— 這是符合貿易經濟中的勞動分工原則的。於是我們可以說，在上一時期生產消費品的這些個人，在本期提供了一些消費品給工人和地主，以換取他們在下一時期新的消費品生產中需要的服務；在上一時期生產生產數據的這些人，為了在這一時期繼續生產，他們會提供這些生產數據來換取生產消費品的人生產出來的消費品，他們得到所需要的這些消費品就能獲取新的生產性服務來繼續生產。

因此，工人和地主總是只把他們的服務用來交換當期消費品，不管這些服務是直接還是間接展現在消費品的生產中。對他們來說，沒有必要把勞動和土地的服務用來交換未來的消費品，或交換對未來消費品的承諾，或申請「預支」當期消費品。這僅是簡單的交換行為，而不是信用交易。在這一過程中時間要素不發揮作用。而所有的產品也僅僅都是產品，不包含其他含義。

對單個的廠商來說，究竟是生產生產數據還是生產消費品，是完全不相關的事。這兩種情況下，產品都是當即按照價值得到支付的。個人不需要關心這一時期之外的事情，即使他總是在為下一時期工作。他只是服從需求的指示，而同時經濟過程的機制也會認為他在為未來提供產品。他本人不必關心產品進一步的情況，如果要他對產品負責到底，那麼他也許根本不可能開始這一生產過程。消費品也只是產品而不是其他

任何東西，除了銷售給消費者之外不會產生其他結果，它們也不會在任何人的手中形成「基金」來維持勞動者的生產等，更不會為進一步的生產提供直接或間接的服務。因此，關於這些物品存貨累積的問題是不存在的。這種機制一旦經過調整，就會自行維持自身的運轉。這種機制是如何形成的是另外一個問題。它是如何發展的，如何發揮作用的，又是兩個不同的問題。

我們還可以進一步推論，經濟生活的任何地方，即使是交換經濟中，生產出來的生產數據也只是短暫的物品。我們在任何地方都找不到它們的庫存所發揮的作用，似乎它們是以其本身在完成所有的生產職能。對於生產數據來說，除了為它們所包含的勞動和土地的服務所支付的薪資和利息，任何國民總報酬都不是來源於它們；沒有任何淨收入的要素最終會附著在它們身上；沒有任何獨立的需求是由它們產生的。相反，每一時期，所有手頭的消費品的價值都歸因於本期所使用的勞動和土地的服務；因此，所有的收入都是以薪資或自然要素的租金形式展現的 [059]。據此，我們可以得到這樣的結論：勞動和土地為一方，消費品為另外一方，它們之間的交換過程不僅為經濟生活的流動提供了主要的方向，而且在我們的假設下，這種交換是唯一的方向。勞動和土地分享了全部的國民報酬，而且手頭只有為滿足他們有效的需求所必需的一定數量的消費品，除此之外沒有更多。這符合經濟學中的最後一對數據：需求及其滿足的方法。這也是我們一直在討論的一部分經濟現實的真實寫照。它已經被理論弄得殘缺不全了，還人為創造了大量的虛構的問題 —— 除了得到補償的勞動和土地的服務之外，還包括什麼是「基金」的問題。

---

[059] 分配理論的第一條基本原理就存在於這個表述中。 —— 原注

19 世紀，英國和愛爾蘭常見的家紡「工廠」。
在大規模工業化紡織時代到來前的 19 世紀中葉，絕大多數的愛爾蘭家庭都擁有織布機。

因此，交換經濟透過下面的方式向我們展現了它的組織形式。現在，單個企業是作為為了滿足他人的需求而生產的個體出現在我們面前，一個國家全部的產出是在這些單個的企業中首次分配的。對這些企業來說，它們除了具有把生產中的兩個原始要素結合起來生產的職能之外，就沒有其他的職能了，而這種職能在每個時期都是機械性地自動完成的，並不需要監管及類似的人為因素。因此，如果我們假設土地的服務掌握在私人手裡，那麼，撇開壟斷者不提，除了從事某種勞動的人或者將土地的服務提供給生產安排的人之外，就沒有任何人對產品有任何要求權了。在這些條件下，經濟系統就不存在其他的階層，尤其是沒有擁有生產出來的生產數據或者消費品的階層。我們已經看到，認為某處存在物品庫存累積的觀點是錯誤的。這主要是由很多生產出來的生產數據是要經過一系列的經濟周期才被生產出來的事實引起的。但是，這並不是基本要素，如果我們這些生產數據的使用被限定在一個經濟周期中，也不會在實質上改變什麼。消費品存量的說法沒有任何依據；相反，消費品通常只掌握在零售商和消費者手中，它們的數量也只能滿足

當前的需要。我們看到了物品的持續流動以及經濟過程的不斷移動，但是我們沒有發現其組成部分要麼是不變的，要麼是可以穩定替代的那種存量。對於一家廠商來說，它生產消費品還是生產數據，其實沒有任何的區別。在兩種生產情況下，在完全自由競爭中，它都是以相同的方式處理產品，根據它提供的土地和勞動的服務的價值獲得相應的支付，除此之外沒有其他東西。如果我們稱呼一個企業的經理或者所有者為「企業家」，那他就是一個既沒有所得也不會有損失的企業家 [060]，沒有特殊職能，也沒有特殊收入。如果擁有生產出來的生產數據的人被稱作「企業家」，那麼他也只能是生產者，與其他生產者沒有什麼區別，和他們一樣，出售產品的價格不能低於成本，而成本是由薪資和地租的總額確定的。

　　因此，從這個解釋的觀點出發，我們看到了不斷更新的物品流 [061]。只有在某個瞬間似乎存在某些個別物品的存量及與其相似的東西；人們實際上只能在抽象意義上談論「存量」[062]，這種抽象的意義是指經濟系統中一定種類和數量的物品只能透過一定地區範圍內的生產和交換機制進行。這種意義上所說的「存量」就好比河床，而不是流經它的河水。河水是從勞動力和土地這種流動的泉源中得到補充的，在每一個經濟周期都流入我們稱為收入的水庫中，這些收入將在此轉變為需求的滿足。對此我們只做簡單的敘述，這需要我們接受一個特定的收入概念，即費特的概念，把不是經常消費的物品從這個概念的範圍內排除出去。從某

---

[060]　這是瓦爾拉的用語。然而，事實上，在他的均衡體系中，利息作為收入而存在。——原注

[061]　嚴格區分「基金」和「流動」並使得這種區分具有意義，這是 S. 紐克姆博的一本沒受人們重視的書《政治經濟學原理》的功勞之一。在現代文獻中，這種觀點被費雪所特別強調。沒有哪本書比紐克姆博的書對貨幣的循環流動描述得更清晰了。——原注

[062]　存量是指某一指定的時點上，過去生產與累積起來的產品、貨物、儲備、資產負債的結存數量。——譯者注

種意義上來說，循環流動到此結束；從另一種意義上來說，它又沒有結束，因為消費引起重複消費的慾望，而這種慾望又推動新的經濟行為產生。在此請讀者原諒，因為我們應該談到準地租，但是沒有談。更嚴重的是，我們也沒有談到儲蓄，這一點是可以解釋的，因為在任何情況下，儲蓄在保持不變的經濟系統中是無法產生很大的作用的。

對每個人來說，一種商品的每單位數量的交換價值，取決於他能用該商品所獲得的，並且確實打算用該商品來獲得的所交換的物品的價值。由於他是否用該物品來進行交換是不確定的，交換價值會隨著當時個人所想像的交換可能性而波動，而且如果個人改變需求的方向，交換價值就會發生改變。但是，當一種商品在交換中找到它的最佳用途時，交換價值就會保持在最佳用途所確定的水準上，而且是唯一確定的水準 —— 如果經濟條件保持不變的話。顯然，從這個意義上來說，任何同一種商品的單位交換價值對不同個人來說都是不同的，這種差別不但因為這兩種原因 —— 第一，個人的嗜好不同；第二，他們的整體經濟情況不同 —— 而且還由於與這些經濟事實都沒有關係的第三種原因，即個人所交換的商品是不同的 [063]。但是在市場上被交換的任意兩種物品之間的數量關係，或者它們的倒數，即每種物品的價格都是相同的，不管他是富裕還是貧窮 —— 這和我們前面所說的一樣。每種物品的價格和其他所有物品的價格是具有連繫的，如果我們把價格用一個共同的標準來表示時 [064]，這一點將變得十分清楚。

現在讓我們引入價格的標準和交換的媒介，並選擇黃金作為「貨幣商品」的角色。鑒於我們的研究目的，對於人們已熟悉的交換理論我們

---

[063] 我的意思是，由於喜好和總體經濟情況的不同，即使對於其他人也同樣用來交換的相同的物品，每個人對其價值的認同也是不一樣的。況且，每個人都會交換不同的物品。 —— 原注
[064] 參見《理論政治經濟學的本質和主要內容》第 2 章。 —— 原注

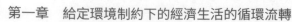

會講得很少，但是我們必須深入探討貨幣理論。在這裡，我們僅限於論述以後對我們的分析具有重要作用的論點，即使這些論點，也只是必要時在我們限定的範圍內才進行論述。因此，我們將把在本書中不會再出現的問題放在一邊，如金銀複本位制（gold and silver bimetalism）[065] 的問題和貨幣的國際價值問題，等等。有些理論的價值存在於以後我們沒有機會去討論的那些方面，我們會毫不猶豫地用比較簡單的，或為人們所知道的理論去代替它，即使這些理論在其他方面還有很多不完善之處，但只要對我們有用就足夠了 [066]。

　　經驗告訴我們，每個人都會對他的貨幣存量 [067] 進行價值評估。在市場上，所有這些個人的價值評估將導致每單位貨幣和其他商品的數量之間建立一種確定的交換關係，這和我們前面說的其他商品的情況是一樣的。在給定的條件下，透過個人之間以及物品的各種可能使用性之間的競爭，如同其他的商品一樣，貨幣也具有很多確定的價格。貨幣的這些價格 —— 這個表達已經完全由前面的論述定義了，後面我們還會常常用到 —— 如同其他商品的價格一樣，是由個人的價值評估決定的。但是，這些個人的價值評估又是建立在什麼基礎之上的呢？關於這個問題，我們需要做比其他商品價值評估更複雜一點的解釋，其他商品的價值評估是以個人透過消費這種商品所得到的需求滿足為基礎的。我們根據維塞

---

[065] 金銀複本位制是本位制的一種，曾在 18 ～ 19 世紀被英、美、法等國長期採用。在這種制度之下，黃金與白銀同時作為本位幣的製作材料，金幣與銀幣都具有無限法償的能力，都可以自由鑄造、流通、輸出與輸入。金幣和銀幣可以自由兌換。這一制度的出現彌補了黃金產量不能滿足市場需求的問題。 —— 譯者注

[066] 讀者可以從「社會產品和計量單位」一文，了解我關於貨幣和它的價值的思想的主要特徵。那裡的「貨幣」是一個完全不同的概念。 —— 原注

[067] 貨幣存量，即貨幣供應量，是指社會中在某一定點上存在的貨幣數值。在不兌現信用貨幣流通條件下，通常包括以下兩個部分：非銀行部門所持有的中央銀行的負債憑證，簡稱現金（通貨）；非銀行部門所持有的商業銀行的負債憑證，簡稱存款貨幣。 —— 譯者注

爾的論述回答這個問題[068]：物質商品的使用價值當然會為貨幣獲得與其他商品的交換關係確定歷史的基礎，但是，對每個人來說，貨幣的價值和它在市場上的價格會偏離這個基礎。作為貨幣的黃金所具有的個人邊際效用和價格，都不能偏離它作為商品的個人邊際效用和價格，這是很明顯的。如果發生了偏離，就會出現透過把藝術品鑄成金幣或把金幣融化的方法來消除這種偏離和差異的趨勢。這種判斷是正確的，不過不能證明什麼。因為如果同一種商品在兩種不同的用途上以相同的價格出售，我們不能簡單地說一種用途決定了價格，另外一種用途只是簡單地服從這個價格。相反，顯然是兩種用途共同形成了商品的價值尺度，如果其中一種用途不存在了，那麼它的價格也會發生變化。貨幣商品就是這樣的一種情況。貨幣具有兩種不同的用途，如果這兩種用途之間可以互相轉換，那麼這兩種用途的邊際效用和價格必須相等，因此，貨幣的價值絕不能僅僅從藝術角度解釋。如果我們假定貨幣商品的所有存量是鑄幣，這確實也是可能的，那麼前面的論述就變得非常清晰了。即使此時貨幣仍然具有價值和價格，但是前面的解釋很顯然就站不住腳了。一方面停止鑄幣，一方面禁止融化鑄幣，同樣給我們提供了經驗上的例子，可以說明貨幣價值的獨立的特徵。

對於貨幣來說，它的貨幣價值理論上完全可以與它的物質價值分開。當然，物質價值是貨幣價值的泉源。但是，我們在解釋貨幣價值的具體例項時，原則上可以忽略它的物質價值，這如同在考慮一條河流的下游的某些方面時，我們可以忽略從其源頭流過來的水量一樣。我們可以想像，人們是根據他所擁有物品的一定比例，或者更準確地說，是根

---

[068]《社會政策協會文集》，1909 年大會報告。關於這一點，參閱米塞斯《貨幣與流通手段的理論》第 2 版；如果讀者懷疑上述論點含有循環推理，可以看一看米塞斯的書。作者希望表明，他並不認為引進貨幣要素這一方式令人滿意，即使僅限於章節中的目的。—— 原注

據這些物品的價格來獲得一定數量的交換媒介，這種媒介是沒有使用價值的，而且在每一經濟時期，所有物品都必須換成這種交換媒介，該媒介只作為交換媒介被確定價值。根據假定，它的價值只能是交換價值[069]。就像我們之前所說的所有商品都是為市場而生產的一樣，每個人都根據能用這種媒介獲得的商品的價值來對這種交換媒介進行估值。因此，每個人對他的貨幣的估值都是不同的。即使每個人都用貨幣來對其他商品進行估值，即使這些估值在數量上是相等的，但是這些估值對不同的個體而言仍然會有不同的意義。的確，在市場上，每種商品只有一種貨幣價格，而且在任何時候也只能有一個貨幣價格，所有人根據這些價格計算物品的價值，在這一點上，他們具有相同的立場。但這只是表面現象，儘管對所有人來說，價格是相等的，但對每個人來說，這些價格具有不同的含義 —— 它們代表每個人可以獲得的商品的不同數額。

那麼，個人的貨幣交換價值是如何形成的呢？在此，我們將把貨幣理論和我們前面所論述的經濟過程的流動結合起來分析。根據我們的假定，個人的交換價值必須一直追溯到生產者生產的物品。我們說過，生產者生產的物品只是暫時性的專案，並且在交換經濟中，它們包含價格的各種獨立形式。我們還說過，收入不會流向在任何時候都擁有生產數據的人。因此，這裡沒有機會形成個人獨立的貨幣交換價值。就像在經濟過程中，商人生產出來的生產數據所計算的貨幣價值也只是一個暫時性的專案。這些商人不是根據個人的交換價值對貨幣進行估值的，因為他們透過它得不到任何想要的消費品，而只是把它轉讓出去。因此，在這裡我們找不到貨幣的個人交換價值的決定因素。相反，反映這些交易的交換價值一定起源於

---

[069] 貨幣將因為它的交換只能被定價。很顯然，這與生產工具的只能很相似。如果像許多義大利人一樣，人們只是把貨幣當成「最好的工具」，情況就會更加清楚。 —— 原注

其他某些地方。人們只是單獨根據一個人能用貨幣所得到的消費品的價值來對自己的貨幣存量估值。因此，貨幣收入與真實收入之間的交換是關鍵點，也是經濟過程中個人交換價值以及貨幣價格形成的地方。現在，我們就很容易得出結論了：對每一個人來說，貨幣的交換價值取決於這個人用收入所能得到的消費品的使用價值。在一個時期內，用商品表示的總有效需求就成為這個經濟過程中可得到的收入單位的價值尺度。因此，在給定條件下，對每個人來說，貨幣存量都有一個確定的價值尺度和確切的邊際效用 [070]。在經濟系統裡，這一貨幣存量的絕對數量是互不相關的。原則上，一個較小數額的存量可以和較大數額的存量提供相同的服務。如果我們假定現存的貨幣數量是不變的，那以後的每年中，人們對貨幣的需求將是相同的，貨幣的價值也將是相同的。貨幣在經濟系統中也會被分配，當所有消費品全部被人們消費後，勞動和土地的服務都能得到支付，就會出現這樣一種情況，即可以形成一個統一的貨幣價格。以勞動和土地的服務為一方，以消費品為另一方的交換被分成兩部分：勞動和土地的服務等生產資源與貨幣之間的交換，以及貨幣和消費品之間的交換。由於貨幣的價值和價格一方面必須等於消費品的價值和價格，另一方面必須等於勞動和土地的服務的價值和價格 [071]，因此我們的理論框架的主體系沒有因中間環節的插入而改變，貨幣只是在扮演技術工具的角色，而沒有增加新的東西。通俗地說，貨幣到目前為止只代表了經濟事物的外在形式，其抽象概念沒有任何實質性的改變。

---

[070] 假定有一定的市場的交換技術和支付習慣。關於這一點，參見馬歇爾的《貨幣、信用和商業》（*Money, Credit, and Commerce*）或凱因斯的《貨幣改革小議》（*A Tract on Monetary Reform*），還可以參閱施萊辛格的《貨幣經濟和信用經濟理論》。——原注

[071] 為了簡單起見，我再次重申，在這裡我們只考慮一個獨立的經濟系統，因為國際關係等因素將使得分析複雜化，而不會有什麼實質上的幫助。同樣，我們所考慮的經濟系統中，所有個人都用貨幣計量物品價值，而且彼此之間相互連繫。——原注

古老的葡萄牙海洋和殖民帝國的世界地圖，
由安東尼奧‧桑切斯繪製，1623 年在葡萄牙出版。

乍一看，貨幣好像是關於物品不同數量的一般規則 [072]，或者我們可以說它是「一般購買力」。一般而言，每個人都把貨幣看作獲得商品的手段；如果他出賣勞動或土地的服務，那麼他不是為了得到特定的商品，而是為了一般意義上的商品。然而，如果我們再進一步仔細觀察，就會發現事情具有截然不同的一面。對個人來說，他是按照用貨幣所能實際購買到的商品的價值來評價他的貨幣收入的，而不是根據其他方法。如果所有的購買者突然改變他們收入的支出方向，貨幣的價格以及個人交換價值顯然會發生改變。然而，通常來說，這種事情是不會發生的。一般而言，一個明確的支出計劃若被認為是最優秀的而被堅持下來，那麼它不會很快發生改變。這就是為什麼在實踐中每個人通常都能用固定的貨幣價值和價格計算，而他只需要逐步調整它們以適應新的變化。因此，我們可以用先前所說的關於其他物品的話來闡述貨幣，即就現有購買力的每一部分來說，經濟系統中的某個部分已經存在著對它的需求、

---

[072] 這個概念最早是伯克雷提出的。以後就一直存在，J.S. 密爾最近把它傳播開來。在現代德文文獻中，這主要存在於本迪克森那裡，這種概念與數量理論、生產成本理論或均衡理論之間是沒有矛盾的。── 原注

物品的供應；貨幣的大部分，就像生產數據和消費品的大部分一樣，年復一年地走著相同的路。如果我們假定每個經濟周期、每塊貨幣都經歷著完全相同的路線，那我們也沒有改變任何實質性的東西。這種真實收入和貨幣收入之間的關係決定著貨幣價值的變化[073]。

至此，我們只是把貨幣當作流通媒介。我們所觀察到的只是用於使大量商品定期流通的那些貨幣量的價值是如何決定的。顯然，由於眾所周知的原因，每個經濟系統中還存在著一定數量的不流通的貨幣，而它們的價值的決定還沒有得到說明。迄今為止，我們還沒學到這樣的貨幣發揮作用的方式，即它迫使個人累積超過支付目前的購買所需要的貨幣數額。這一點我們以後再論述。我們已經解釋了一定數量貨幣價值的流動和決定因素，而這些貨幣與我們所描述的主要交換行為是對應的，對這些我們應該感到滿足。不管怎樣，在這裡我們所考慮的正常循環流動中，不需要為了其他目的而持有更多的貨幣。

我們也忽略了另一個要素。購買力不僅可以用來執行消費品與勞動和土地的服務之間的交換，還被用來轉移土地所有權本身，此外，購買力本身也可以被轉移。我們可以很輕易地考慮到這些要素，但是它們對我們具有本質上的不同意義，而這些要素也是可以在當前的框架內分析的。我們只能簡略地指出，在我們描述的這種不斷重複發生的經濟過程中，沒有容納這些要素的餘地。購買力本身的轉移，不是這一過程的必然因素，可以說，它實際上是按照自己的方式在轉移，本質上是不要任何一種信用交易的。我們已經指出，對勞工和地主沒有預先的支付，而他們的生產數據也只是從他們那裡買來的。這一點並沒有因貨幣的介入而改變，對貨幣的提前支付如同對消費品或生產數據的提前支付一樣，

---

[073] 參閱維塞爾的書。——原注

都是不必要的。我們沒必要排除這樣的情況 —— 人們從其他人那裡獲得購買力，同時把自己的原始生產力轉移一部分作為對其他人的回報，其中轉移土地就是一個有代表性的例子。借錢消費也是一個例子，它沒有附加任何特別的利息。同樣，勞動和土地的轉移也屬於這種情況，下面我們將要講到這點。可以說，貨幣在循環流動中只充當了促進商品流通的角色，並沒有造成其他作用。

　　我們還可以補充一句：由於同樣的原因，我們沒有談到信用工具。當然，不僅交換過程的一部分，甚至交換過程的全部都可以用這種信用媒介來解決，我們甚至可以想像，流通交換過程中只有票據，而沒有實際的金屬貨幣，這是很有意義的現象。這告訴我們，貨幣具有商品價值，提倡這種原始必要性並不意味著具體的貨幣商品必須流通。要使貨幣同其他物品的價值產生固定的關係，除非它應該和具有確定價值的某種東西產生連繫，其他都不是必需的。因此，經濟過程在沒有金屬貨幣參與的情況下仍然可以運轉。提供勞動和土地的服務的人能收到另一張具有確定貨幣數額的票據，然後用這張票據購買必需的消費品，為的是在下一時期能收到同樣貨幣數額的票據（如果我們堅持認為貨幣定期經歷相同的交換路徑）。假定票據能夠順利流通並被普遍接受，這種交換媒介就可以完全履行貨幣的角色，正因如此，人們對它的估值和對金屬貨幣的估值是一樣的，它也會在商品交換中按照同一價格流通。此時，對這種交換媒介就會有需求，而在我們前面的假設下，也總會有相應的供應與之對應。但是，根據我們前面的分析，金屬貨幣單位的價格只是對消費品和生產數據價格的反應，那麼我們就可以說我們所假定的票據交換的價格也造成了相同的作用。因此，這些票據將以它們的名義上的價格流通，或者換一種說法，它是按票面價值流通的，不存在允許打折的動機。這些論證相對先前的分析，以更

實際的方式告訴我們，在我們的假設條件下，經濟系統中不會出現任何利息，因此，我們這裡所描述的經濟事物的邏輯不能解釋利息現象。

1882 年印刷的關於未來交通工具的宣傳海報，展現了人們離開巴黎歌劇院時在空中航行的場景，繪製者是阿爾伯特·洛必達（Albert Robida，1848-1926 年）。
可以看到，警察在空中巡邏，「公共汽車」和「豪華轎車」在空中穿梭，還有女飛行員。

　　除了這一點，我們沒有任何理由在這裡繼續深入分析信用支付手段。如果信用工具只是用來代替已經存在的金屬貨幣，那麼它們的使用本身不會產生任何新現象。如果具體的交換行為年復一年地採用信用工具這一支付手段進行，那麼信用工具所造成的作用和相應數量的金屬貨幣所產生的作用是一樣的。由於這樣的原因，也由於信用以後將變得對我們非常重要，同時還由於我們非常想要把信用和我們所描述的貨幣進行深入對比，所以我們假定：目前為止，我們所說的貨幣流通僅僅包括金屬貨幣 [074]，為更簡便起見，僅僅指黃金。為了區分兩者，我們一般所

[074] 在這樣的經濟系統中，「金屬貨幣」的數量不僅和確定的價格水準相對應，而且還和一定的貨幣流通速度對應。如果所有的收入都是按年支付，顯然就需要大量的貨幣，比按週支付需要的貨幣要多，否則物品的價格就需要低一些。我們假定流通速度是不變的，因為我們非常同意維塞爾的觀點：流通速度的改變，如同信用支付工具的改變一樣，都不是價格水準變化的獨立原因，而價格水準的變化是由 —— 從我們的觀點出發，最好說「目前來說是由」—— 商品的運動引起的。也可以參閱奧佩蒂的「貨幣理論」，德爾·韋爾奧的「貨幣理論」，載《經濟學家雜誌》（1909 年）。—— 原注

理解的貨幣僅指金屬貨幣。信用工具不是簡單地替代先前存在的貨幣數量，我們把它連同金屬貨幣都包括在支付手段這個概念中。我們將在之後的章節討論「信用支付手段」是否是貨幣這個問題[075]。

與物品流通相對應的是貨幣的流通。貨幣流通的方向和商品流通的方向是相反的，而且由於存在黃金不會增加或者不會發生單方面變化的假設，貨幣流通就只是物品流通的反映。這樣我們就結束了對循環流動的描述。如同非交換經濟一樣，交換經濟具有相同的持續性，以及在相同的假設下相同的不變性 —— 持續性和不變性不僅指整個經濟過程，還有價值。社會價值確實是對事實的一種歪曲。心理的價值存在於意識之中，因此如果這個詞具有意義，那麼心理的價值必須在本質上是個人自發的。我們這裡所說的價值的含義不是從整個經濟系統的角度出發的，而是從個人的角度出發的。社會事實，如同在所有的評價中一樣，也處在與個人價值相關聯而非各自獨立的環境中。如同社會關係的總和構成了社會一樣，經濟關係的總和構成了經濟系統。除了社會價值，還有社會價值體系 —— 個人價值的社會系統。這些價值之間的連繫與個人在經濟中各種價值之間的連繫是類似的。它們之間透過交換關係彼此影響，因此它們影響著其他的個人價值，也受這些個人價值的影響[076]。在社會價值體系中，一個國家所有的生活條件，尤其是所有的「組合」都被反映出來。社會價值體系的沉澱就是價格體系，它也是價格體系意義上的一個單位。價格的確不表示對物品社會價值的猜想，也不是確定價值的直接表現，而是在群體評估的作用之下，對社會價值與確定價值之間互相作用的結果的反應。

---

[075] 關於「購買力」的概念，可以參閱達文波特的《價值與分配》等文獻。 —— 原注
[076] 它們之間一般存在著相互依存的關係。關於這一點可以參閱《本質》第 II 篇，那裡有詳細的說明。 —— 原注

第二章

經濟發展的基本現象

1

社會過程理性地說明我們的生活和思想[077]，引導我們避免形而上學地看待社會發展，並讓我們充分了解對社會發展進行經驗處理的可能性；但是社會過程在完成自己的任務時是很不完美的，因此我們對待社會過程要慎重，用文字表示這個概念時更要小心，文字之間的各種連繫可能導致我們誤入歧途，走向與我們的論證毫不相關的方向。與形而上學的先入之見（更確切地說，它是產生於形而上學的根源並成為先入之見，如果我們忽略這一點，那就是在做實證科學的工作，即使它本身不是形而上學的先入之見）緊密連繫的，是對歷史「意義」的各種探索。認為一個國家、一種文化，甚至整個人類，一定會表現出一種一致的、直線式發展的假設也同樣是一種形而上學的東西。甚至像羅雪爾（Wilhelm Roscher）[078]這樣具有務實精神的人也會做出這種假設，無數才華橫溢的哲學家和歷史理論家，從維科（Giambattista Vico）[079]到蘭普雷希特

---

[077] 這裡使用的是馬克斯·韋伯（Max Weber）的含義。讀者可以看出，這裡「理性的」和「經驗的」含義是這同源的東西，如果不是同一事物的話。它們與「先驗的」一詞意思相反，「先驗的」暗含著超出「理性」和「事實」的範疇，超出科學的領域。就某些人來說，使用「理性的」一詞已經成為一種習慣，這很類似於我們使用「先驗的」一詞的含義。所以提醒讀者不要產生不必要的誤解。──原注

[078] 威廉·羅雪爾（Wilhelm Roscher, 1817-1894 年）德國歷史學派創始人，他否認古典學派關於經濟發展存在普遍規律的觀點，贊成貿易保護，認為政治經濟學不是一門獨立的科學，而是「一門論述一個國家的經濟發展諸規律的科學。」他稱政治經濟學為「國民經濟的解剖學和生理學」，把自己的研究方法稱為「歷史的方法」。──譯者注

[079] 詹巴蒂斯塔·維科（Giambattista Vico，1688-1744 年），義大利政治哲學家、修辭學家、歷史學家和法理學家。他為古老風俗辯護，批判了現代理性主義，並以鉅著《新科學》（The New Science）聞名於世。──譯者注

（Karl Lamprecht）[080]，都認為這樣的假設是理所當然的。以達爾文的進化論思想為中心的各種進化思想 —— 這只是簡單的類比 —— 以及那些把動機和意志行為看成不僅僅是社會過程反映的那種心理學上的偏見，都屬於這一類。但是，進化論思想在我們的研究領域受到懷疑，尤其是對歷史學家和人類學家來說。圍繞「進化」思想，現在除了有對不科學的和超科學的批評以外，還加上了認為它淺薄的批評。根據「進化」一詞所起的作用做出的倉促判斷，說明很多人都已經失去了耐心。

我們必須摒棄這些東西，有兩個事實仍然擺在我們的面前。一是歷史變化的事實。由於歷史的變化，社會條件在歷史時代中成為歷史的「個體」。這種變化既不構成循環的過程，也不形成圍繞一個中心擺動的運動。這兩種情況與另外一個事實限定了社會發展的概念，這個事實就是，當我們不能根據以往的情況，充分說明事物給定的歷史狀態時，就證明確實有一個沒有解決、又不能不解決的問題存在。這一點同樣適用於個體，例如，我們能夠理解1919年德國的國內政治問題是由於前一次戰爭的影響。經濟發展至今不過是經濟史的研究對象，而經濟史也只是通史的一部分，把它與其他部分割裂分開來是為了分析。由於經濟方面對其他事物的基本依賴，單單根據以往的經濟情況解釋經濟變化是不可能的，因為一個國家的經濟狀況並不僅取決於以前的經濟情況，而是取決於這個國家全部的歷史狀況。這樣一來，由此產生的解釋和分析上的困難大大減少了，因為有構成歷史的經濟解釋的基礎，這些在實際中如此，而在原則上則並非如此。如果不強求對這種觀點表示支持或者反

---

[080] 卡爾·蘭普雷希特（Karl Lamprecht, 1856-1916年），德國歷史學家。他深受費雪的理論影響，提出「文化史」這個概念時強調，這不僅是包括藝術、音樂、文學在內的狹義文化史，而是廣義的，用傳統的政治史、經濟史和社會史無法解釋的、過去發生的、包括所有一切的文化史。——譯者注

對，那麼我們可以說經濟世界是相對獨立的，因為它在一國人民的生活中占據了很大比重，並且形成或決定了其餘生活的大部分。因此，經濟史顯然不同於軍事史，這是毫無疑問的。此外，還必須加入有助於對社會過程任何一部分進行單獨描述的另一事實。社會生活的每個部分都好像居住著不同特徵的人們。一般來說，受外界支配的因素一般不會直接影響社會程序的任何一個部分，如同炸彈爆炸一樣，它影響的是發生爆炸的屋子裡的所有東西，當然也包括與其相鄰的人家；即使一個事件就像炸彈爆炸那樣發生，它的影響也只是發生在一定的範圍及關心這件事的人們身上。因此，就像人們總是把反宗教改革對義大利和西班牙繪畫的影響描述成藝術史一樣，對經濟過程的描述也始終應該歸於經濟史，即使影響事件的真正原因相當程度上是非經濟的。

　　經濟部門可以透過各種不同種類的觀點和方法去研究，比如，人們可以根據處理這些觀點和方法的廣度去研究 —— 或者我們也可以這樣說，人們可以根據它們所暗含理論的普遍程度去研究。從對 13 世紀尼德阿爾泰寺院的經濟生活的本質說明，到桑巴特（Werner Sombart）[081] 對西歐經濟生活發展的說明，貫穿著一條連續的、邏輯上統一的路線。桑巴特的說明是理論，而且是我們此刻想要說的經濟發展理論，但需要說明的是，它不是本書第一章所講的那種經濟理論，第一章的經濟理論是自李嘉圖時代以來人們所理解的 「經濟理論」。誠然，後者意義上的經濟理論在像桑巴特的那種理論中也造成了作用，但它的這種作用完全是一種次要作用。也就是說，由於歷史事實之間的連繫是非常複雜的，有

---

[081] 維爾納·桑巴特（Werner Sombart,1863-1941 年），德國社會學家、經濟學家。早年傾向於馬克思主義，後受到韋伯和歷史主義的影響。他認為，社會學不是一門包羅永珍的學科，而是一門有明確內容和特殊方法的獨立學科，其任務在於提出有關精神領域的社會連繫的理論。 —— 譯者注

必要引入超出常人分析能力的解釋方法，這種方法採取由分析工具提供的形式。然而，如果問題只是要使發展或發展的歷史結果變得更加容易理解這麼簡單，或者只是為了找出使結果具有特徵或決定一個問題的要素，那麼傳統意義上的經濟理論對此幾乎就沒有什麼貢獻了[082]。

在這裡我們且不管這種意義上的發展理論。我們既沒有指出歷史演進因素——無論是個別事件，比如 16 世紀在歐洲生產的美國黃金的出現，還是「更一般」的情況，比如經濟人在精神方面、在文明世界的範圍內、在社會組織中、在政治群星中以及在生產技術等方面發生的變化；

---

[082] 如果經濟學家關於這個話題有疑問，只是因為他們沒有把自己限制在經濟理論的範疇內，而且他們只是以個別事件，例如美國黃金的出現等，學習了歷史社會學或對經濟未來做了一些假設。勞動分工、土地私有權的起源、對自然不斷成長的控制、經濟自由以及法律安全，這些共同組成了亞當·斯密的「經濟社會」的最重要因素。他們顯然是和事件經濟過程的社會結構相連繫的，而不是與經濟程序的自發性相連繫的。人們也可以把這看成是李嘉圖的發展理論，而且它展現了思想路線，這個路線為他贏得了「悲觀主義」的稱號，也就是「假設性的預測」，由於人口的不斷成長伴隨著土地資源的不斷消耗（根據他的意思，這只能被生產中的技術改進短暫打斷），最終將出現一種靜止狀態——這要與現代理論中理想的均衡靜止狀態區分開來——在這種狀態中，經濟情況將以地租的極大增加為特徵，這與我們上面所理解的發展理論完全不同，與本書中的發展理論更是兩回事。密爾更加仔細地分析了思想路線，在色彩和語調的分布上也有所不同。但是，實質上，他書中的內容「社會進步對生產和分配的影響」，也闡述了相同的東西。即使這個題目表明了有多少「進步」被認為是非經濟的，被認為是來源於只對生產和分配「發生影響」的數據中所反映的一些東西，尤其是在「生產藝術」的範疇內他對進步的處理是「靜態」的。按照傳統的看法，進步只是碰巧發生的事情，對於它的影響我們必須進行調查，它本身如何產生不在我們的討論範圍內。因此，這些被忽略的東西正是本書要研究的主題，或者說是本書的基石。

J.B. 克拉克（《經濟理論要義》）的可貴之處是他區分了「靜態學」和「動態學」，看到了靜態均衡中動態因素的干擾，儘管他把自己限制在這一點上，就像密爾看到了動態學的意義。這與我們的觀點是相同的，但是從我們的觀點出發，最根本的任務是調查這種干擾的作用，分析隨後出現的新的均衡。我們首先應該解釋這些干擾出現的原因的理論，因為它對我們來說不僅僅是干擾，基本的經濟現象也依賴於這些干擾的出現。尤其是他所列舉的干擾出現的兩個原因（資本和人口的增加），對他來說僅僅是干擾的原因，對我們來說也一樣，而不管它們作為「改變的要素」對本文剛提到的其他問題有多大的重要性。對以後的正文中會出現的第三種因素（消費者偏好方向的改變）也是如此。但是對於其他兩個因素（技術和生產組織的改變）需要進行特別的分析，並在理論的角度產生與干擾不相同的一些事情。不承認這一點，是在經濟理論中我們不滿意的最重要的原因。就是這個不重要的泉源，形成了一種新的經濟過程的概念，這個新的概念克服了一系列本質的困難，並驗證了我們在文中對這個新問題的表述，這些是我們將要看到的。對這個問題的新表述與馬克思的表述更為接近。因為根據他的觀點，存在一種內部的經濟發展，而不只是經濟生活適應變化的數據。不過，我的結構只包含了他研究範圍的一小部分。——原註

也沒有描述這些因素對個別情況產生的影響[083]。相反，在本書第一章已經向讀者對經濟發展理論的本質做了充分說明，現在只不過是為了自身的目的在改進，即在這種經濟理論的基礎上建立。如果這麼做，是為了讓這種理論對其他種類的發展理論提供比過去更好的服務，那麼事實就是，這兩種方法是基於不同水準之上的。

　　我們的問題如下所述。第一章的理論從「循環流動」的視角描述了經濟生活，這種流動是一年年按照相同的路線執行的，這與血液在生物有機體內的循環是相似的。現在，這種流動和它的路線發生了變化，我們在此也要放棄血液循環的比喻。因為雖然生物體的血液循環在其成長和衰亡過程中也會發生變化，但是這種變化是循序漸進的，也就是說，人們所能選擇的比任何一個可以分配的數量都要小的幅度都在變化，但是不管這個幅度有多小，它總是處在相同的結構之內。經濟生活也會經歷這樣的變化，但是它也會經歷其他不是循序漸進的、改變了傳統結構本身的較大變化。儘管這些變化是純經濟的，對它們的解釋也顯然是純粹經濟理論的任務，但是這種變化不能透過循環流動的分析方法來理解。現在，由這些變化衍生出來的一系列變化和現象就是我們研究的對象。但是我們不會問這樣的問題：哪一些變化使得現代經濟系統成為現在這個樣子，這些變化的條件是什麼？我們只能做理論上的追問：這些變化是怎麼發生的，它們又將產生怎樣的經濟現象？

---

[083] 因此，本書第一版發行後出現的最讓人煩惱的誤解之一就是，這種發展理論忽略了所有歷史因素的變化，除了企業家的個人特徵。很明顯我的意思被誤解了。書中沒有涉及具體的變化因素，但涉及這些變化因素發揮作用的方法以及機制。「企業家」只是這種變化機制的承擔者。在這裡我們也沒有過多考慮那些解釋經濟組織、經濟習慣等變化的因素。這是另外一種問題，儘管這些對待的方法存在著衝突，但是如果不把它們分開，不給它們自行發展的權利，那就意味著它們將破壞掉所有的成果。—— 原注

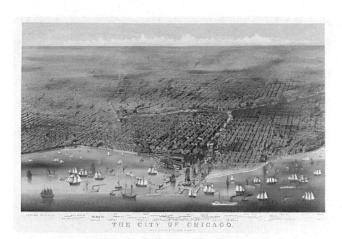

從密西根湖上空的鳥瞰芝加哥，1874 年繪製。
芝加哥面臨廣闊的密西根湖，背倚平坦、富饒的中西部大草原，正處美國國土的中央、
五大湖與密西西比河谷之間的位置上，從早期開始就是美國東西向和南北向往來的必經
之地。1850 年代後，工業化藉助鐵路向西推進，芝加哥順勢發展起來，在短短 70 年的時
間裡，一躍成為美國第二大城市。

　　對同一件事情，如果仔細分析，可以做出不同的說明。從經濟系統
的趨向來看，第一章的理論體系走向一個均衡的觀點，並以此解釋了經
濟生活，這種趨向為我們提供了決定價格和物品數量的工具，而且可以
把它描述成任何時候對現有環境條件的適應。與循環流動的條件相比，
它只是意味著我們把經濟系統的幾個過程看作是走向均衡位置的趨勢的
部分現象，而非年復一年發生「相同」的事情，但這些過程不一定會走
向相同的均衡位置。經濟系統中理想的均衡狀態所處的位置，從來沒
有被達到過，卻不斷被「追逐」（當然並不是有意識的），這是因為均
衡位置是不斷變化的，而經濟事實和環境也是不斷變化的。而在這些
不斷改變的事實和環境面前，理論也不是完全沒有用武之地的。理論被
建構使得它有能力來解決這些變化所帶來的結果；為了這個目的還配置
了特殊的工具（比如被稱為「準地租」的工具）。如果變化的數據是非

社會的（自然條件），或者是非經濟社會的（比如戰爭的影響，商業、社會或經濟政策的變化），或者是消費者偏好[084]的，那麼就不需要對理論工具進行根本修正。這些理論工具只有在經濟生活本身間歇性地更新自身數據時才會失效 —— 這裡的論點和前面的論點是相互連繫的。鐵路建設可以作為一個這樣的例子。連續的變化，透過無數的小步驟來不斷調整，最後使得一家小零售商成為一家大百貨公司，這屬於靜態分析（Static Analysis）[085]的範疇。但是，靜態分析無法預測傳統行為方式中非連續性變化的結果，也不能解釋生產性革命的發生以及伴隨生產性革命產生的一系列現象，只能在變化發生後調整到新的均衡位置。我們所研究的問題正是這種「革命性」的變化，即非常狹窄和真正意義上的經濟發展的問題。我們拋開傳統理論而強調這個問題的原因，與其說是經濟變化（尤其是在資本主義時期）確實是如此發生的，而不是透過適應不斷變化的環境發生的，還不如說是由於這些變化本身就是富有成效的[086]。

因此，我們所指的「發展」只是經濟生活的這些變化，它們不是由外部強加到經濟生活中的，而是產生於經濟生活本身，並由其內部原因引起的。如果經濟領域本身不發生這種變化，並且我們所稱的經濟發展

---

[084] 消費者偏好是指消費者對商品或商品組合的喜好程度。消費者根據自己的意願對可供消費的商品或商品組合進行排序，這種排序反映了消費者個人的需要和興趣。某種商品的需求量與消費者對該商品的偏好程度正相關：如果其他因素不變，對某種商品的偏好程度越高，消費者對該商品的需求量就越多。—— 譯者注

[085] 靜態分析法是根據既定的外生變數值求得內生變數的分析方法，是對已發生的經濟活動成果進行綜合性對比分析的一種分析方法。簡單地說，就是抽象了時間因素和具體變動的過程，靜止孤立地考察某些經濟現象。它一般用於分析經濟現象的均衡狀態以及有關經濟變數達到均衡狀態所需要的條件。—— 譯者注

[086] 資本、信用、企業家利潤、資本利息和危機（或經濟周期）就是這種富有成效的變化所顯現出來的結果，但包括並不限於這些。對專門的理論家，我會列出如下這些難題：收益遞增問題、供求曲線之間多個交點的問題、時間要素問題等，這些問題即使對馬歇爾來說，也是沒能克服的。—— 原注

實際上只是基於這樣的事實建立起來的，即經濟數據在變化，而經濟則不斷調整自己使自己適應這種變化，那麼這便不是經濟發展。因此，我們的意思是，經濟發展不是可以從經濟方面解釋的現象，經濟本身並沒有發展，而是被它周圍世界的變化拖著走，因此，必須在經濟理論所描述的事實之外尋找經濟發展的原因。

如果經濟成長僅僅是由於人口和財富的成長引起的，那麼也不能叫做發展過程。因為它本質上沒有產生新的經濟現象，而是與自然界其他數據的變化一樣，只是一種適應的過程。因為我們想要把研究重點轉移到其他現象，所以把這種成長看作是數據的變化 [087]。

每一個具體的發展過程都依存於之前的發展。而為了把事情的本質看得清楚些，我們將把這一點抽象掉，並允許發展從一種沒有過發展的位置上產生。每一個發展過程都為接下來的發展過程創造條件，因此，接下來的發展過程的形式就被改變了，如果發展的每個具體階段不得不首先創造自己的發展條件，那麼事情就將變得與預期有所不同。然而，如果我們想要找到事情的根源，可以不把要解釋的要素數據包括在對事實解釋之中。但是，如果我們不這麼做，將會造成事實與理論之間的明顯不符，這將會給讀者帶來很大的閱讀困難。

在闡述說明本質性的東西以及防範誤解方面，我認為進一步對「靜態」和「動態」這兩個詞以及它們數不清的含義進行特別的解釋是沒有必要的。我們所說的發展是一種獨特的現象，它完全不同於我們在循環流動或均衡趨勢中所觀察到的現象。發展是在流轉管道中和對均衡的干擾中出現的自發性的、持續不斷的變化，它永遠改變並替代了先前存在

---

[087] 我們之所以這麼做，是因為這些變化每年都很小，並不妨礙靜態方法的運用。然而，在我們看來，這些變化的出現通常是發展的一個條件。儘管他們經常使發展變得可能，但是他們並不從自身內部來創造這種發展。 —— 原注

的均衡狀態，我們的發展理論只是對這種現象以及與之相伴隨的過程的描述 [088]。

2

循環流動通道中的這些自發的、間斷的變化以及對均衡中心的干擾，出現在工業和商業生活的領域內，而沒有出現在消費者對最終產品需求的領域內。消費者的偏好出現了自發的、間斷性的變化，這種數據的突然變化是商人必須應對的問題，因而，這不是他自身的生產行為逐漸適應的問題，也不是其他行為自身的問題，而是動機和機會的問題。因此，這種情況除了提供了自然數據的改變之外並沒有提供其他任何的問題，也沒有要求任何新的處理方法。因此，我們需要忽略可能在實際中存在的消費者需求的任何自發性，並假定消費者的偏好是「給定的」。事實上，需求的自發性一般是很小的，這就是為什麼我們很容易做出上面的假設。當然，我們必須從需要的滿足出發，因為那是所有生產的終點，而且任何時候給定的經濟情況都必須從這點出發去理解。然而，經濟系統中的創新並不是按照下面的規則發生的，即首先消費者中出現了

[088] 在本書的第一版中，我把它稱為「動態學」。但在這裡最好避免用這種表述，因為它的各種不同意思所帶來的各種關係很容易把我們引入歧途。因此，最好簡單表達我們的意思：經濟生活的變化，部分是由於數據的變化，經濟生活傾向於使自己適應變化的數據。但這不是唯一類型的經濟變化；還有一種不依賴於外部數據影響的變化，它來自經濟系統內部，而且這種變化是很多重要的經濟現象產生的原因，因此建立一種關於它的理論是非常值得的，而且，為了這個目的必須把它和其他所有的變化要素隔離開。更加準確的定義是，我們想要考察的是那種產生於系統內部的變化，即它取代了它自己的均衡點以致新的變化無法透過許多無限小的步驟達到這個均衡。不管你把多少輛郵車連續排成一排，也不會獲得一條鐵路。—— 原注

新的自發性的需求，然後生產工具在壓力下開始革新。我們不能否認這種連繫的存在，但是，通常是生產者作為規則的制定者引起經濟的變化，消費者在必要的時候受到了生產者的啟發，他們好像被教授去需求新的東西，或與他們的慣用品存在差別的東西。因此，儘管可以允許甚至是必須把消費者的需求看作是循環流動理論中一個獨立的、基本的驅動力，但是，我們在分析變化時，必須採取不同的態度來對待它。

生產意味著把我們所掌握的原材料和生產要素結合起來（參閱第一章）。生產不同的東西，或用不同的方法生產相同的東西，意味著用不同的方法去組合這些原材料和生產要素。只要「新的組合」能透過小的步驟不斷調整，從舊組合中及時產生，那麼肯定會有變化，也許是成長，但這不是一種新的現象，也不是我們所說的發展。如果不是這樣的情況，而且新組合是間斷出現的，那麼以發展為特徵的現象就出現了。為了方便說明，以後當我們說到生產方式的新組合時，我們指的是後面的這種情況。那麼我們所說的發展就被定義為執行新的組合。

發展這個概念包括以下五種情況：

1. 引入一種新的產品 —— 也就是消費者還不熟悉的產品 —— 或者一種具有新特徵的產品；

2. 引入一種新的生產方法，這種生產方法是製造部門還沒有透過經驗檢驗的，而且不需要建立在科學新發現的基礎上，這種方法也可以是在商業上對商品的新的處理方法；

3. 新的市場的開放，新的市場就是一個國家的某一個生產製造部門之前沒有進入的市場，不論這個市場之前是否存在；

4. 取得或控制原材料或半製成品的新的供給來源，不論這種來源已經存在還是首次被創造出來；

5. 實行任何一種工業的新的組織，比如，製造一種壟斷地位（如透過「托拉斯化」[089]），或打破一種壟斷地位。

現在，有兩件事情對於執行新組合而出現的現象以及理解這個過程中所涉及的問題非常重要。第一，新組合不一定由被新組合所代替的執行原來的生活或商業活動的人繼續執行。相反，作為一個規則，新的組合，通常展現在一個新的企業中，這些新的企業通常不是產生於舊的企業，而是在舊企業的周邊和舊企業同時進行生產；我們繼續用上面的例子說明，即通常不是馬車的所有者建造鐵路。這個事實不僅特別說明了我們想要描述的過程的非連續性特徵，而且它還創造了除上面所提到的那種非連續性之外的另一種非連續性，而且，它也解釋了事件過程的重要特徵。尤其是在競爭經濟中，新組合意味著消滅舊組合的競爭性，一方面它解釋了個人和家庭在經濟和社會上的上升和下降過程，這種過程是組織形式所特有的；另一方面它解釋了經濟週期的一系列其他現象，如個人財富的形成機制等。在非交換經濟中，新組合會經常與舊組合同時出現。不過，同時出現這一事實的經濟後果在某種程度上會消失，而這一事實的社會後果將會完全消失。如果競爭性的經濟被強大組合的成長所打破（事實上這種情況在所有國家都在日益增多），那麼它將變得越來越接近現實生活，新組合的實現也必然在越來越大的程度上變成同一經濟體內部的某部分。這樣形成的差異足夠大，以致它成為資本主義社會歷史中劃時代的分界線。

---

[089] 托拉斯直譯為商業信託（business trust，原意為託管財產所有權），壟斷組織的高級形式之一，指在同一商品領域中，透過生產企業間的收購、合併以及託管等形式，由控股公司在此基礎上設立一巨大企業來包容所有相關企業，以達到企業一體化目的的壟斷形式。透過這種形式，托拉斯企業的內部企業可以對市場進行獨占，並且透過制定企業內部統一價格等手段使企業在市場中居於主導地位，實現利潤的最大化。——譯者注

第二，我們必須注意一項基本的原則，即無論何時都不能假定新組合的執行是透過使用恰好未被使用的生產數據來進行的。在現實生活中，這是經常會發生的事情。社會上總有失業的工人、未被賣出的原材料、未被利用的生產能力，等等。這些因素為新組合的出現提供了有益的環境、有利的條件，甚至是一種刺激因素，而新組合的出現只是與這些要素具有部分的連繫。大量的失業通常是非經濟事件造成的結果，比如世界大戰，以及我們正好在研究的發展。在這兩種情況中，失業的出現無法發揮任何根本作用，同樣地，也不會發生在我們前面所說的非常均衡的循環流動中。每年正常的成長也不會碰到這種情況，首先這種成長很小，其次這種成長在循環流動中會被相應的生產擴張所吸收，如果我們承認這種成長，就必須考慮把相應的生產擴張同步調整到這個成長速度[090]。通常，新組合必須從某些舊的組合中提取必要的生產數據　　由於在上面已經提到的原因，應該假定新組合經常這樣做，這是為了使我們所堅持認為的新組合的輪廓更加突出。因此，新組合的實施僅僅意味著對經濟系統中現有生產數據供應的不同利用 —— 這提供了我們所說的發展的第二個定義。關於發展的純粹經濟理論的基本原理隱含在資本形成的傳統信條中，通常涉及儲蓄以及歸因於儲蓄的每年成長緩慢的投資額。在這一點上，這個主張沒有什麼錯誤，但是它忽略了更重要、更本質的東西。國家對生產數據和儲蓄緩慢的、連續的、不斷成長的供應，是解釋經濟歷史過程的一個重要因素，但是這個重要因素在另一個事實的比較下黯然失色。這個事實即發展就是利用不同的方法使用現有的資源進行創新，而不管這些資源是增加還是減少。不同的使用方

---

[090] 整體而言，說人口緩慢成長是由經濟環境的可能性決定的，比說人口成長過快而不適於經濟環境的趨勢從而成為變化的一個獨立原因，要更正確。 —— 原注

法，而不是儲蓄和可用勞動力數量的增加，改變了過去 50 年經濟世界的面貌。尤其是人口的增加，這也是儲蓄的來源，在相當程度上透過對現存生產工具採用不同的生產方法使得發展成為可能。

　　下一步我們要論證的是非常明顯的：控制生產工具對於實施新的組合是必要的。對於在循環流動體系中運轉的企業來說，獲取生產手段是一個獨特的問題。因為他們已經獲得了這種生產數據，或者當前他們可以透過在第一章所描述的前期生產收入獲取這種生產數據。在這裡，收入和支出之間是沒有缺口的，兩者完美銜接，如同生產數據的供給和產品的需求必須對應一樣。一旦啟動，這種機制將自動運轉。而且，這個問題並不存在於非交換經濟中，即使新的組合在非交換經濟中被執行，領導機構就處於能夠將社會的生產資源分配給新的用途使用的位置。在某種情況下，新的使用方法可能需要社會成員承擔暫時的犧牲、貧困，也可能需要他們更加努力；它可能會首先解決困難問題，比如應該從哪個舊的組合裡把必需的生產數據提取出來；但是，獲得已經不在政府經濟部門控制之下的生產數據，是沒有任何疑問的。然後，如果執行新組合的人有必需的生產工具，或者他們能夠與擁有這些生產工具的人交換來獲得這種必需的生產數據，那麼在執行新組合時，這種問題也不會出現在競爭性經濟中。這並不是擁有財產本身的特權，而是擁有可支配的財產的權利，也就是說，要麼可以直接用來執行新的組合，要麼可以用來交換新組合所必需的物品和服務 [091]。相反的情況 —— 這才是人們從根本上關心的事情，因此是常規 —— 財富的所有者，如果想要執行新的組合，也必須求助於信用，因為這個新組合不像已經建立起來的企業那

---

[091] 個人也可以透過儲蓄獲得這種特權。在手工業型的經濟中，這一要素可能被更多地強調。製造業者的「儲備基金」可以認為是發展。 —— 原注

樣可以從前期生產所得的收益中獲得資金支持。提供信用是我們所稱的「資本家」這一類人的職能。很顯然，這是資本主義社會為了驅動經濟系統進入新的軌道，為了使它的生產工具服務於新的目的所採用的特有的方法──這種方法足夠重要，以致成為這個社會的特色。這種方法與非交換經濟中採用的方法形成鮮明的對比。

〈滑冰者與冬日風光〉，荷蘭著名冬季風景畫大師亨利克‧阿弗坎普（Hendrick Avercamp）繪製於 1608 年。

畫面中冬日美景盡收眼底，人們不願窩在農舍裡，結冰的河流變成了遊樂場，一派祥和歡樂的景象。17 世紀被稱為荷蘭的「黃金時代」，延續一個世紀的經濟奇蹟將荷蘭打造成歐洲的「第一個現代經濟體」，當時荷蘭的國民收入比英倫三島之和還高出 30%。

　　對信用的重要性的強調在任何一本教科書裡都能找到。如果沒有信用，現代工業的結構就不能建立，信用在一定程度上使得個人獨立於繼承的財產，它還能讓經濟生活中有才智的人「透過負債，走向成功」，即使是最保守的「正統理論家」也不能否認這些。信用和創新執行之間建立的連繫是密不可分的，我們稍後會討論這種連繫。不論從推理來說，還是從歷史事實來看，有一點是很清楚的，即信用新組合的出現具有首要的必要性，正因為如此，信用能夠強行進入循環流透過程中，一方面是因為信用是我們現有舊公司在初創時所必需的；另一方面是因為信用

機制一旦建立，就有充足的理由取代原來的組合 [092]。從推理上看，如第一章所說，借入對於在習慣的軌道內執行的正常循環流動過程來說，並不是必要的因素，但如果沒有它，我們不能理解循環流動過程的本質現象。另外，執行新的組合時，無論從實際中還是理論上來看，「信貸」作為一種特別的行為都是必需的。從歷史上看，那些為了工業的目的而借入和貸出的人，在歷史上出現得並不早。資本主義前期的貸款人不是為了商業目的，而是為了其他目的提供資金。我們都知道這樣一類企業家，他們認為向別人借錢是一種有損其社會地位的行為，因此他們會迴避銀行和匯票 [093]。在所有國家，資本主義信用體系都是產生並繁榮於為新組合提供資金，儘管在不同國家採用不同的形式（德國聯合股票銀行的起源就具有這種特色）。我們會說接受信用的形式是「貨幣或貨幣的替代物」，這也是沒有任何障礙的。當然，我們絕不是說，人們可用硬幣、票據或者銀行存款來生產，而且我們也沒有否認勞動的服務、原材料和生產工具是生產所必需的，我們所談的只是獲取這些生產數據的一種方法。

但是，正如我們已經暗示過的，在這裡的某個方面，我們的理論與傳統觀點發生了分歧。在生產手段的存在上，傳統理論發現了一個問題，即生產手段對於新的生產過程，甚至對於任何生產過程都是必需的，因此，這種生產手段的累積就變成一種特殊的職能或服務。但是我們不承認這個問題的存在，因為在我們看來，這個結論是從錯誤的分析中產生的。生產手段不存在於循環流動的過程中，因為後者是以一定數

---

[092] 其中最重要的是生產利息的出現，就像我們將在本書第五章所看到的。只要利息出現在系統中的某個地方，它就會擴展到整個系統中。——原注
[093] 匯票是由出票人簽發的，要求付款人在見票時或在一定期限內，向收款人或持票人無條件支付一定款項的票據。匯票是國際結算中使用最廣泛的一種信用工具。——譯者注

量的生產數據為前提的。但是，生產手段在執行新的組合時也是不存在的 [094]，因為執行新的組合所需的生產手段是從已經存在的循環流動過程中提取出來的，而不管這些所需的生產手段是已經以所需要的形式存在，還是先要利用已經存在的其他生產數據把它生產出來。對我們來說，真正關心的應該是另外一個問題：把生產手段（已經運用於某處的）從循環流動的過程中提取出來，並運用到新的組合中。這是由信用來完成的，那些想要執行新組合的人為了得到所需的生產數據，可以比那些市場循環流動中的生產者給出更高的價格。儘管這個過程的意義和目的在於把物品從它的原有用途轉到新的用途，但是如果我們不能忽略其中本質性的東西，那就只能從物品的屬性上描述它。這些事情是發生在貨幣和信用範疇內的，正是依靠它們，我們才能解釋資本主義經濟組織形式，與其他類型做對比。

最後，我們沿著這個方向再進一步分析假設：如果人們手中沒有錢購買執行新組合所需的生產數據，他們的錢從哪裡來呢？傳統的回答很簡單：從社會儲蓄的年成長額加上每年可能變為自由處置的那部分資源中獲得。在戰爭之前，第一種，即社會儲蓄的數量和後者的數量之和的確是非常重要的 —— 在歐洲和北美，這部分數額可能占總體私人收入的 1/5 —— 但是，每年可能變為自由處置的那部分資源的數量很難統計，而且社會儲蓄的數量和自由處置的資源的數量之和不能從數量上揭示傳統回答的虛偽性。同時，我們當前很難得到在執行新組合時所包括的全部工商業範圍內有代表性的數據。但是，我們甚至可以不從總體「儲蓄」

---

[094] 當然，生產手段不是從天而降的。只要它們不是自然或者非經濟因素賦予的，在我們的意義上來說，它們就是由某個時期發展的波浪產生的，從而展現在循環流動的過程中。但是發展的每個波浪和每一個新的組合又是由已經存在於循環流動過程中的生產手段的供應產生的 —— 這就像母雞和雞蛋的產生過程一樣。 —— 原注

開始分析，因為它的數量只能透過以前發展的結果來說明。嚴格來說，我們目前所說的儲蓄的大部分都不是來自節省，也就是說，大部分儲蓄都不是來自放棄了個人收入中用於消費的一部分，而是來自基金，這些基金本身就是成功創新的結果，在這些基金中，我們能夠發現企業家的利潤。在循環流動的經濟過程中，沒有豐富的資源可以用來儲蓄，本質上也很少有刺激因素來促進儲蓄。我們所知的儲蓄的唯一鉅額收入也許就是壟斷收益和大地主的地租收入。而且，唯一的刺激也許就是為未來可能會出現的災難以及為老年做準備等這樣的非理性的動機。參與發展的盈利機會這種最重要的刺激因素在此是不存在的。人們想要實現新的組合可以透過自由購買力這樣的巨大「蓄水池」，但是，在這樣的經濟系統中，不存在這樣的「蓄水池」，因此，人們只能透過自己的儲蓄來滿足，而這只是特例。所有的貨幣都會流動，都固定在了已經確定並建立起來的流動軌道上。

儘管傳統方式對我們的回答不存在明顯的荒謬之處，但是值得注意的是，還有另外一種為了執行新組合的目的而獲得貨幣的方法，這種方法不同於前面我們所說的，它不是以前期發展所累積結果的存在為前提的。因此，在嚴格的邏輯意義上，這種方法是獲得執行新組合所需的貨幣的唯一方法，那就是銀行對購買力的創造。銀行採取的是非物質化的方法，發行銀行票據[095]而不完全依靠從流通中提取的硬幣就是一個明顯的例子，不過，銀行存款也是這樣的一個例子，因為它增加了可支付的貨幣總額。或者我們還可以想到銀行承兌，與貨幣的職能一樣，它們在整個貿易中是作為支付手段的。這不是轉移已經存在於個人手中的財富

---

[095] 銀行票據指由銀行簽發或由銀行承擔付款義務的票據。主要包括銀行本票、銀行匯票。——譯者注

購買力的問題，而是從無到有創造購買力的問題 —— 即使創造新購買力的信用合約有有價證券 [096] 做擔保，有價證券本身也不是流通媒介，這還是從無到有 —— 這個新創造的購買力是被新增到已經存在的流通循環的過程中來的。這也是新組合通常獲得資金供給的來源，而且如果前期發展的結果在任何時候都不存在的話，新組合也總是可以從這裡獲得資金供給。

這種信用支付方式，是為了獲得執行新組合所需的生產數據。這種支付方式透過授予信用的方式被創造出來，就像貿易中現金所發揮的作用一樣，部分是直接造成支付作用的，部分是由於它們可以隨時轉化成能夠進行小額支付的現金或者支付給非銀行業階層 —— 尤其是支付給受薪階級。藉助這些支付手段，執行新組合的人能夠獲得他們所需的存量生產數據，或者使那些他們購買生產性服務的人，可以直接進入市場購買他們自己所需的消費品。在這種關係中，如果沒有某種意義的信用支付，就意味著有些人只能等待以貨物表示的他的服務的等價物，他自己只能得到一個請求權，完成一個特殊的職能；甚至也沒有這種意義上的支付，即某些人不得不為勞工和土地所有者累積生活數據或者生產數據，所有這些支付只能從生產的最後結果中得到。在經濟上，這樣的事實是真實的，即這些支付手段（如果它們是為新目的而被創造出來）與循環流透過程中的貨幣或其他支付手段具有本質的不同。後者可以被想像為，一方面是對已經完成的生產以及由於這種生產而造成的社會產品的增加的一種證明，另一方面是對社會產品的一種訂購或索取權。上面所說的為了新目的而被創造出來的支付手段不具備第一個特徵。這種支付手段也是訂單，人們可以透過它

[096] 有價證券，是指標有票面金額，證明持有人有權按期取得一定收入並可自由轉讓和買賣的所有權或債權憑證。有價證券是虛擬資本的一種形式，它本身沒有價值，但有價格。有價證券按其所表明的財產權利的不同性質，可分為商品證券、貨幣證券及資本證券。—— 譯者注

立即購買消費品，但這不是前期產品的證明。要了解總國民所得，通常是以前期的生產性服務或者前期賣出的產品為條件的。在這種信用支付方式的例子中，這種條件沒有得到實現，只有新的組合成功完成，它才能得到實現。因此，這種信用將同時影響著價格水準。

〈萊頓廣場的樣品室〉，荷蘭畫家約翰內斯·斯特羅貝爾繪製於 1866 年。
阿姆斯特丹的室內設計師們身著 17 世紀的服裝，正在檢查一片布匹。17 世紀，由於經濟的發達、對外貿易的繁榮，荷蘭人的生活逐漸奢侈起來。

　　因此，與其說銀行家主要是商品「購買力」的中間人，倒不如說他們是這種商品的生產者。然而，由於所有的儲備基金和儲蓄通常都流向他們，不論自由購買力是已經存在還是被創造出來，自由購買力的需求也都會集中在他們那裡，因此，他們要麼代替了私人資本家，要麼已經成為私人資本家的代理人，或者可以說，已經使自己成為典型的資本家。他們處於想要實現新組合的人和擁有生產數據的所有者之間。本質上來說，在沒有中央權力機構直接支配社會過程的時候，他們代表了一種發展的現象。他們使執行新的組合成為可能，並以社會的名義授權人們去實現這種組合。一句話，他們主宰著交換經濟。

3

現在講到了我們的分析所要用到的第三個要素,即「生產數據的新組合」和信用。儘管所有的三個要素才能組成一個整體,但是第三個要素可以被描述為經濟發展的基本現象。新組合的執行,我們稱為「企業」;某些人的職能就是執行這些新組合,我們稱為「企業家」。這個概念與傳統的定義相比,既廣泛又狹小。說它廣泛,是因為:一方面,我們所稱的企業家不僅指交換經濟中的「獨立」商人,也包括執行生產數據的新組合和信用職能的所有人,即使他們是公司的「獨立」僱員,比如經理、董事會成員等,但他們仍然是我們所說的「企業家」。即使他們執行企業家職能的真正權利具有其他基礎,比如對一家企業大部分股權的控制,他們仍然是我們所說的「企業家」。因此,執行新組合的人組成了企業家群體,群體中的企業家個人不一定就會永久地和一家廠商有連繫,比如,很多「金融家」、「發起人」等就沒有永久地和一家廠商有連繫,他們仍然是我們所說的企業家。而我們所說的「企業家」的定義比傳統的定義要狹窄,因為我們的定義並不包括所有的公司主管、經理或工業家,他們也許只是在經營一家已經建立起來的企業,我們的定義只包括執行上面所說的職能的人們。不過,我認為上面的定義更準確地表達了傳統理論真正的意思。在區分「企業家」和「資本家」這兩個概念的基本觀點上,我們的定義和傳統的定義是一致的 —— 不管「資本家」是被看作貨幣的所有者、貨幣請求權的所有者還是物質產品的所有者。這個區別在今天以及相當長的時間內是有共識的。我們的定義解決了普

通股東到底是不是企業家這樣的問題，也排除了企業家是風險承擔者這樣的概念[097]。此外，對企業家特徵的一般描述，如「創新精神」、「權威」或者「遠見」，與我們想要表達的方向是一致的。在常規的循環流動過程中，是不可能存在這些品質的，而且如果把這些品質與常規事務本身出現的變化嚴格區分的話，那麼這些在企業家職能中定義的特徵將被自動轉移到循環流動的常規過程之中。最後，有一些定義是我們可以簡單接受的，尤其是大家熟知的 J.B. 賽伊（Jean-Baptiste Say）[098] 的定義：企業家的職能是把生產要素組合到一起。因為只有當生產要素是第一次被重新組合到一起的時候才能稱之為特殊的行為 —— 如果在經營企業的過程中把要素組合到一起，那這就只是一項常規的工作了 —— 這個定義與我們的定義是一致的。德國經濟學家馬塔亞在《企業家利潤》中定義企業家是獲得利潤的人，我們只需加上第一章的結論，即在循環流動過程中是沒有利潤產生的，這是為了避免把我們的定義追溯到距離我們比較遠的時期[099]。我們的觀點與傳統理論是不矛盾的，可以用「企業家既

---

[097] 顯然，風險總是落在生產數據的所有者或者未購買生產數據而支付貨幣資本的人頭上，因此，絕不會落到企業家這樣的人身上。一個股東可能是企業家，甚至也許就是因為掌控著一家企業的控制權，他才有權利像一個企業家那樣行動。然而，持有普通股票的人，絕不是企業家，而只是資本家，他們要考慮承擔的風險以及利潤的分配。有充足的理由不把他們看作企業家，這可以由下面的事實說明：第一，一般的股票持有人沒有能力影響一家企業的經營管理；第二，每個人都承認貸款合約存在的情況下，參與利潤分配才是常見的事。比如：希臘 - 羅馬的海運利益。這種解釋肯定比其他的解釋更加接近現實生活，後者具有一個錯誤的法律結構的領導 —— 這只能從歷史的角度解釋 —— 把職能歸於普通股東，而他幾乎沒有想過執行這種職能。—— 原注

[098] 讓 - 巴蒂斯特·賽伊（Jean-Baptiste Say,1767-1832 年），法國資產階級經濟學的創始人之一，西歐庸俗經濟學的主要奠基人。1803 年出版的《政治經濟學概論》（*Traité d'économie Politique*）是其代表作品。在書中，賽伊否定生產過剩的存在，提出了著名的「供給能夠創造其本身的需求」的觀點，即所謂的「賽伊定律」。—— 譯者注

[099] 根據企業家利潤，而不是根據創造企業家利潤的行為職能來定義企業家，顯然不是明智之舉。不過，我們還有反對它的一個理由：我們會發現，如同勞動者創造的邊際產品不會歸於工人一樣，企業家創造的企業家利潤也不「必然」落在企業家手中。—— 原注

不獲利，也不承擔損失」來說明，這也是由瓦爾拉斯[100]經過嚴格的推導得出的結論，但也凝聚了其他學者的研究成果。對於企業家來說，在循環流動的生產過程之中，他既不獲利也不虧損，也就是說，企業家在這個過程中沒有什麼特殊的職能，幾乎是不存在的；但是代替他的是廠商的主管或者企業經理，他們的類型是不同的，我們最好也不要以同樣的看法和頭銜去看待和稱呼他們。

　　認為一種制度或者一種類型的有關歷史起源的知識，能夠直接向我們表明它們的社會的或經濟的本質，是一種偏見。這種認知通常引導我們去理解它，但自身不能產生一個關於它自己的理論。一種更嚴重的錯誤觀念是，它認為一種類型的「原始」形式，事實上也是「更簡單」或「更具起源性」的形式，也就是說它們比後來的這些形式能夠更純粹、更簡單地表明事物的本質。然而，事實通常是與之相反的，除了其他原因之外，還因為不斷成長的專業化分工可能使職能和性質表現得更加鮮明，而在原始條件下，這些是與其他的職能和分工混在一起的，非常難以分辨。我們的例子也是這種情況。一個原始游牧民族的首領身上的企業家要素是很難和其他要素分開的。由於同樣的原因，很多經濟學家，比如年輕時的密爾，都不能區分企業家和資本家，因為一百年前的製造商既是企業家，又是資本家。當然，隨著經濟的發展，兩者之間的差異不斷產生，就像英國的土地所有制促進了農民與地主的區分，然而，在歐洲大陸，這種區分仍然被偶爾忽略，特別是一個農民在自己的土地上耕種的事實[101]便更難以區

---

[100] 瓦爾拉斯（Léon Walras,1834-1910 年），法國經濟學家，洛桑學派創始人，邊際效用學派的開創者之一。其著作《純粹政治經濟學綱要》（Éléments d'economie politique pure）是最早用數學方法對一般經濟均衡進行全面分析的著作之一。—— 譯者注

[101] 只有用這種忽視才能解釋很多理論家對農民財產的態度。由於個人的財產數額較小，從一些理論家的角度來看，他們之間是有差異的，但另一些理論家認為他們之間是沒有差異的。僱用除土地所有者及其家庭之外的勞動力，只有從剝削理論的角度看，才是具有經濟相關的。—— 原注

分。早期的企業家，不僅是資本家，還經常是他自己的技術專家，只要他沒有聘請相應的專家。同樣，他還經常是他自己買賣商品的代理人、他自己的辦公室的主管、他自己的經理，有時，他甚至還是自己的律師，來處理當前的事務，儘管通常他會僱用律師。因此，在工作中他會全部或部分扮演上面我們所說的這些角色。執行新的組合不再是一種職業，而是策略決策的制定和執行，然而正是他的這種職能而不是他的日常工作，使他具有軍事領導者的特徵。因此，企業家的基本職能總是和他的企業活動結合在一起的，而且這些活動比企業家最本質的職能要顯眼。因此，馬歇爾對企業家的定義，只是從最廣泛的意義上把企業家的職能定義為「管理」。我們不接受這個定義，因為它沒有表達出我們想要表達的重點，也沒有明確區分出企業家的活動與其他活動的唯一不同點。

1807 年 11 月，美國人羅伯特・富爾頓（Robert Fulton）的「克萊蒙特」號（Clermont）蒸汽船開始了從紐約到奧爾巴尼的第一次航行，它以平均每小時 5 英哩（1 英哩等於 1.61 公里）的速度，在 32 小時內逆流航行了 150 英哩，引起了巨大的轟動，從此揭開了蒸輪船時代的帷幕。富爾頓取得了在哈德遜河上航行的獨占權，並創辦了船運公司。富爾頓的成功很快引來無數的效仿者，數年內美國和歐洲的內陸河流中已經有 50 多艘蒸汽輪船投入了營業性航運。

然而有些活動類型 —— 事情的發展逐漸產生了這些活動類型 ——
用特別純粹的方式展現了企業家的職能。「發起人」就屬於這種情況，
但是還需要一些限定條件。我們暫且忽略與這一類型的人有關的社會地
位和道德方面的連繫，而把他作為接收佣金而在創辦新企業過程中從事
資金融通等工作的人。雖然在這種情況下，他既不是企業的創造者，也
不是這個過程的推動力量，然而他在企業創立過程中有點像「職業企業
家」。「實業領袖[102]」這樣現代類型的人與我們這裡所說的意思具有很
密切的適應性，特別是人們從下面的兩個方面看到他的存在。一方面，
他具有 20 世紀威尼斯的商業企業家的特徵，另一方面他如同鄉村的當
權者，把農業、牲畜貿易、農村釀酒廠、一個旅館和一個商店結合在一
起。不管他是屬於哪種類型的企業家，只有當他實際地「執行新的組合」
時，他才是一個企業家；而一旦他建立自己的企業，並和其他人一樣安
定下來經營自己的企業時，他就失去了企業家的特徵。當然，這只是一
條規則，因此，任何一個人在他幾十年的經濟活動生涯中，很難總是保
持企業家的身分。很多工商業者很少或從來沒有一個時刻是一個企業
家，哪怕是最微小的意義上的企業家。

　　由於企業家不是職業，通常也不是一種持久的狀態，因此從技術的
層面上講，企業家不能像地主、資本家或工人一樣成為一個社會階層。
當然，對於成功的企業家以及他的家庭來說，企業家的職能將引導他們
走向某種階級位置。企業家的職能也能夠在社會歷史的某個時代印上他
們的標誌，形成一種生活狀態、道德體系和審美價值，但它本身並不表

---

[102] 參閱威登菲爾德在〈現代企業人物〉裡的精彩描述。它刊登在斯穆勒的年鑑（1910 年）中，
　　　在這本書發行之前，我並不知道這篇文章的存在。 —— 原注

示一個社會階層，也不是以某種階級地位為前提的。它可能獲得的階層地位也不是一種企業家的位置，而是以擁有土地或者資本家為特徵的，而這些特徵是根據企業的收入如何使用來決定的。對財富和個人品質的繼承，都可以使不止一代人保持這種地位，並使得後代更容易經營企業，不過企業家的職能本身是不能繼承的，這一點已經由製造業家族的歷史證明了 [103]。

　　現在產生了一個決定性的問題：為什麼執行新組合是一個特殊的過程，是一種特殊的職能目標呢？每個人都在盡自己最大的努力從事經濟生產。當然，目的從來沒有得到完美的實現，但是最終，行為是由他經濟活動的結果對自身的影響而決定的，以適應不會突然發生變化的環境。從某種意義上來說，一個企業不可能達到絕對的完善，但是，如果考慮到它周圍的世界、社會條件、時代知識以及每個個體或組織的視野等因素，一個企業在某個時候可能接近於相對完善。周圍的世界不斷地提供新的可能，尤其是新的發現不斷被增加到現有的知識寶庫中。為什麼人們不能像利用已有的可能性那樣利用這些新出現的可能性呢？為什麼人們不能根據他所了解的市場情況，用養豬代替養牛，或者如果他認為新的作物更加具有優勢，就選擇種植它呢？有哪種特殊的新現象或問題是不能在已經建立起來的循環流動過程中產生，而是在新出現的可能性中產生呢？

　　每個人能夠在已經習慣的循環流動中迅速且合理地採取行動，是因為他對自己所處的市場位置和生產的產品有把握，而其他人也都根據這種已經習慣的循環流動調整自己的生產行為，同時，這些人也希望這個

---

[103] 關於企業家職能的本質，還可以參考我〈企業家〉一文中的闡述，載《社會科學簡明辭典》。── 原注

人採取和他們相同的行動，然而，當他面對新的任務時，就不能簡單地這麼做了。雖然在這些已經習慣的方法和途徑中，他自己的能力和經驗是足夠的，但是當他面對創新的任務時，就需要指引了。他在自己熟悉的循環流動中是順著流向遊的，但是他想要改變這些循環流動的管道時，他就是逆著流向在遊。之前對他來說是幫助的力量變成了阻力，之前熟悉的數據現在變成了未知的。在超出了這些習慣的循環流動的範圍之後，許多人就無法向前邁進，而其他人也只能用全新的方式開展工作。

那種認為行動是合理的和及時的假設在所有的情況下都是一種虛構。但是，如果有足夠的時間讓人們去了解這種邏輯的話，這種假設就可以變得非常接近於現實。在這些事情發生的地方以及在它發生的限度內，人們完全可以滿足於這種虛構，並在它的基礎上建立理論。那麼下面這些想法就都是不真實的：習慣或慣例或非經濟的思維方式曾在不同階級、不同時代、不同文化的個人之間產生非常大的差異，以及認為例如「股票經濟學」對現在的農民和中世紀的手工匠都是不適用的。相反，相同的理論圖景 [104] 在它最廣泛的意義上是適合不同文化下的人們的，不管這些人的智慧和經濟理性程度如何，我們可以說，農民賣出他的小牛如同股票經紀人出售股票的行為一樣是精明和利己的。但是這樣的情況是在無數的先例經過了幾十年甚至千百年，消除了不適應的行為之後才被了解到的。

---

[104] 相同的理論圖景，明顯不是相同的社會學的、文化等的圖景。—— 原注

在這些限制之外，我們的虛構就失去了它接近現實的可能性 [105]。傳統理論所做的就是緊緊抓住它不放，這樣做是在掩蓋一種實質的東西，而且還忽略了一個事實：與我們從現實中假設的偏差相比，這些偏差在理論上是很重要的，沒有這些偏差的存在，就無法解釋一些現象。

因此，在描述循環流動的過程時，人們必須把生產數據的組合（生產函式）[106] 當作數據，就像自然的可能性，只允許在邊際上做很小的改動 [107]，這就如同每個人可以調整自己以適應周圍經濟環境的變化，而不需要大大偏離已經熟悉的生產線路。

因此，執行新的組合是一種特殊的職能，是一類人的特權，這類人的數量比所有具有執行新組合的「客觀」可能人群要少得多。因此，我

---

[105] 這種情況究竟有多大的可能性，可以從這些國家的經濟生活中看得更清楚。在我們的文明範圍內，從這些個人的經濟生活中看，19世紀的發展還沒有把這些人囊括到發展的潮流中，比如，中歐農民的經濟生活。這些農民在進行「計算」，他們不缺乏「經濟的思維方式」。但是他不能跨出常規一步；幾個世紀以來，他的經濟生活都沒有發生變化，除非透過外部力量的推動。為什麼會出現這樣的情況？因為新的生產方法的選擇不僅僅是理性經濟行為概念中的一個要素，也不是理所當然的事情，而是一個需要特殊解釋的獨特過程。　── 原注

[106] 所謂的生產函式，是指企業或組織甚至整個社會，在既定的工程技術條件下，給定投入與所能得到的最大產出之間的關係。它表示在既定技術條件下，生產要素的數量與某種組合和它所能產出的最大產量之間的依存關係。　── 譯者注

[107] 像之前提到的，小的干擾可能會透過累積變得很大。關鍵在於如果是商人製造了這些干擾，就不會改變他的習慣路線和做法。不過，通常情況下，都是比較小的干擾，大的干擾是特例。反對意見認為大干擾和小干擾原則上是沒有區別的，這種說法是站不住腳的。因為這種說法本身就是錯誤的，它是以忽視無限小方法的原則為基礎的，這一原則的實質是，人們在某些情況下，可以判斷「小的數量」，但是不能判斷「大的數量」。如果對這種大小比較感到生氣的讀者願意，可以用適應性和自發性之間的比較來代替。我個人並不希望這麼做，因為後者的表述比前者更容易產生誤解，而且需要做很長的解釋。　── 原注

們認為企業家是一種特殊的類型[108]，他的行為是一種特殊的問題，是大量重要現象的推動力。因此，可以用三組互相對立的觀點來闡述我們的立場。第一，兩種真實過程的對立：一方面是循環流動或圍繞均衡的趨勢，另一方面是經濟執行管道的變化，或來自經濟系統內部的經濟數

---

[108] 首先，這是一個行為和人的類型的問題，由於這種行為只有在非常不平等的方法和程度上以及只對較少的人才是可行的，因此這些行為構成了這些人的突出的特徵。由於第一版對此的說明被譴責為擴大和誤解了這種行為的獨特性，並且忽略了這種行為對每個商人來說都是或多或少開放的事實；還因為後來的一篇文章（〈經濟生活的波浪式運動〉，載《社會科學檔案》）的闡述中由於引入了一種中間類型（「半靜態」的商人）也受到了指責，因此我提出下面的陳述。這裡所說的行為有兩個方面的特殊性。第一，由於它受到一些完全不同的事情的指導並且確實在做和其他行為不同的事情，在這種連繫中，人們確實可以把它與後者都包括在一個更高的統一體中，但這改變不了這樣的事實：這兩者之間存在理論上的相對差異，而且傳統方法只充分描述了兩者中的一個。第二，這裡所說的行為不僅在目標上與其他行為不同，它以「創新」作為獨特目的，而且兩者的前提條件的類型也是不同的。

現在，這些能力和其他的能力一樣被假定分配在同質的人群中，也就是說，它們的分配曲線有一個最大的縱座標，兩邊的偏離越大，情況也就變得越少。同樣，我們健康的人如果想唱，那就都可以唱歌。在這個同質的人群中，可能有一半的人唱歌能力能夠達到平均水準，1/4 的人唱歌能力在逐漸降低，同時，我們假定，1/4 的人唱歌能力在平均水準之上；在這1/4 的人群中，透過不斷慢升唱歌能力和不斷減少擁有這個能力的人，我們最終才遇到卡魯索這樣的人。只有這 1/4 的人唱歌能力才能打動我們，也只有在極端的情況下，唱歌能力才成為個人的特徵標誌。儘管實際上所有人都能唱歌，但歌唱能力仍然是少數人的顯著特徵和天賦，確切地說，它不構成一種類型，因為這個特徵——不像我們的——總體上對個人性格的影響相對較小。

同樣，我們假定 1/4 的人缺乏首創精神，在需要創新精神的私人生活和職業生活中，這些人只造成了很小的作用。這類人中，我們可以看到有很多優秀的職員，他們忠於職守，具有專業知識，一絲不苟。然後，就是那「一般正常」的人。這些人證明了自己可以很好地完成一些事情，即使這些事情已經處於正常的管道之中，它們也不能被「派遣」出去，而是要被「決定」和「執行」。實際中，所有的商人都屬於這類人，否則他們也不會達到他們的位置；大多數商人代表著一種選擇——個人的或遺傳方面的。當一個紡織業製造商走向羊毛拍賣場的時候，他並不是走上了「新路」。但是那裡的情況絕不是相同的，商人的成功相當程度上依賴於購買羊毛的技巧和主動性。紡織工業和重工業相比，至今沒有表現出托拉斯化，這種事實的出現可以被部分解釋，那就是聰明的製造商拒絕放棄他們在購買羊毛時在技術方面的有利條件。從這裡，我們最後到了最高的 1/4 的人中間，這一類人具有超乎尋常的才智和意志。這一類型的人不但從事各種職業（商人、製造家、金融家等），而且具有強烈程度不斷變化的「創新性」。在我們的論證中，每種強度「創新性」的類型均會出現。很多人能夠在不曾被人走過的地方開闢出一條安全的航道；很多人在沿著別人走過的路前進；還有很多人隨著大流在動，不過他們是在大流的前鋒。因此，每一種類和時代的偉大政治領袖也屬於一種類型，但他們不是獨一無二的，而只是處於金字塔的頂端，從他們這裡出發，就會有連續不斷的差異，一直到平均水準，從平均水準又可以降到一般水準之下。然而，不僅「領導」是一種特殊的職能，而且領導者也有特殊性，從而區別於其他人——因此，在我們的例子中就沒有必要問：「這種類型是從哪裡開始的？」然後回答：「這根本不是一種類型。」——原注

據的突然變化。第二，兩種理論工具的對立：靜態的和動態的[109]。第三，兩種行為方式的對立，我們可以據此刻劃出兩類人物：經理和企業家。在理論意義上，生產的「最好方法」被認為是「透過經驗驗證並且已經為人們所熟悉的方法中的最有效、最有利的方法」。但是它並不是當時「可能的」方法中「最好的」方法。如果人們不做這種區分，那麼這個概念就沒有任何意義了，而我們的解釋想要解決的這些問題仍然沒有解決。

現在，讓我們精確地表述前面討論的行為和類型的特徵特點。生活中最小的行為凝聚著一種巨大的精神上的努力。如果某個小學生想要透過自己的行動去完成他所知道的以及他所使用的東西的創造，那他必須是一個精神上的巨人。同樣，如果某個人在任何情況下都想要創造指導他每天行為的所有新規則，那他就必須是一個智慧和意志上的巨人。這

---

[109] 有人對本書的第一版提出批評，認為書中有時定義「靜態的」為一種理論結構，有時定義為對經濟生活真實狀況的刻劃。我相信現在的說明也不會給這些意見提供依據。「靜態的」理論並沒有認為存在一個靜止的經濟；它同樣要對待經濟數據的變化。因此，它本身的觀點認為靜態理論和靜態的現實之間沒有必然連繫。只有當人們在不變的經濟中用最簡單的結論闡述實際的經濟過程的本質形式時，這個假設才能成為理論。在很多地方的幾個世紀的歷史程序中，靜止的經濟是一個無可爭辯的事實；此外還有一個事實，即桑巴特所強調的，在每個蕭條時期都有一種趨向於靜止狀態的趨勢。因此我們很容易理解，這種歷史事實與理論的結構是如何發生連繫並使人們產生混淆的。現在我不用「靜態」和「動態」兩個詞表達上面所說的含義了，這兩個詞在上面只不過是對「循環流動理論」和「發展理論」的簡述。還有一點：理論中用兩種方法來解釋可能會有一定的困難。如果要表明經濟系統中的所有要素在均衡系統中是如何互相影響的，那這種均衡系統首先就應該被假定不存在，而它將在我們眼前建立起來。這並不意味著它的形成就自然得到了解釋。這僅僅是透過思想上的分析，使得均衡的存在和發生作用在邏輯上變得清晰，而且在這個分析中，個人的經驗和習慣被假定為已經存在的。但是這些生產性的組合是如何產生的，還沒有得到解釋。另外，如果要研究調查兩個相接近的均衡位置，有時可以採取皮古在《福利經濟學》中所說的方法，把第一位的「最好」的生產組合與第二位「最好」的生產組合對比。比較的結果雖然不一定，但是可能意味著這兩種組合不僅在數量上有細微的差異，而且在技術和商業架構上也有差異。這裡沒有研究第二種組合的產生及其相關的問題，而只是研究已經存在的組合的執行和結果。即使這種做法是合理的，但是這種處理方式忽略了我們的問題。如果這個結論說它包含了對這個問題（沒有對第二種組合的產生及其相關的問題的研究這樣的問題）的解決，這也是不對的。── 原注

一點不僅對經歷了成千上萬年才形成的個人和社會生活的決策和行為是真實適用的，而且對較短時期和更具特殊性本質的產品來說也是真實的，而這些產品構成了從事職業化任務的特殊工具。根據這一點，這些產品的完成應該包含著最大的努力，可是通常它不需要個人做特殊的努力；這些應該非常困難的事情實際上是非常簡單的。當然，給人們安排任務、保持紀律等這些事情還是必需的，但是，這些是很簡單的事情，任何一個普通人都能夠學習並完成。在人們所熟悉的規則範圍之內，甚至是必須指揮別人的職能，也不過是像其他人從事的工作一樣的「工作」，也可以與看管機器的工作對比。所有人都知道而且有能力以自己習慣的方式去完成他們日常的工作；「領導者」也有他們的行動路線和例行工作，而他的領導職能只是糾正那些偏離正常行為軌道的行為。

所有的知識和習慣一旦被獲得，就會在我們心裡扎根，如同鐵路的路基根植於地面。這些知識和習慣不需要不斷地更新和有意識地再建，而是深藏於潛意識中，它通常可以透過遺傳、教育、培養和環境的壓力被傳遞下去，傳遞的過程幾乎是毫無阻力的。我們所想、所感覺和所做的每件事情經常是自動發生的，而意識使得我們在生活中不覺得這些發生的事情是負擔。然而，這種存在於種族和個人中的大量的驅動經濟的力量，還無法強大到使我們的日常生活的負擔變成很輕，同時，它也沒強大到阻止日常生活的這些需求繼續消耗平均的能力。但是它已經足夠強大到可以滿足普通的需要。這對我們日常經濟生活也是適用的。從這一點可以得出結論：對經濟生活來說，在日常規則之外的每一步都是很困難的，它需要包含新的要素。這種要素構成了領導這一現象。

上面所說的困難可能集中展現在下面的三個方面。第一，在這些已經習慣的規則執行管道之外，人們沒有做決策所依據的執行數據和規

則，而這些數據和規則在已經習慣的規則執行管道之內通常是被他們熟知的。當然，他可以根據經驗預測和猜想。但是，很多事情仍然是不確定的，還有一些事情是在比較廣的範圍之內才是確定的，更有一些事情也許只能依靠「猜測」。特別是，人們想要改變和創造的數據，都是如此。現在，在某種程度上，他必須有意識地計劃自己行為的每一個具體細節。這樣做將比習慣的行動具有更多的自覺合理性，而習慣的行動根本不需要反映自覺合理性；但是這種計劃與習慣的行動相比，不僅在某種程度上會犯更大的錯誤，而且容易犯其他類型的錯誤。已經做過的事情與我們所看到和經歷的事情具有一樣的現實性，而新的計畫只是來自我們想像的虛構。執行一個新的計畫和根據習慣去行動是兩件不同的事情，就如建造一條公路和沿著公路行走。

　　如果人們能夠記住徹底調查計劃中的企業產生的正面影響和負面影響是不可能的，那就會更加清楚這是一件完全不同的事情。縱使我們有無限多的時間和方法，在理論上可以確定那些正面影響和負面影響，但它們在實際中也必然是處於未知的狀態。經濟生活中的行動，即使沒有制定出想要做的事情的全部細節，也必須要採取行動，就像軍事命令，即使可能獲得的數據不在自己的掌握之中，也必須出於策略考慮去行動。在這裡，每一件事情的成功都依賴於直覺（即用事後被證明是正確的某種方式預測事情的能力）和抓住事情本質的能力（即使不能說出做事的依據，但是照常可以掌握主要事實，摒棄非主要的事實的能力）。充分的準備工作、專業知識、思想理解的廣度以及邏輯分析的才能，在某種環境之下可能成為失敗的根源。但是，我們對自然和社會的學習理解越準確，對事實的控制就越完善，對事物進行迅速的和可信的範圍（利

用時間和逐漸增加的合理性）的計算越大，那這種職能的重要性就越低。因此，企業家這一類型的人所起的作用就必然會減少，就如同今日的軍事家的重要性已經降低一樣。不過，每一種類型的人最本質的那部分是和他的職能連繫在一起的。

　　上面所說的第一點是關於任務方面的，而這第二點是關於工商業者自身精神方面的。做一件新的事情與做一件熟悉的並透過經驗檢定的事情相比，人們會比較不願意去做，因為它給人感覺難以成功，比較艱苦，即使這種艱苦不存在，也還是不願意去做。這種情況在所有的領域都是相同的。科學史對這種情況提供了一個強大的證明，那就是，我們會發現自己接受一個新的科學觀點或方法是非常困難的。即使舊的理論已經變得不適合，而創新本身也沒有表現出任何困難，但是我們的思想還是會不斷回到舊有的習慣軌道中。固有的思維習慣下意識地並自動地產生結果，不怕批評和與事實相矛盾之處。正因為如此，當它們失去作用時，就會變成一種障礙。在經濟世界也是這種情況。在想要創新的人心裡，習慣的驅動力在上升，處於萌芽狀態的計畫遭到反對。此時，就有必要產生一種新的和另一種意志上的努力，以便扭轉日常領域、範圍、時間內的工作和牽掛，去構思和制定新的組合，並使自己相信這種組合有現實的可能性而不僅僅是白日夢。這種精神上的自由和構想是以每天出現的大量剩餘的或者說現實滿足不了的需求為前提的，它是一種特殊的並且在本質上稀有的東西。

1875 年，巴黎歌劇院的宏偉樓梯上，名流魚貫進入禮堂。19 世紀末的法國巴黎，是一個令所有醉心於藝術的人所嚮往的夢幻之都。

　　第三點是社會環境對想要創新的人的反應，或者叫反作用。這種反作用可能首先透過社會環境從法律或政治上的障礙表現出來。不過，我們暫且不考慮這點，社會團體中任何一個成員偏離常規的行為都會受到譴責，儘管這種譴責根據社會團體是否習慣於這種行為而在程度上有所不同。即使在穿著或禮貌這樣的事情上，與社會習慣相背離的行為也會引起反對，在更嚴重的事情上當然會受到更強烈的反對。這種反對在文化的最初階段要比其他階段更強烈。甚至只是對背離行為的驚訝，或者只是僅僅注意到這種行為，都會對想要創新的人造成壓力，而譴責可能帶來一系列引人注意的結果和影響。它甚至會引來社會的排斥，最終導致實際阻礙或直接攻擊。不論逐漸的分化削弱了這種反對的事實 —— 這種分化削弱的最重要的原因正是我們想要解釋的發展 —— 還是作用於個人的社會反對反而變成了一種刺激，都不能在原則上改變反對意見的重大壓力。克服這種反對意見是不存在於常規生活程序中的一種特殊任

務，也是需要一種特殊行動的任務。在經濟事務中，這種反對首先表現在受到創新威脅的團隊中，然後表現為尋找必需的合作者的困難，最後表現為贏得消費者認同的困難。儘管一個迅速發展的時期已經使我們習慣於這些創新，但這些要素在今天仍在發揮作用，我們最好還是把它們放到資本主義初期研究。不過，這些要素很明顯地存在著，以致就我們的目的來說，描述它們就是浪費時間。

領導作為一種特殊的職能，它的出現是由於很多原因引起的，與僅僅等級上的差別相比，領導這種職能存在於每個社會個人之中，不論是最大的還是最小的，它的出現通常與社會個體連繫在一起。上面的事實創造了這樣一種界限，即超過了這個界限，人們都不能依靠自身來執行職能，而需要從少數人那裡得到幫助。如果社會生活在各個方面都和宇宙一樣，具有相對不變性，或者說如果具有可變性，這種可變性也不受人類行為的影響，或者說如果最終受到人類行為的影響，但這種行為對每個人都是公平的，也不是每個人都可以做到的，那世界上就不會有這種區別於日常工作的特殊的領導職能。

只有新的可能性出現的地方，需要領導的特殊問題才會產生，領袖類型的人物才會出現。這就是為什麼在諾曼征服的年代，領導職能表現得如此明顯，而斯拉夫人幾個世紀以來在普利皮亞特河（Pripyat River）流域不變的、相對受到保護的生活中，領導職能表現得非常微弱。以上我們講到的三個觀點，對職能的本質以及構成領導類型的生產或行為進行了特徵描述。「尋找」或「創造」新的可能性並不是其職能的一部分。這些可能性被各種類型的人累積起來，並在那裡存在著。通常，它們只存在於作家的討論中，而在其他場合，人們雖然確切地知道它的存在，但並沒有想要去做什麼。舉一個政治生活中的例子，我們不難看到，在

路易十六時期，法國的社會和政治狀況本來是可以得到改善，從而避免統治的崩潰的。事實上，很多人都看到了這一點，但是沒有任何人處於可以改變這一點的位置。領導者的職能就是「做這些事」，如果不去做，可能性就會消失。不管是短暫的領導，還是長久的領導，這一點對所有的領導類型都是適用的。前面的例子就是一個證明。在一個偶然的緊急事件中應該做什麼，從規則上來看是很簡單的。大部分或全部的人們都能看到這一點，但是需要有人站出來領導大家。透過榜樣來領導不僅包括找到或創造新的事物，還在於透過它給社會留下深刻的印象，從而使得整個社會追隨他。因此，領導者完成職能更多的是靠意志而不是靠才智，更多的是靠權威而不是靠理想。

經濟上的領導必須區別於「發明」。只要發明還沒有被應用到實際中，那麼它在經濟上就無法發揮任何作用。而執行改善的措施並使之有效卻是一項與發明這項改善完全不同的任務，而且這項任務需要完全不同類型的才能。如同企業家可能是資本家一樣，儘管企業家也可能是發明家，但他們是發明家不是由於他們職能的本質，而是一種偶然，反之亦然。另外，創新是企業家的職能，執行創新這種職能不需要任何發明。因此，和很多學者一樣強調發明這種要素是不恰當的，而且可能會造成很多的誤導。

企業家式的領導，與經濟領域的其他類型的領導是有區別的，企業家式的領導當然具有自己的特色，它沒有其他領導所具有的那種魅力。它的特徵在於完成一項非常特殊的任務，這種任務只有在非常特殊的情況下才會引起大眾的注意。至於領導的成功，與其說是來源於企業家的敏銳和充沛的精力，不如說是來源於某種程度的精細，這種精細能夠讓他抓住稍縱即逝的機會，除此之外，再沒有別的了。當然，個人威望不

是不重要。資本主義企業家的個人特質沒必要，一般也不會完全符合我們大多數人對於「領導」的想像，因此，要了解到他屬於社會學所說的哪一類領袖確實有些困難。他「領導」生產方式進入新的軌道，但是不是透過說服人們相信執行他的計畫的必要性，也不是透過用政治領導者的方式創造人們對他領導地位的信任 —— 他唯一要說服或打動的人，是未來可能會給他提供資金的銀行家 —— 而是購買生產工具或者服務，然後按照他認為合適的方式組合使用這些工具和服務。他還吸引其他生產者跟隨他並運用他所用的生產方式。但是，由於這些追隨他的人是他的競爭者，他們會減少並消耗掉他的利潤，這種情況看起來好像是這種領導地位違背了自己的意願。最後，他提供一種服務，而充分了解這種服務需要具有專業知識。大眾理解這樣的事情，不如理解政治家成功的演講或將軍在戰場上的勝利容易，同時還不承認自己在為自己的利益而行動這樣的事實，因此加入了大眾理解的難度。因此，我們要明白，在這樣的例子中，我們觀察不到任何企業家生產中任何價值的出現，而這些價值卻是讓其他類型的領導引以為豪的。另外，還要加上作為個人的企業家和作為群體的企業家所具有的不穩定性這樣的事實，以及當他經濟上的成功提高了社會地位時，沒有任何文化傳統和態度可供依靠，而是像暴發戶一樣受到人們的嘲笑這樣的事實。我們應該明白，為什麼這類人從來不受歡迎，為什麼即使是科學評論文章也只是簡單地描述他[110]。

現在我們試圖用在科學中以及實際生活中經常運用的方法來描述我們所勾勒出的企業家，透過分析他生產行為的特徵動機來理解他們的行為。

---

[110] 如同本書的第一版的很多讀者所想像的一樣，我們對企業家這類人的作用的分析不包括任何的「美化」。我們堅持認為企業家具有和其他人 —— 比如強盜 —— 相區別的經濟職能。但是我們沒有把每一個企業家當作天才或救世主，我們也不想對他在社會中造成的比較優勢的作用和為什麼他的作用不能以其他更便宜或更有效的方式來完成這樣的問題評論。 —— 原注

我們這樣的嘗試一定會受到對經濟學家侵入到心理學領域的反對，這已經
透過很多學者的描述變得眾所周知了。因此，在這裡我們不能討論關於心
理學和經濟學之間的關係這個重大的問題。我們只是要指出，那些在原則
上反對在經濟學的討論中摻入心理學思考的人，在這裡可以忽略此處我們
將要說的話，當然，讀者也不必擔心因此與下面的章節脫節。

　　在循環流動理論中，一個事實大大削弱考察動機的重要性，這個事
實就是均衡系統中的等式可以被解釋為不包含任何的心理要素和數值，
正如帕雷托（Vilfredo Pareto）[111] 和巴尼的分析所表明的。這就是為什
麼即使是不完美的心理學對結果的干預也比人們所預想的要少的原因。
即使在缺乏理性動機的情況下，也會有理性的行為。但是，一旦我們真
正想要深入研究動機時，就會發現這個問題不是那麼簡單了。在給定了
社會環境和習慣的情況下，人們每天要做的很多事情，主要是從履行社
會職責的角度去考慮，很少是出於自覺的理性去做的，也很少是出於利
己主義和享樂主義去做的，即使有也是很少一點，而且可以很有把握地
說，這一點也是最近才發展起來的。然而，只要我們把自己局限在不斷
重複的經濟行為這個範圍之內，只要我們發現這樣定義的動機隨著時間
推移會有很大的變化，就能夠把它和需求以及滿足需求的慾望連繫起
來。除此之外，還有下面的條件能夠讓我們把這些要素連繫起來：正是
社會形成了我們所觀察到的特殊慾望；當人們決定他的行動過程時，通
常要考慮到一些群體，比如家庭或比家庭大一些或小一些的群體；行動
並不是緊跟著慾望，只是或多或少對它產生響應，這種響應也是不完全
的；儘管個人的選擇範圍在方式和方法上具有很大不同，但它總是受到

---

[111] 維爾弗雷多·帕雷托（Vilfredo Pareto，1848-1923 年），義大利經濟學家、社會學家，洛桑學
　　　派的主要代表之一。——譯者注

社會習慣或習俗等的影響 —— 在循環流動中，每個人都會根據環境調整自己的行為，盡其所能滿足某種給定的需求（他自己的或別人的需求），這仍然具有很廣泛的正確性。在所有情況下，經濟行為的意義就是對需求的滿足，也就是說，如果沒有需求，就不會有經濟行為。在循環流動的例子中，我們可以把需求的滿足看作正常動機。

有一種領導者不是我們要說的類型。在某種程度上，他稱得上是最理性、最以自我為中心的人。正如我們已經看到的，執行新的計畫比經營已經建立起來的企業需要更多的自覺的理性，因為新計劃必須在被執行之前就制定出來，而經營已經建立起來的企業所要面對的大部分是例行事務。典型的企業家比其他類型的企業家更加以自我為中心，因為前者比後者依靠的傳統和關係要少，而且不論從理論上來說還是從歷史上來說，前者的特殊任務在於打破舊的傳統和連繫，建立新的連繫和傳統。儘管這主要適用於典型的企業家的經濟行為，但也可以擴展到道德、文化和社會的結果。企業家類型出現的時期也產生了功利主義，這不是偶然的事情。

賓夕法尼亞運河邊的工廠，1857 年詹姆斯·富勒·奎恩繪製的水彩畫。賓夕法尼亞運河的開通和鐵路的修建，極大地促進了賓夕法尼亞州的經濟發展。

不過，企業家的行為和動機是理性的，除了上述之外沒有其他的含義，而且他的動機沒有享樂主義的意味。如果我們把行為的享樂主義動機定義為滿足個人需要的願望，那麼我們就可以讓「需求」包括某種程度的衝動，就像我們可以把自我主義定義為包含其他利己主義價值觀一樣，這樣的定義基於利己主義也具有自我滿足方面的某種意義的事實。但這種做法會使我們的定義陷入循環往復的狀態。如果我們要賦予這種定義一定的意義，必須把它限定在能夠用消費品滿足的需求上面，同時限定在能夠期望從它得到某種類型的滿足上面。那麼，如果我們所定義的這一類人是出於滿足他自己的需要而行動，這就不再是真實的事情了。

因此，除非假定我們所說的這一類型的人被享樂主義所驅使，否則在商業領導人的例子中，戈森定律（Gossen's law）[112] 會使他們的停止進一步的努力。然而，經驗告訴我們，企業家一般只是在他們的力量已經用盡並感到不能再勝任所做的工作時才會從舞臺上退出。這看起來似乎與理性人的假設相矛盾：他把可能的結果和無效的努力進行平衡對比，然後選擇一個平衡點，超過了這個平衡點，他將不願意再繼續前進。但是，在我們的例子中，努力沒有被看作停止前進的理由，它似乎根本沒有分量。企業家類型的人的活動顯然是享樂主義的障礙，享樂主義者所享受的商品通常是用超過一定數量的收入購買到的，因為他們的「消費」

---

[112] 戈森定律是以德國經濟學家戈森命名的邊際效用價值，其內容就是慾望與享受的相互關係及變化規律。是現代「效用論」的基礎。定律的要點有 3 個：（1）人類為滿足慾望和享樂，需不斷增加消費次數，而享樂因隨消費的增加而遞減，享樂為 0 時，消費就應停止，如再增加，則成為負數，使享樂變為痛苦。即「慾望強度或享樂遞減定律」。（2）假如有人在幾種享樂之間有選擇自由而無充分享受的時間，則不論這幾種享樂起初的絕對量如何不同，要取得最大的享樂總量，必須在他們之間依次消費其享樂量（個量）最大者，直到各種慾望之數量（個量）彼此相等為止，這就是「享樂均等定律」。（3）在原有慾望已被滿足的情況下，要取得更多的享樂量，只有發現新享樂或擴充舊享樂。——譯者注

是以休閒為前提條件的。因此，從享樂主義的視角來看，我們所觀察到的這些類型的個人都不是理性的。

　　當然，這不能證明享樂主義的動機是不存在的，它只是指向了另外一種非享樂主義特徵的心理學，尤其是當我們看到享樂主義所具有的與眾不同的特點時，這種與眾不同在我們所說的這一類型的人身上是很明顯的，而且也不難理解。

　　每個人心裡都存在著夢想和意願來建立自己的私人王國，雖然這種情況通常不是必需的。現代世界中，人們實際上並不容易找到這樣的地方、獲得這樣的地位，但是對現代人來說，取得工業或商業上的成功仍然是他們可能達到中世紀封建貴族領主地位的捷徑。對於那些沒有其他機會獲得這種地位的人來說，這種誘惑力非常大。對權利和獨立性的追求不會因為它們兩者都是幻想而有絲毫的降低。更進一步地分析，我們可以發現這群人的動機種類繁多，從精神上的野心到趨炎附勢，但這些是不需要我們細談的。我們只要指出一點就夠了，那就是這種動機雖然與消費者的動機最為接近，但是與消費者的動機並不完全一致。

　　還有一種征服的意志：戰鬥的衝動只是為了證明自己要勝過其他人，也就是成功的過程或成功本身。從這方面看，經濟行為與體育運動很相似——比如財富上的競賽和拳擊比賽。財富競爭的結果是次要因素，成功的指標和勝利的象徵才是有價值的，炫耀財富往往成為大筆開支的原因，而不是人們對於消費品的需要。同時我們還可以從更細微的地方看出差別，比如，野心應該被歸類為第一類動機，也就是說它只是為了證明自己勝過其他人，而不是為了成功的結果。因此，我們又面對一種與上面所定義的「需求的滿足」有根本區別的動機，或者換個詞語——「享樂主義的適應」。

　　另外，還存在著創造的快樂、完成計劃的快樂或者只是展示某人的能力和智慧的快樂。它與無處不在的動機相似，作為一種獨立的行為因素存在於我們的經濟生活中。我們所說的這種類型的人尋找困難，為了改變而改變，以冒險為樂趣。這種動機在三者中，是最突出的反享樂主義的。

　　只有第一類動機是促使企業家活動發揮作用的必要因素，這種活動的結果產生了私人財產，而其他的兩類動機則沒有。金錢上的收益確實是對成功的最好證明，特別是對相對的成功而言，而且對於為了成功奮鬥的人而言，除了獲取金錢上的收益之外，還有額外的好處，那就是它是一個客觀的過程，在相當程度上獨立於其他人的意見。這樣和那樣的特點都是伴隨著「渴望財富」的社會機制產生的，這使得其他要素很難代替它作為工業發展的動力，即使我們排除它在創造一筆隨時可用於投資的基金中的重要性，它的作用依然難以替代。儘管如此，第二類和第三類企業家的動機原則上的確可以被其他的社會安排所關聯，這種社會安排不包括從經濟創新中獲得的私人收益。至於還能提供什麼樣的刺激，怎樣使這些激勵工作得像「資本主義的刺激」，都超出了本書所要討論的範圍。這些問題被社會改革家忽略了，同時也被財政上的激進主義者所忽視，但是它們不是不能被解決，而是要透過詳盡地觀察企業家活動的心理學才可以被回答。

第三章

信貸與資本

信貸的性質與作用^[113]

經濟發展的本質在於用不同方式使用現存的勞動力和土地的服務，這個基本概念使我們得出新組合的實行，是透過把土地和勞動力的服務從它們之前的使用方式中提取出來而實現的這一結論。在每種經濟形態中，領導者沒有直接處置勞動和土地的服務的權利，這引導我們得出兩個觀點：貨幣承擔著一種基本職能；其他支付手段也承擔著這種職能。因此，以支付手段為表現形式的過程，不僅僅是商品循環過程的展現，然而很多理論家總是盡最大的努力，甚至用不耐煩的態度以及道德和理智上的憤怒來使我們確信與「以支付手段為表現形式的過程，不僅僅是商品的循環過程的展現」相反的觀點。

從經濟學成為一門科學開始，就一直在與那些堅持認為「貨幣現象是完全正確的」普遍錯誤的觀點競爭，這也是經濟學的貢獻之一。如果有人說貨幣只是為了讓商品流通更便利的媒介，沒有重要的現象與貨幣相連繫，這種觀點無疑是錯誤的。如果有人試圖以這種說法來反對我們的觀點，那我們就可以用論據反駁，那就是，在我們的例子中，經濟系統中生產力的不同利用方式，只有透過改變人們的相對購買力才能實

---

[113] 下面所陳述的內容基本沒有任何改動，並且從對漢恩著的《銀行信貸國民經濟學》一書的研究中獲得了寶貴的經驗和改進。特別向讀者推薦這本原創且值得稱讚的著作，這本書從根本上提高了我們對這些問題的認知。蘭沃斯·泰勒的《信貸體系》一書也具有相同的益處。對戰後現象和繁榮與蕭條時期銀行信貸分別扮演的角色的討論已經消除了我們所要說的那些矛盾的現象。今天，每一個經濟周期理論都在考慮繁榮時期「額外信貸」的事實和思考由凱因斯提出的是否可以從貨幣方面的影響來緩解經濟周期的問題。這並不意味著我的觀點被接受，但它可以向我的觀點引導。參考我的論文〈信貸控制〉，載德文《社會科學與社會政策文獻》（1925 年）。最近，羅伯茨在其《銀行政策與價格水準》一書中，也得到了相類似的結果（參閱 1926 年 6 月《經濟學雜誌》中皮古的文章）。—— 原注

現。我們已經看到，原則上讓工人把勞動，地主把土地借給別人使用是不可能的。同樣的，企業家也不能借到已經生產出來的生產數據，因為在經濟的循環流動中，沒有可被企業家使用的閒置的存貨。如果某個地方或其他地方恰好存在企業家所需的生產數據，那他當然可以購買，但是，這需要他有購買力。企業家不能把這些生產數據借過來，因為它們生產出來就是為了滿足某種需求，而持有生產數據的人不會也不能先把這些生產數據借給企業家，然後等著企業家歸還。即使一段時間後企業家確實可以歸還，他也不願承擔任何風險。如果有人這麼做了，那麼會出現兩筆交易，一筆是購買，一筆是延期的信用支付，這兩者不僅是同一個經濟過程的兩個不同部分，而且是兩個不同的經濟過程，我們在後面將會看到，它們中的每一個都依附著不同的經濟現象。最後，企業家也不能給工人和地主「預付」[114] 消費品，因為他根本還沒有這些消費品。如果他購買消費品，也需要有相應的購買力。我們不能忘記一點，這始終是一個從物品的循環流動中把商品抽離出來的問題。消費品的信貸是這樣的，已經生產出來的生產數據的信貸也是如此。所以我們正在研究的這些並不神祕。

沒有任何東西實質上「能」取決於貨幣，這是一個很清楚的事實。實際上，購買力只是關鍵過程的一個工具，這是不容置疑的。另外，也不會有人反對這一觀點，因為每個人都會承認貨幣在數量或分配上的變化屬於類似的現象，且會產生深遠的影響。但是目前為止，這種觀察還比較邊緣化，不過這種比較還是具有指導性的。商品領域的變化在這裡是沒有必要的，前期引起的商品的變化可以作為它的原因，也可以作為

---

[114] 自從魁奈的時代以來，這種不真實的概念所強加的理論結構就不攻自破了。這個理論太重要了，人們甚至可以稱它為「預付經濟學」。── 原注

解釋的依據。任何情況下，物品的變化都是被動的。然而，如同大家所知道的，商品的種類和數量在相當程度上受到這些變化的影響。

1881 年 5 月的伯利恆鋼鐵廠，約瑟夫‧彭內爾（Joseph Pennell）的水彩畫。
伯利恆鋼鐵公司曾是世界第二大鋼鐵公司，也是美國製造業領導地位的有力象徵，而鋼鐵廠的創始人查爾斯‧希瓦柏（Charles R. Schwab）則是美國夢的代表。

　　我們所討論的第二個觀點看起來也不是那麼危險的。從最終的分析來說，它也是以事實為基礎的，這個事實不僅是可以論證的，甚至是很明顯的，而且是被人們所普遍接受的。從支付手段的外在形式看，它是由經濟系統創造的，表現為對貨幣的索取權，但是這種索取權與對其他物品的索取權具有本質上的不同，那就是這種索取權與貨幣有相同的服務功能，至少暫時是相同的，因此在一定情況下這種索取權可以代替貨幣 [115]。這一點不僅在有關貨幣和銀行的文獻中得到承認，而且在更狹窄的意義上也可以得到理論的承認。這可以在教科書中看到。在這裡，我們不補充教科書中的任何內容，只是想增加一點分析。所討論的問題中，與我們所認可的事實關係最密切的是貨幣的概念和價值等問題。當

---

[115] 儘管通常不能把對物品的索取權和物品本身等同起來 —— 如同不能把穀穗和穀粒等同一樣 —— 但是情況還是有點不同。儘管我不能騎在對一匹馬的索取權的身上，但在一定條件下，我可以像處理貨幣本身一樣來處理對貨幣的索取權，也就是購買。 —— 原注

數量理論為貨幣的價值建立起公式的時候，批評家們首先抓住了其他的支付手段來反駁。眾所周知，這些支付手段，尤其是銀行信貸[116]是不是貨幣這樣的老問題已經由許多優秀的學者做了很詳細的回答，可以說這方面的討論已經有很多了。而據我所知，我們所關心的問題已經被毫無爭議地認可了，甚至那些對支付手段是否是貨幣這樣的問題做出否定回答的作者，也承認了我們對問題的回答。對於支付手段以何種方式影響貨幣的價值這樣的問題，人們也做了或多或少的解釋。

這意味著承認這樣創造的流通媒介不僅代表等量的金屬貨幣，而且它們的實際數量非常大，不可能立即全部兌換；而且，由於這些支付手段比較方便，它們不僅會替代之前已經在流通的貨幣，而且會不斷地被創造出來並與已經存在的大量的貨幣並存。還有一點對我們的論述並不是很重要，但仍然要說明，即支付手段產生於銀行。產生支付手段是銀行的基本職能，我們發現這與通行的概念是一致的。銀行對貨幣的創造使自己承擔了義務，這一論斷是由亞當·斯密以及其他更早的學者所提出來的，今天已經成為常識；我急於補充的是，不論人們認為「貨幣的創造」這種表達在理論上是否正確，這對我們的目的來說都是一樣的。我們的推論是完全獨立於任何貨幣理論的。

最後，不容置疑的是，這些流通媒介在提供信用的過程中被創造出來，如果我們忽略掉了為了避免運輸金屬貨幣而產生這種手段的情況，那麼這種流通媒介幾乎就是為了提供信貸的目的而被創造出來的。根據費特的觀點（《經濟學原理》，462 頁），銀行是「收入主要靠出借支付的承諾而獲取收入的企業」。

---

[116] 銀行信貸是銀行將自己籌集的資金暫時借給企業使用，在約定時間內收回並收取一定利息的經濟活動。 —— 譯者注

　　至此，我們所說的沒有任何的爭議性，甚至也沒有任何的意見分歧的可能性。人們不能責備我，說我違背了李嘉圖的「銀行業務」不能增加一個國家的財富等觀點，人們也不能說我犯了罪，諸如銀行家所說的「濫發鈔票空頭投機」的罪名 [117]。更進一步，誰也無法否認這樣的事實：很多國家，3/4 的銀行存款都是信用 [118]。作為一種規則，工商業者要先成為銀行的債務人，才能變成銀行的債權人，他首先「借」的資金實際上是即將要「存入」的；更不用說，從更嚴格的意義上來說，只有極少一部分的交易是不用貨幣來完成的。因此，對於這些問題，我們不做更深一步的探討。在這裡提出一些對所有人來說都是新鮮的，但可以在任何一本基礎課本中找得到的結論是沒有任何意義的。所有的信用形式，從銀行紙幣到銀行信貸，本質上來說都是相同的東西，在所有信用形式中，信貸增加了支付手段，這是無可爭議的事實 [119]。

　　至此，只有一點是有爭議的。這些流通媒介，如果沒有法定貨幣或物品做基礎，是不會被憑空創造出來的。我對工商業者或理論家所說的生產者的匯票就是這些流通媒介的典型例子。生產者在完成他的生產並把產品銷售出去之後，就給他的客戶開出匯票，以便立即把他的要求權

---

[117] 參閱 J.S. 密爾的著作，任何一個經濟學家都會認為李嘉圖的觀點不是很正確，即使他在這個問題上是非常保守的。例如，J.L. 勞福林的著作《貨幣原理》中說：「信貸不能增加資本（生產工具），但可以使資本活起來、更有效率，因此會導致產品的增加。」我們的觀點很多都與之類似。 —— 原注

[118] 只有少數銀行家會在他們的定期報告中宣告他們的存款中有多少是真正的存款。上面的猜想是根據英國的報告做出的，這些報告間接表明的情況很可能得到了大家的公認。但是，在德國情況並非如此，德國銀行業務通常不把貸款計入客戶的信用支付之中。不過，這個理論的本質不是在於信用和貸款數量上的不同。更嚴格地說，如漢恩所強調的，所有的銀行存款都是建立在信用基礎上的，只有以「銀行收進的金額」為基礎的信貸，才是一種特殊方式的信貸，它才不會增加存款人的購買力。 —— 原注

[119] 當然，總是有很多的理論家用世俗的觀點，對「銀行中的鉅額資金」感到驚訝不已。更讓人不解的是，很多經濟學家有時也會持有相同的觀點。例如，克萊爾的《貨幣市場初識》一書，就沒有接受這樣的觀點，把可用於提供信貸的鉅額資金定義為「其他人的錢」，雖然這種說法部分是正確的，但也只是在比喻的意義上來說。 —— 原注

轉化為貨幣。於是，這些產品就造成了提貨單的作用。即使這些匯票沒有現成的貨幣來支持，但仍然有這些現存的商品作為基礎，因此，從某種意義上來說，它仍然是以現存的購買力為基礎的。上面所提到的存款，顯然在相當程度上也是由這種商業票據的貼現形成的。似乎可以把提供信貸或將信貸工具放入商業管道之中看作正常情況，而把其他情況看作是不正常情況 [120]。但是，即使正常的商品交易沒有任何問題，也通常要有相關的附屬抵押品，因此我們所說的信用創造只不過是整合利用現有的資產的問題，在這一點上，我們重新回到傳統的概念上。在這樣的情況下，似乎傳統的概念取得了勝利，因為流通媒介如果沒有依靠的基礎就不會存在，貨幣也可以從流透過程中抽離出來，從而讓所有的交易重新回到以物易物，也就是回到純粹的商品範疇的過程。這種解釋也說明了為什麼人們通常會認為「貨幣的創造」僅僅是技術問題，它對經濟生活的一般理論沒有更深的含義，而只要用一個章節說一下銀行經營方面的內容就可以了。

我們不完全贊同上述的觀點。目前需要強調的就是那些被實踐證明是「異常」的事物只是流通媒介的創造，這種流通媒介只是偽裝成正常商品交易的過程。除此之外，金融票據不能被視為「異常」的，它們不是由給新組合融資的信用產生的，但它們經常發揮與之相同的作用。在這種情況下，擔保附屬品不可能是現存的產品，而是其他東西，從原則上來說，它的重要性不在於組成擔保附屬品的資產不是因為信貸的提供而被「組織」起來的，這不是擔保附屬品的本質特徵。相反的，我們必

---

[120] 我一開始就忽略了這一點，即經濟系統中正常的商業活動是用信用支付手段進行結算的，生產者從客戶那裡收到票據或其他類似的信用工具，並立即用它來購買生產數據。因此，從任何意義上來說，這和信用的提供沒有任何關係，而且從根本上說，它和用金屬貨幣進行的現金交易沒有什麼區別。這種情況我們在第一章已經提到了，在此不再重複。——原注

須區分以下兩種情況。第一，企業家可能擁有某種可以在銀行抵押的抵押品[121]。這種情況肯定可以使企業家輕易獲得信貸。但是，從最純粹的形式來看，這種情況不屬於信貸最實質的內容。分析和經驗都告訴我們，企業家的職能和對財富的擁有不是連繫在一起的，儘管對偶然的事件來說，對財富的擁有可以構成一種現實的優勢。但是，如果不存在這種財富與現實之間的關係，我們的觀點也是經得住挑戰的，因此，把信貸看成「金屬貨幣資產」，並不是對這類事情的充分表述。第二，企業家用來抵押的商品可能是他用借來的購買力得到的。這種情況下，先出現信貸，然後才有擔保附屬品，不管兩者之間的距離有多短，但至少在原則上是這樣的。此時，把現存的資產放入流通中的觀點所得到的支持甚至比第一種還要少。相反，這正好清楚地表明，購買力被創造出來時是沒有新的物品與之對應的，這種事情發生在第一種情況下。

在現實生活中，如果所有的信貸都有擔保，那麼信貸的總量肯定大於這些有擔保的信貸量。信貸結構不僅超過了現存的黃金基礎，也超過了現在的商品基礎。這樣的事實是很難被否認的，只能懷疑它在理論上的重要性。但是，區分正常信貸和異常信貸是重要的。正常信貸創造了對社會收益的要求權，它代表並可以被認為是對提供的服務和前期已存在的物品進行交付的證明。那種被傳統觀點認為異常的信貸也創造了對社會產品的要求權，但是，由於缺少過去生產性的服務，這種信貸只能被認為是未來即將生產出來的產品和服務的證明。這樣，不論是從它們

---

[121] 此外，如果抵押品是土地、股份等不能流通的東西，或是在市場上不能用於交換商品的東西，那麼此時創造的貨幣對商品領域和價格的影響就和沒有擔保的發行貨幣所發揮的作用沒有區別。這一點常被人們忽視。從政府以土地為「依據」，發行不兌換的貨幣的情況就可以發現類似的問題。一些支付手段以某種類型的抵押品作為支付基礎，這只不過是消除了如果不這麼做就存在的風險，但卻沒有改變這樣的事實，即沒有與新的需求而出現產品的新供給。——原注

的性質來看，還是從它們的效果來看，這兩者之間就出現了根本性的差異。這兩者作為支付手段，都是為了相同的目的，而且它們在外在形式上也沒有差別。但是，其中一種支付手段對社會產品具有相應的貢獻，而另一支付手段對社會產品是沒有相應的貢獻的，儘管這種缺陷經常由其他的事情彌補。

希望上面這些簡要的敘述不會引起誤解，下面我們就要進入本章的主題。第一，我們要證明一個乍看起來有點奇怪的說法，那就是，在原則上只有企業家才是需要信貸的，或者我們可以證明這一說法的一個推論，那就是信貸是為工業發展服務的。已經證明的是，企業家是非常需要信貸的，也就是暫時轉移購買力給他，使他能夠創新、進行生產，從而成為企業家。在物品的循環流動中，生產者是透過銷售他前期生產的物品來獲得購買力的，因此，這種購買力不是自動流向企業家的。如果企業家沒有購買力，那他必須借入，如果他有購買力，那也是前期發展的結果。如果他不能獲得購買力，那就不能成為企業家。我們所說的這些沒有虛構的成分，而只是概括大家都已經知道的事實。只有先成為債務人，才能成為企業家。成為債務人是發展過程的邏輯形成的結果，或者換一種說法，成為債務人是情況的必然要求，不是什麼異常的事情，也不是可以用特殊的環境來解釋的偶然事件。他首先需要的就是信貸。在生產任何商品之前，他首先需要購買力。資本主義社會中，他是典型的債務人 [122]。

現在我們必須用反面的證據來完成論證，也就是證明上面所說的企

---

[122] 在更深層次的意義上，企業家仍然是債務人，我們在這應該重點強調這一點。在企業家對社會的循環流動的生產做出任何貢獻之前，他先從社會的循環流動中獲得商品，在原則上這個過程是不斷的。從這種意義上來說，他是社會的債務人，商品轉移到了他手中，可他還沒有據此獲得在其他場合對國民收入分配的要求權。—— 原注

業家負債的情況和其他人是不同的，任何其他人不會因為他的經濟職能的本質而成為債務人。當然，現實中，借或貸還具有很多其他的動機。但是，關鍵的問題是信貸的提供看起來並不是經濟過程的一個本質要素。消費信貸就屬於這種情況。先忽略消費信貸的重要性是有限的這樣一個事實，我們要說明的是，消費信貸並不是構成產業生活的基本形式和必要條件的要素，也不是任何人經濟本質的一部分，更不是任何生活過程本質的一部分。也就是說，人們不一定要承擔消費性債務，也不一定為了自身消費的目的而去借債。因此，消費信貸這種現象對我們來說沒有多少意義，不管它的實際作用有多大，我們都把它從我們的考慮中移除。這不包括抽象過程，我們承認它是事實，不過我們對此沒有特別需要說明的。一家企業也許因為遭受災難而深陷困境，為了維持生存，企業產生了信貸的需求，對於這種情況我們也是不予考慮的。我們把這些例子包含於「消費性—生產性信貸」的概念中，從某種意義上來說，它們不是經濟過程本質的一部分，在這裡，我們不再予以討論。

　　每一種以「創新」為目的的信貸都是提供給企業家的，而且構成了經濟發展的一個要素，那麼唯一留下來的需要我們考慮的，就是在循環流動的過程中提供給商業營運的信貸。如果我們能夠在「非主要」的意義上來解釋這種信貸，那麼我們的證明就完成了。那麼如何來完成證明呢？

　　從第一章我們可以看出，在當期所接受的信貸並不是循環流動過程本質的一部分 [123]：根據我們的定義，生產者完成生產之後，應該要立即出售產品，並利用所得開始新一輪生產。不過，情況並不總是如此。生

---

[123] 希望讀者不要把這種信貸和為了維持企業運轉提供給企業家的相同數額的信貸，尤其是為了支付薪資而需要的信貸相混淆。—— 原注

產者有可能在他交貨給客戶之前就想開始下一輪生產了。但關鍵是，如果生產是以營業收入提供資金的，那麼我們要能夠在循環流動的過程中展現生產者下一輪的生產過程，同時不能忽略任何其他實質性的東西。在已經建立起來的企業的日常業務中，發展使信貸具有實際的重要性，這種發展能夠使暫時閒置的資金得到運用。因此，每一個工商業者都會盡快利用所得到的款項得到他需要的購買力。如果沒有發展，那麼交易所必需的資金就不得不實際儲存在分散的廠商和個人手裡，在這些資金不被這些單獨的廠商和個人所需要的時候，它們就會被閒置在那裡。正是發展改變了這樣的狀況，它把那種因從來沒有借貸而產生的自豪感給消滅了。當所有的企業，不論是新的還是老的，都被拉進信貸循環這種狀態中時，由於其中所包含的風險很小，銀行家甚至比這些企業家更喜歡信貸。很多銀行，尤其是儲蓄型銀行，幾乎都會這麼做，並把它們自己或多或少限制在這種流通的信貸中。這種現象只不過是發展的結果。

〈巴黎的新橋〉，法國印象派大師皮耶 · 奧古斯特·雷諾瓦（Pierre-Auguste Renoir）的作品，繪製於 1872 年。

雷諾瓦經常到巴黎新橋對面一家咖啡館的窗口，對著灑滿陽光的街道寫生。為了能使行人在畫筆下多停留一會兒，他讓他的弟弟艾德蒙·雷諾瓦（Edmond Renoir）站在路邊，向過往的先生女士們搭訕，如果仔細觀察就會發現，在這幅畫中，艾德蒙身穿船伕服，手持手杖，在人群中出現了兩次。

　　這種闡述，不會把我們置於與人們所想像的流行觀點相對立的位置 [124]。相反，我們的觀點與流行觀點是完全一致的，我們認為，如果想要深刻理解循環流動的經濟過程，可以暫時忽略信貸。只是因為流行的理論和我們採取的是相同的觀點，而且和我們同樣認為，當前商品交易信貸的支付與我們理解事物的本質沒有什麼連繫，所以流行的理論在描述經濟過程的主要特徵時，可以忽略這個因素的影響。也是由於這個原因，流行的理論才可以把它的視角限定在商品的範疇之內。在商品的世界裡，當然也可以找到類似信貸交易這樣的過程，不過對此我們已經有所理解。不論如何，流行的理論和我們的觀點都認為在這一點上，創造新的購買力在任何時候都沒有什麼必要性，而這個事實再一次向我們表明了流行的理論是靜態的。

　　這種流通訊貸如同消費信貸一樣，可以從我們的分析中略去。從上面的知識中可以知道，流通訊貸只是在循環流動的過程中為了方便交易，它是一種技術上的權宜之計，對經濟過程沒有深遠影響。當然，由於上面所述的一些原因，這種流通訊貸可能變得有所不同，我們才可以得到下面的結論。為了對這種流通訊貸和那種具有根本性的作用（沒有它就不能對經濟過程進行完整理解的信貸）進行鮮明的對比，我們假定在循環流動中，所有的交換都受到金屬貨幣的影響，這些金屬貨幣的數量是給定的，並且只存在一次，而且它的流通速度也是一定的。顯然，在不包含發展的經濟的整個循環過程中，也可能會包含信用支付手段。然而，這些信用支付手段在作為現存的物品和過去的服務的「證明」方

---

[124] 而且，實際情況更加證明了這一點。在過去，實際上只有消費信貸，只存在為建立企業而提供的信貸，循環流動的過程不是依靠它而進行的。流通訊貸只有到了現代才具有當前的重要性。既然現代的工廠與中世紀的手工作坊在經濟上沒有什麼差別，那麼我們就可以下這樣的結論：現代工廠本質上不需要任何信貸。 —— 原注

面具有和金屬貨幣同樣的作用，這種信用支付手段和金屬貨幣之間沒有什麼本質的區別，我們利用這樣的方式解釋只是為了表明，在信貸現象中的本質要素不可能存在於循環流透過程中的流通訊貸中。

這樣，我們既證明了我們的觀點，也精確規定了其中的含義。原則上來說，只有企業家才會需要信貸；信用對工業發展起著根本性的作用，思考這種作用對理解整個經濟過程是非常重要的。此外，從第二章的論述中，我們能夠立即看到與該論點相關的另一個論點——原則上說，在領導者對生產數據也不具備直接處置權的情況下，沒有信貸，就談不上發展。

我們所說的信貸，其根本作用在於能使企業家把他所需要的生產者的物品從這些物品前期的使用中抽離出來，對它們按照需求利用，從而使經濟系統進入新的發展軌道。我們的第二個論點可以表述如下：只要信貸不是以過去企業的經營成果為依據，或者不是以過去的發展所創造的購買力的儲藏為依據，它就只能包括特別的信用支付手段，既沒有嚴格意義上所說的貨幣的支持，也沒有已經存在的物品的支持。這種信用的確可以用除產品之外的其他資產，也就是企業家擁有的其他類型的財富做擔保。但是，這是不必要的，它沒有創造新的物品的供給，也不會改變經濟過程的本質，這種本質包括為產品創造一種新的需求。這裡，無須對這個論題做進一步的證明，它只是第二章結論的延伸。它告訴了我們借出和信用支付手段之間的關係，並引導我們了解信貸現象的本質。

由於這種對經濟過程具有根本作用的信貸只能透過這種新創造的支付手段支付（假如沒有前期發展的結果）；而從反面來看，只有在這種情況下，這種新創造的信用支付手段才不僅僅在技術上發揮作用。在這

種情況下，提供信貸就意味著創造購買力，而這種新創造出來的購買力只有把信貸提供給企業家才能有作用，也只有這樣才是必需的。這是我們不能用金屬貨幣代替信用支付手段，同時不能損害其他理論架構的真實性的唯一情況。由於沒有任何物品是以金屬貨幣的絕對數量為依存條件的，因此我們假定任何時候都具有一定數量的金屬貨幣存在；但我們不能假定，對貨幣量需求的成長正好出現在合適的時間和地點。因此，如果我們從貸款和信用工具的創造中排除掉不發揮重要作用的情況，那麼，貸款和信用工具的創造這兩者必然會一致起來，如果我們把之前發展的結果忽略不計的話。

在這個意義上，我們用下面的方式定義信貸現象的核心：信貸在本質上是購買力的創造，它是為了把創造的購買力轉移給企業家，而不是簡單轉移現存的購買力。購買力的創造標誌著在私有財產和勞動分工的經濟系統中實現發展的方法。透過信貸，企業家在還沒有獲得商品索取權的時候，就可以取得這些商品。信貸以一種虛擬的索取權暫時取代了這些索取權本身。在這種意義上，提供信貸這種執行方式就像給經濟系統提供命令，使得經濟系統適應企業家的目的；也像給企業家需求的商品提供命令，這意味著把生產要素委託給企業家。只有這樣，才能在完美均衡的經濟循環流動中實現經濟的發展。這種職能構成了現代信貸結構的主要基石。

但是，在正常的經濟的循環流動中，提供信貸不是必要的，不但因為產品和所需的生產數據之間不一定存在距離，還因為可以假定生產者所購買的全部生產物品都是用現金交易的，或者一般的購買者都是透過出售前期生產出來的具有相同價值的物品來購買所需的生產物品。儘管如此，在執行新組合的時候，肯定會出現一個需要填充的缺口。貸款者

的職能就是填補這個缺口，他們透過把創造出來的購買力交給企業家支配來履行這個職能。這樣，提供生產物品的人就不需要再等待，而企業家也不需要將商品或現金預付給生產者。否則，即使在私有財產盛行的交換經濟中，這樣的缺口如果不能被彌補，那發展即便不停滯，也會非常困難。貸款者的這個職能是任何人都不能否認的。意見的分歧只存在於對這個彌補缺口的「橋梁」性質的認知。我相信，我們的觀點和其他觀點相比，是最接近現實的。

循環流動的過程是我們研究的出發點，它以同樣的方式年復一年地生產出同樣的產品。對每一個供給，在經濟系統中總有相應的需求與之對應；同樣，對每一個需求，都有相應的供給與之對應。所有的商品都按照既定的價格買賣，這些價格波動很小，每一個單位的貨幣在每個經濟周期內以相同的方式循環。任何時候都可用的一定數量的購買力可以購買到一定數量的原始性生產服務，按照這樣的順序，購買力轉移到這些原始性生產服務的人手裡，然後這些人再次用它們購買消費品。對這些原始性生產服務的主體本身來說，尤其是對土地而言，這裡沒有市場，在正常的循環流動的過程中，對他們來說也不會存在價格 [125]。

如果我們忽略貨幣單位的材料價值，購買力實際上就不具有任何的含義，而只代表現存的商品。購買力的總量不能告訴我們任何事情，但總量中家庭和公司所占有的份額具有很重要的意義。如果信用支付手段，也就是我們所說的購買力，被創造出來並交給企業家支配，那企業家就會處於其他生產者的前列，並且他的購買力與前期已經存在的購買力總量並存。顯然這沒有增加經濟系統中已經存在的生產性服務的數

---

[125] 參考第一章的解釋，就可以明白為什麼我沒有提及用勞動和土地的服務所生產出來的生產數據，儘管購買力不僅購買勞動和土地的服務，也會購買它們生產出來的生產數據。 —— 原注

量，但是可能會出現新的需求，這將導致生產性服務價格的提高。進而
會引發從原有的用途中撤出商品的現象，關於這一點，前面已經說明
了[126]。這一過程造成了壓縮現有購買力的作用[127]。某種意義上來說，沒
有任何商品，甚至沒有任何新的商品會與這種新創造出來的購買力相對
應。只有以先前已經存在的購買力作為代價，才能有這種新創造出來的
購買力的容身之地。

以上解釋了購買力的創造是以怎樣的方式發揮作用的。讀者可以看
出其中沒有任何非邏輯的東西[128]。信用工具的外在形式是毫不相關的，
這從沒有保證的銀行券來說明最清楚不過了。但是，那種不能代替現存
貨幣，並且不是建立在已經生產出來的商品基礎上的票據，如果也在實
際中參與流通，那麼它們和這些無擔保的銀行券就具有相同的特徵。當
然，這裡說的不是指企業家用它來償付對貸款人債務的票據，或者僅僅
用它來貼現，而是指被用來對物品進行支付的票據。信用工具的其他所
有形式，甚至銀行帳面上的簡單信貸，也可以從相同的角度來考慮。如
同容器中先前已經存在的氣體分子所占的空間會由於氣流的進入而縮小

---

[126] 我和斯皮托夫在這一點上具有分歧。他在《施穆勒年鑑》（1909 年）上發表了三篇文章：〈資
　　　本市場和貨幣市場的外部秩序〉、〈資本、貨幣和商品世界的關係〉和〈貨幣缺乏及其對商品
　　　世界的影響〉（這三篇文章也曾經以《貨幣、貨幣和商品世界的關係》為名單獨出版過），
　　　這三篇文章的主要成就就在於探討了這個問題。在很多方面，這三篇文章預見了本章所說的問
　　　題，也曾明確強調過「創造新的貨幣替代物」的可能性（比如，在第二篇文章的 85 頁）。
　　　但是，存在一個「在現有的商品供應的情況下，不能克服的經濟限制。只有人為的措施能夠
　　　把這些閒置的商品放入流通中，它們才會發揮作用。」如果超過這個限度，價格就會漲。這
　　　一點是正確的，也是值得我們關注的。當然，我們同意貨幣的收緊不能透過創造新的購買力
　　　來消除，或者說只有在貨幣的收緊是對貨幣問題的恐慌時，才可能透過創造新的購買力來消
　　　除。——原注
[127] 市場中前期生產者購買其他生產者的物品的購買力會被壓縮，對消費品具有需求的人沒有從
　　　企業家的需求所引起的貨幣收入的增加中分享到任何的利益。這可以解釋繁榮時期價格的上
　　　漲。如果我沒有弄錯的話，是路德維希‧馮‧米塞斯（Ludwig von Mises）把這個過程概括為
　　　「強迫儲蓄」。——原注
[128] 也可以參閱 A. 漢恩寫的〈信貸〉一文，載《政治學袖珍辭典》。——原注

一樣，新的購買力進入經濟系統時，也會壓縮已經存在的購買力。當必要的價格變動結束時，任何給定商品都可以按照和舊的購買力交易的相同的條件來和新的購買力單位交換，不過現在的購買力單位比之前存在購買力單位要小，而且購買力在每個個人的分配上也發生了變化。

這可以被稱為信用膨脹（over-expansion of credit）[129]，但是這種信用膨脹和以消費為目的的信用膨脹有本質上的不同。在消費信用膨脹的情況下，新的購買力與舊的購買力並存，價格上漲，物品被抽離出來，信貸得主或從信貸得主償還貸款獲得收入的人從消費信用膨脹的過程中受益。然後，這種過程會停止：抽離出來的物品被消費掉，創造出來的支付手段仍然在流通，信貸必須不斷更新，價格會持續上漲。此時可能會用正常的收入流，比如增加稅收，來償還貸款。但這裡有一個新的特殊的方式（通貨緊縮（deflation）[130]）能夠以人們所熟知的方式重新建構貨幣體系的健康，除了它，沒有其他方式能夠讓貨幣體系回到以前的狀態。

然而，在我們的例子中，這種過程依然會向前發展。企業家不僅一定會依法償還貨幣，而且在經濟上，他還會把生產出來的產品歸還到商品的儲存地，商品的數量會與他所借的生產數據的價值相等；或者，像我們已經表述的那樣，他最終會履行能夠從產品流動中獲得產品的條件。在我們的概念中，當企業家完成經營活動之後，就會處於這樣的時期：在這個時期的終點，他的產品已經在市場上，生產性物品已經全部用完，如果所有的事情都是按照預期發生，那麼他就會以他生產出來的

---

[129] 信用膨脹指銀行信用提供的貨幣量超過商品流通中貨幣需要量而產生通貨膨脹的一種經濟現象。通常是由於金融機構放款的成長速度超過經濟成長速度，企業貸款不能如期歸還以致影響資金回籠，以及國家財政赤字需以銀行透支來彌補等原因造成。——譯者注

[130] 當市場上流通貨幣減少，人民的貨幣所得減少，購買力下降，物價隨之下跌，造成通貨緊縮。長期的貨幣緊縮會抑制投資與生產，導致失業率升高及經濟衰退。——譯者注

這些產品增加社會的流轉產品，他生產出來的這些產品的價格會高於他所獲得的信貸額，也會高於他直接和間接用到的產品的總價格。因此，貨幣和商品流轉之間不僅達到了均衡，還有結餘，信用膨脹不僅得到了消除，還有結餘，對價格的影響不僅得到了彌補，也有結餘，因此，在這種情況下根本不存在信用膨脹——倒不如說信用緊縮——只不過購買力和與其相適應的商品不同時出現，這樣就暫時造成了膨脹的假象。

　　進一步說，企業家現在可以償還他欠銀行的債務（貸款加上利息），在這之後，企業家仍然會保留有一定的信貸餘額（等於企業家的利潤），這是從循環流動過程的購買力基金中抽取出來的。只有利潤和利息還保留在循環流動的過程之中，而初始的銀行貸款已經不存在了，所以緊縮政策本身造成的影響，在新的更大的企業沒有繼續獲得資金支持的情況下，會比剛才說的要嚴重得多。在實際中有兩個原因可以阻止新創造的購買力迅速消失：首先，大多數企業不會在一個經濟周期就結束生產，它們會持續經營很多年。事情的本質沒有因此而改變，但是新創造的購買力將會在流通中存在很長時間，信貸票據到了規定的償還日期往往採取延期的方式。在這種情況下，從經濟上來說沒有信貸償還，而是定期檢查企業的償債能力。這種情況應該被稱為「申請稽核」，而不是「申請支付」，無論應該償還的是銀行票據還是個人貸款。其次，如果一家生產周期長的企業是利用短期信貸融資的，那每一個企業家和每個銀行都會以明顯的理由盡快把這種短期信貸變成長久一些的信貸，如果可以完全越過短期信貸這個階段，那借貸雙方都會把這看成是取得了一項成就。實際上，這和用已經存在的購買力來代替新創造出來的購買力是大體上一致的。在已經進行了充分的發展並累積了購買力儲備的情況下，通常是而且的確是分以下兩個步驟進行的。我們的理論已經說明了購買力儲備的原因，這些原因和我們的理論並不衝突。

1882 年的紐約證券交易所，隔壁是電報局。
電報線路位於建築物頂部，提供快速的國際通訊。

第一步，發行股票或債券，並將它們的發行數額計入企業的貸方，這就意味著銀行資源實際上仍然在對企業進行資金支持。然後這些債券和股票被賣掉，並由購買者用現存的購買力或儲備基金或存款來逐步支付，當然通常不是立即支付，而只是在往來帳上記錄認購者的名字。這樣，股票和債券就被社會儲蓄吸收了。信用工具的贖回就是這樣完成的，並被現存的貨幣所替代。但這不是企業家對其貸款的最後償還，他們還是要用商品償還的。即使在這種情況下，商品的償還也會出現得稍微晚一點。

還有另外的一個事實在阻止新的購買力立即消失。只有在最後取得勝利，信用工具才可能會消失，而且這一趨勢是自發的。即使信用工具不會消失，那它對個人或社會的經濟也不會有什麼干擾，因為商品已經生產出來並與新的購買力保持平衡，而且它是新購買力的唯一真正重要

的保證，這恰好是消費信貸的情況下所沒有的。由於信貸展期，生產過程周而復始地進行，儘管這些進行周而復始生產的企業已經不是我們通常所說的「新企業」了。因此，信用工具不僅對價格沒有深入的影響，甚至失去了它們之前產生的影響。的確，這是銀行信貸進入循環流動的生產過程所用的最重要的方式，直到這種信貸在循環流動過程中的作用得到確立，才有必要進行分析工作，以認清信貸的本源並不在循環流動的過程中，如果情況不是這樣，那麼公認的理論不僅是錯誤的 —— 任何情況下都是如此 —— 而且是不容寬恕和不可理解的了。

　　如果提供信貸的可能性不受現存的流動資源數量的限制，這種流動資源的數量是獨立於以提供信貸為目的而創造的，也不受現存物品數量（閒置的數量或商品的總量）的限制，那麼這種提供信貸的可能性受什麼限制呢？

　　我們假定有一個自由金本位標準，也就是可以根據需求從銀行兌換黃金，必須以法定價格購買黃金，黃金可以自由出口。我們還假定有一個以發行鈔票的中央銀行為中心的銀行體系，但除此之外沒有其他阻礙銀行業務發展的障礙和條款 —— 比如，對中央銀行沒有鈔票發行準備金之類的規定，對其他銀行也沒有存款準備金之類的規定。我們的這些假定是一種主要的情況，可以很容易地應用到其他的情況中。那麼，每一次新的購買力的創造都會出現在相應數量的商品出現之前，這樣就會產生一種趨勢，即把包含金幣在內的黃金的價值抬高到單位貨幣的價值之上。這將導致流通中的黃金數量減少，因為銀行會要求將支付手段兌換成黃金，首先會要求銀行券兌換成黃金，然後其他直接或間接的支付手段都會被要求兌換，這些現象發生的意義、目的和原因都與我們所描述的有所不同。如果銀行系統的償付能力沒有危險性，那麼銀行用一定

的方式發放的信貸所引起的通脹就是暫時的，而且始終保持比較低的強度。但是，只有在新創造的購買力所對應的商品在合適的時機進入市場的時候，銀行發放信貸所引起的通脹才只是暫時的；如果生產失敗，這些商品不能進入到市場中，或者由於生產周期太長，商品只能在較長時間之後才能進入到市場中，那銀行家會利用從循環流動的過程中抽取出的購買力 —— 比如別人的存款 —— 進行干預。因此，有必要維持一定的準備金，它對中央銀行和其他銀行發揮制動作用。和銀行的這種情況相對立的一種情況是，所有提供的信貸在日常交易中都會轉化為很小的數額，而為了進行交易，必須把它們兌換成硬幣或小面額的政府紙幣，至少在大多數國家情況是這樣的，這種小面額的政府紙幣是不能透過銀行創造出來的。最後，信貸的膨脹必然首先引起黃金的外流 —— 因此會帶來無力償還的風險。但是也有可能所有國家的銀行同時進行信貸擴張。因此，即使我們不能在假設的情況下，對創造購買力的限度如同商品生產的限度那樣準確地表述，即使這種限度會根據人們的心理狀態及法律等方面而發生變化，我們也還可以說，任何時候都存在這樣一種限度，而且也能夠說明是什麼環境在維持這些限度。它的存在既不排除我們所說的購買力的創造，也不改變它的重要性。不過，儘管這個限度是一個比較確定的量度，但是信貸量在任何時候都具有一定的彈性。

以上分析比較粗淺地回答了我們所提出的基本問題，就像把「金本位制 [131] 下匯率的確定」這樣的問題粗淺地回答為它必然處於黃金輸送點之間一樣。然而，就像我們看待金本位制下匯率問題的本質一樣，如果我們忽略其中的黃金機制而去關注「商品輸送點」，就能夠看到匯率問

[131] 金本位制就是以黃金為本位幣的貨幣制度。在金本位制下，每單位的貨幣價值等同於若干重量的黃金（即貨幣含金量）；當不同國家使用金本位時，國家之間的匯率由它們各自貨幣的含金量之比 —— 金平價來決定。 —— 譯者注

題的本質。同樣的道理，如果我們考慮的是一個紙幣本位 [132] 的國家，或者是一個只有銀行支付手段的國家，那我們對購買力的創造雖然是有彈性的，但也是確定的，這樣的一個事實就有了基本的解釋。由於國家之間的貿易沒有什麼根本上新的東西，我們把對這種情況的分析留給讀者去做。我們可以說創造購買力的限度是由下面的條件產生的：給新企業提供的信貸膨脹應該只是暫時的，或者說根本不應該存在像物價水準持續上漲那樣的信貸膨脹。正常的維持這些限度的制動器是面對企業家對銀行信貸的迫切追求，任何其他的行動都會導致銀行的損失這個事實。如果企業家不能夠生產出至少與貸款額和利息的價值相等的商品，銀行的損失就會經常發生。只有企業家成功生產了這些產品，銀行的經營才是成功的 —— 然而也只有此時才不會出現我們前面所說的通貨膨脹（inflation）[133]，也不會越過我們前面所說的限度。在各自情況下決定可能創造的購買力數量的規則就是來源於我們前面所說的情況。

　　只有在另外一種情況下，銀行才會引發通貨膨脹，並隨意決定價格水準。這種情況就是，銀行解除以黃金作為償付手段的義務，暫停兌換國家貨幣的職責。也只有在這種情況下，銀行引發通貨膨脹和隨意決定價格水準才不僅沒有損失，反而還有收益，也就是說，如果銀行透過進一步創造新的流通媒介，使不佳的償還狀況轉好，或使消費因信貸的提供真正得到滿足，它就會把新的信用支付手段注入循環流動的過程。通常，沒有任何一家企業能獨立做到這一點。因為儘管它創造的新的信用

---

[132] 紙幣本位制，亦稱「自由本位制」。以國家發行的紙幣作為本位貨幣的一種貨幣制度。由於發行紙幣是國家的特權，在中央銀行國有化之後，國家便委託中央銀行發行紙幣。中央銀行發行紙幣的方式是透過信貸程序進行的，所以紙幣實際上是一種信用貨幣。 —— 譯者注
[133] 通貨膨脹指貨幣供給大於實際需求，也即現實購買力大於產出供給，導致貨幣貶值，而引起的一段時間內物價持續而普遍地上漲的現象。紙幣、含金量低的鑄幣、信用貨幣的過度發行都會導致通脹。 —— 譯者注

支付手段不會對價格水準有顯著的影響，但不佳的償債能力沒有得到改善，而消費信貸也會由於銀行的債務人不能在期限內償還債務而變得糟糕。但如果所有的銀行一起行動，就可能會實現。這些銀行可以一起繼續發放新的信貸，並據此影響價格，使前面所說的不良的消費信貸變得良好。某種程度上，這種情況可能會發生，這也是實際中為什麼需要專門的法律限制的主要原因。

上面所分析的最後一點是不言自明的。正像國家在某種情況下不需要任何限制就可以印發鈔票一樣，如果國家把印發鈔票的權力交給銀行，讓銀行按照自己的利益和目的去做，那麼銀行也可以在沒有任何限制的情況下印發鈔票。但是，這與我們所討論的問題沒有關係，也就是說，我們所討論的問題是為了在現時的價格水準下實現可以獲利的新組合而提供信貸和創造購買力[134] ——因此，從一般意義上來說，這與創造企業家購買力的意義、本質和來源沒什麼關係。我反覆強調這一點，是因為關於銀行創造流通媒介的無限權力這個論點，在經過反覆引用之後，不僅失去了證實的必要性，而且也脫離了這一論點的主旨[135]，變成受攻擊的對象及拒絕接受新信貸理論的藉口。

[134] 我們的理論曾被解釋為，信貸的創造透過提高價格使新的生產組合得以實現，否則不會獲利。這並不是我們的本意。——原注
[135] 參閱漢恩寫的另一篇非常好的文章〈信貸〉。與他的表述相反，我認為正確的表述應該是：儘管新的購買力的數量沒有受到現實商品的支持，但是在未來商品的支持和限制下，新的購買力的數量還是可能被創造出來的。另外，我所說的現實商品是用現價來計算的。——原注

資本

　　現在是我們對一個早就等待著被證明，並且所有工商業者都熟悉的論點發表意見的時候了。在一個經濟組織的形式中，如果新的生產所必需的物品是透過新創造的購買力的干預從原來循環系統中的位置抽離出來，那麼它就是資本主義經濟；而在另外一種經濟組織的形式中，新的生產所必需的物品是透過一種命令或有關方面的協定來獲得的，那麼它就是非資本主義的。資本無非是一種槓桿，透過它，企業家可以控制他所需要的具體的物品；資本不過是把生產要素轉用於新用途的一種手段，或者是引向一個新生產方向的手段。這是資本的唯一職能，透過這個職能，資本在經濟組織中的地位被完全表現出來了。

　　資本既然是一種槓桿，那麼控制的手段是什麼呢？它肯定不包括任何確定的商品種類，也不是由現存的物品供應組成。人們通常認為，我們會在生產中碰到資本，而且資本在生產過程中以某種方式發揮著作用。因此，在執行新組合的生產過程之中，我們一定可以在某個地方看到資本在發揮作用。現在，從企業家的視角看，他所需要的物品都處於相同地位；所需的自然力、人力、機器、原材料都處於同一位置，具有相同的意義，並且無法把其中的一種需要從另外的需要中區別出來。當然，這並不是說這些物品之間沒有任何區別。這些物品肯定有區別，即使這些物品的重要性一直被理論家所高估。但有一點是很清楚的，那就是企業家對這些種類的物品所採取的行動都是相同的，無論是工具，還是勞動或土地，他都是用斤斤計較並支付利息才得來的貨幣購買的。還

有一點是不重要的，那就是企業家是像剛開始創業時那樣僅僅購買土地和勞動，還是會獲得已經存在的中間產品，而不是自己生產它們。最後，如果他獲得消費品，那麼情況也不會有根本性的不同。儘管如此，似乎消費品是最有要求權的，是最應該被重點強調的，尤其是如果人們接受這樣的理論，即從比較狹窄的意義上來說，企業家「預付」消費品給生產工具的所有者。在這樣的例子中，消費品與其他物品是不同的，它扮演著特殊角色，這也正是我們賦予資本的作用。由此可以看出，企業家用生產性服務來交換消費品。因此，我們不得不說資本包含著消費品 —— 這種可能性已經被我們的論述解決了。

〈冬日清晨的蒙馬特大道〉，1897 年，法國印象派大師卡米耶・畢沙羅（Camille Pissarro）繪製。這是一幅蒙馬特大街的全景圖，街道兩側盡收眼底，一派熱鬧的繁華都市場景。

　　除了上面的論述之外，沒有任何理由對企業家購買的所有物品進行某種類型的區分，也沒有任何的理由把這些物品的任何一類包含在資本之中。把資本定義為包含所有的物品，可以適用於每個經濟組織，不能作為資本主義經濟組織所特有的特徵，這是沒有爭議的。此外，如果一個商人被問起他的資本是由什麼組成的，他會列舉出這些物品中的任何

一種類型，這也是不正確的。如果說起工廠，他會把工廠所占的土地也
包括在內，如果他想要回答得更加完整，那他也不會忘記流動資本，這
些流動資本是直接或間接購買勞動力的。

　　然而，一個企業的資本也不是所有服務於企業目的的產品的綜合。
因為資本面對的是商品的世界。「資本被投資於商品」，但這個事實意味
著資本的職能和利用它購買到的商品的職能是不同的。商品的職能包括
利用自身技術特性服務於相應的生產目的；資本的職能在於為企業家獲
取生產中需要的工具和手段。在交換經濟中，資本作為第三種要素，處
於資本家和商品的世界之間，它為這兩者之間的溝通架起了橋梁。它不
直接參與生產，本身也不是「工作對象」；相反，它承擔著一項在技術性
的生產活動開始之前必須完成的任務。

　　企業家在考慮購買具體的物品之前，必須擁有資本。在某個時期，
當企業家已經擁有了必要的資本，但是還沒有生產商品時，我們就能比
在之前的分析中更清楚地看到，資本並不是與具體物品相同的某種東
西，而是一種獨立的要素。資本的唯一目的，也就是企業家需要資本的
唯一原因 —— 我們求助於客觀事實 —— 是把資本作為一種購買生產性
物品的基金。進一步說，只要這種購買活動還沒有進行，那資本就絕對
和任何物品沒有任何連繫。當然，資本還是會存在 —— 誰也不能否認這
點 —— 但是資本的特質就是它不會作為某類具體的物品，也不能在技
術上當作物品來使用，而是作為在技術意義上提供生產必需品的一種手
段。但是當用資本來進行的購買完成之後，是否就應該由具體的商品構
成企業家的資本？如果有人對魁奈（François Quesnay）[136] 說：「當你走

---

[136] 法蘭索瓦・魁奈（François Quesnay，1694-1774 年），資產階級古典政治經濟學奠基人之一，
　　　法國重農主義的創始人和重要代表。他用抽象的圖式對經濟體系做出了分析，從而說明生產
　　　和消費過程中的商品流通。—— 譯者注

過一些農場和工廠後……你就會看見一些房屋、牲畜、農業種子、原材料、家具以及各式各樣的工具。」——從我們的觀點看，還應該加上土地和勞動的服務以及消費品——這些難道還不能證明購買完成之後的情況嗎？此時，資本已經完成了我們所總結的它的職能。我們假定，如果必需的生產數據和勞動的服務已經用資本買來，那企業家就不擁有對資本的處置權了。他為了生產數據已經把資本用完了，資本也已經被囊括到收入中。按照傳統的觀點，他的資本現在是由他購買到的物品組成的。這種理解的前提是忽略了在獲取物品過程中資本所發揮的作用，而以一個不真實的假說取代，即企業家所需要的物品是借來的。如果人們沒有這樣理解，並且按照事實來區分生產數據和用來購買生產數據的基金，那麼毫無疑問，這些基金就是人們習慣上稱之為資本的東西，也是我們理解中資本主義現象的標誌的東西。如果這種理解是正確的，那麼就更加清楚地知道企業家已經不再擁有這個基金，因為他已經用這個基金來支付，而基金的一部分落到了生產數據的出售者手中，這與麵包師出售麵包獲得收入相比，本質上沒有什麼區別。幾乎時刻都能碰到把購買來的生產數據說成是「資本」的說法，與另一種關於資本「展現於商品之中」的說法是類似的，這兩種說法什麼都解釋不了，更不能說明任何問題。如果說煤「展現於」鐵軌中，因為在某種意義上可以認為是煤的使用導致了鐵軌的產生，那麼在這樣的意義上，認為資本「展現於商品之中」的說法就是正確的。但這樣一來不就是說資本家用資本支付之後，仍然擁有資本嗎？由於煤不能再從鐵軌中抽離出來，難道資本家也不能把資本從他的投資中抽離出來嗎？我相信這些問題可以得到滿意的回答，那就是——企業家已經支出了他的資本。作為對支出資本的回報，他得到了物品，這些物品不能再作為資本使用，也就是不能作為可

以用來購買其他物品的基金，而只能用於技術方面的生產。但是，如果企業家改變了想法，希望把這些物品轉手，通常會有人願意購買這些物品，於是，企業家就可以獲得多於或者少於以前資本數量的資本。根據這個觀點，他的生產數據不僅可以作為生活數據使用，還能間接作為資本——只要企業家能用它們先獲得購買力，再獲得其他生產數據——如果企業家籠統地稱這些生產數據為資本，那是正確的。實際上，這些生產數據是在他完成生產之前，還需要購買力的情況下，能支配的用來購買生產力的唯一來源。我們將會為這種解釋提供其他理由。現在第二個問題也有了答案：企業家可以透過出售他的產品來重新獲得資本。當然他獲得的資本與原來的資本相比，不論從形式上還是數量上，可能都是不一樣的。「抽離他的資本」這種形象的表述雖然只是比擬，但也有合理意義的。這與我們的解釋並不矛盾。

如果資本既不是由某種確定的商品構成，也不是由普遍的商品構成，那麼資本究竟是什麼呢？答案非常明顯：資本是一筆購買力基金。只有作為購買力的基金，資本才能履行它的基本職能，這種職能是資本在實際中必須具有的，也能夠展現資本概念在理論中的用處。資本不能僅靠列舉的商品的種類來代替。

我的購買力基金是由什麼組成的呢？為什麼它是由貨幣以及其他可以用貨幣計量的資產組成的呢？這個問題看起來非常簡單。對這個問題的回答可以把我們帶到門格爾（Carl Menger）[137] 關於資本的概念中。當然，我大都稱其為「我的資本」。此外，把資本作為一種「基金」，而不

---

[137]　卡爾·門格爾（Carl Menger, 1840-1921 年），奧地利著名經濟學家。1870 那場開啟了新古典經濟學序幕的「邊際革命」的三大發起者之一，奧地利學派當之無愧的開山鼻祖。——譯者注

是收入的「流」也是沒有任何困難的，所以我們在這裡向歐文·費雪[138]的方向又前進了一步。我們可以再次這樣說，運用這筆資金我可以創造一家企業，或者把它借給某個企業家。

這個觀點初看起來似乎很令人滿意，但不幸的是它不全面。如果說僅憑這筆資金就能步入企業家的行列，那是不正確的。如果能得到一張可以用來支付的票據，那麼我也可以用它來購買相同數額的產品。人們也許會說我只是因此承擔了一項債務，而沒有增加資本，甚至還會說用這張票據「購買」的物品只不過是借給我的。現在讓我們仔細研究一下這個問題。如果我的生產成功了，那麼我就能用錢或等值的東西來補償這張票據，這些用來償還的錢或等值的東西不是來自我的資本，而是來自我產品的收益。這樣，我的資本就增加了，如果有人不同意這樣的說法，我還可以說我獲得了與增加的資本等額的服務的增加，這種服務不會增加未來可能導致資本減少的負債。可能還會有人反對，認為如果我沒有必須要償還的債務，那麼我的資本本來就應該增加。但是，這些債務是用收益償還的，如果這些收益毫髮無損地全部歸我所有，那麼是否會導致資本增加也是未知的。如果我用這個所得去購買消費品，這種情況和把它描述成資本一部分的情況是完全相反的。如果說，資本的職能僅僅在於保證資本家對生產品的控制的說法是正確的，那麼我們就不能迴避透過創造票據使資產增加這個結論。如果讀者還記得之前的論述，那麼把這些論述和後面的論述結合起來，就會發現我們的結論會去掉很多似是而非的表象。我沒有透過創造票據而變得更加富有，這是正確

---

[138] 歐文·費雪（Irving Fisher, 1867-1947 年），美國經濟學家。費雪認為，可以透過挑選商品編製指數，然後讓黃金價值與指數的物價水準反向變化，使美元的購買力維持穩定。同時，他提議銀行必須維持與帳戶存款等額的資金儲備，即「100%貨幣體制」計劃。他後來利用統計學的研究改進了商品價格指數。 —— 譯者注

的。然而,「財富」一詞可能會使我們考慮這個問題的另外一面。

　　但是,僅憑貨幣形式,就把我們所謂非貨幣形態的財富冠以資本的性質,是不正確的。如果一個人擁有某種商品,那麼他不可能透過直接交換的方式得到所需要的必需品。相反,這個人總是不得不把他所擁有的物品賣掉,然後把出售所得的收入當作資本,用這些收入再去獲取他所需要的必需品。實際上,我們所考慮的概念也意識到了這一點,因為它強調了任何人所擁有的物品的貨幣價值。如果某人把自己所擁有的商品看作資本,很容易可以看出這只是簡略的表述。這種說法對於已經購買到的生產數據也是適用的。

　　目前為止,我們的定義與門格爾以及其他相關概念相比,一方面要廣泛些,一方面又狹窄些。只有支付手段才是資本,不僅包括貨幣,還包括其他普遍意義的流通媒介,不論這些媒介屬於什麼類型;然而,並不是所有支付手段都是資本,只有能夠完成我們所說的那些獨特職能的支付手段才是資本。

　　這種限定取決於事物的本質。如果支付手段不是為企業家獲得生產品提供服務,並為這個目的把生產品從它之前的用途中抽離出來,那麼這種支付手段就不是資本。在一個沒有發展的經濟系統中,是沒有「資本」的;或者換一種表述方式,資本沒有完成它獨特的職能,就不是獨立的要素;或者再換一種表述方式,一般購買力的各種形式僅僅是交換媒介,是為執行通常的交換而形成的技術手段,它們並不構成資本,這就是它們在循環流通體系中所發揮的全部作用,除了這種作為技術手段的技術性的作用之外,它們根本無法發揮任何作用,因此忽略它們不會影響對事物的根本了解。然而,在執行新組合的過程中,貨幣和它的替代品變成了一種基本的要素,我們稱它們為資本。根據我們的觀點,資

本是一個發展的概念，在循環流動的過程中，沒有與資本相對應的東西。這一概念展現了經濟過程的一個方面，只有發展的事實才能讓我們意識到這個方面。我們之所以把讀者的注意力吸引到這個論述上面，是因為它對理解我們這裡談到的觀點很有幫助。如果一個人在談到資本時指的是這個詞在實際生活中的含義，那麼他對經濟過程或事情的某些方面考慮得就不是很充分，也就是對企業家活動的可能性，對生產手段控制的可能性考慮得不是很充分。對資本的很多概念來說，這些方面是具有共性的，為了解釋這些概念，人們進行了種種努力，在我看來，這就表明這一概念具有「千變萬化」的特徵。由此看來，沒有任何東西因為其內在的特徵而一定是資本，那些被指定為資本的東西，僅僅是因為它滿足了某些特定的條件，或者只是從特定的觀點來看的。

〈希頓公園賽馬〉，英國著名肖像畫及運動題材場景畫家約翰‧費納利（John Ferneley）繪製於 1829 年，費納利既擅長畫馬，也擅長畫騎在馬背上的人物。
他作品中常見的形象和場景有穿著職業服的馬賽運動員、群體打獵場景、豪華的四輪馬車、獲獎的動物等。

　　因此，我們把資本定義為任何時刻都能夠轉移給資本家使用的支付手段的總金額。當從均衡狀態的循環流動的經濟中開始發展時，資本總量中只有很少一部分是由貨幣構成的；相反，它還包括新的為發展而創造的支付手段。如果發展在運轉中，或者資本主義的發展與其他非資本主義的過渡在形式上結合在一起時，發展將從累積的流動資源的供應開始。但是在嚴格的理論中，發展並不是這樣的。甚至在實際中，真正重要的東西通常不可能在首次實施時就被其他的作用複製出來。

　　資本是交換經濟的一個要素。從資本的方面來看交換經濟的一個過程，就是把生產工具轉移給企業家。在我們所理解的意義上，確實只有私人資本沒有社會資本。支付手段只有在私人手裡才能發揮它們作為資本的作用。因此，談論社會資本是沒有任何意義的。不過，私人資本的數量還告訴我們一些事情：它為企業家提供了可用於支配的購買力基金的數量，以及把生產數據從它們之前的用途中抽離出來的力量。儘管在共產主義經濟中不存在社會資本，但社會資本也不是沒有任何意義的 [139]。當人們談論社會資本時，考慮的是一個國家商品儲存量的大部分，而只有真實資本的概念才能引匯出社會資本的概念。

貨幣市場

　　我們還要繼續前進一步。資本既不是生產數據的全部，也不是其中的一部分 —— 無論生產數據是原始的，還是生產出來的。資本也不是消

---

[139] 如果用每個時刻可以獲得的生產品的數量來衡量每單位資本，那這種說法更是正確的。如果有人這麼做了，他可以稱之為「真實的」資本 —— 但這只是在比喻層面上來說的。—— 原注

費品的存量，它是一種特殊的要素。資本必定存在一個市場，如同理論上的消費品市場和生產品市場這兩個市場一樣，在實際中必定有類似的東西對應著這個資本市場。在第一章中我們看到，存在著勞動和土地的服務以及消費品的市場，在市場中，所有循環流動的經濟中所必需的任何東西都具備，而生產出來的生產數據屬於暫時的專案，所以沒有獨立的市場。發展把資本這種新要素引入到經濟過程中，這裡必定存在第三種市場，也就是貨幣市場，這個市場會發生一些有趣的事情。

　　這個市場的確存在。現實生活直接向我們展示了這個市場，比展示土地和勞動的服務以及消費品市場要直接得多。這個市場比其他兩個市場更加集中，組織得更好，也更容易觀察。這就是商人們所稱的貨幣市場，報紙每天在這個標題下報導這個市場的情況。從我們的觀點來看，這個名字不能完全讓人滿意：因為它平時交易的不僅是貨幣，因此，有時我們會暫時加入反對這個概念的經濟學家的行列。但是，我們接受這樣的名字。在任何情況下，資本市場和實際中所描述的貨幣市場的現象是一樣的，再沒有其他任何的資本市場了[140]。對貨幣市場理論寫提綱式的概要，是一項具有吸引力且很有益處的工作。但是，目前還沒有這樣的著作[141]。收集並檢驗那些在實際中決定人們的決策和在特殊情況下幫助人們判斷的經驗規律的理論意義，是特別有趣且有益的事情。這些規律的大部分都被嚴格規範化，並引導著每一位撰寫關於貨幣市場文章的專家。儘管對這些實際規律的學習能夠引導人們更深入地理解現代經濟生活，但是這些預測經濟的實際規律，至今還是嚴重偏離了理論。我們

---

[140] 對於斯皮托夫的觀點，贊同最多的是他把資本市場看作長期購買力的市場，把貨幣市場看作獲取短期貸款的市場，並區分這兩個市場。但是，購買力在這兩個市場都是商品。—— 原注

[141] 參閱漢恩的〈貨幣市場理論〉，刊登在《社會科學和社會政策文獻》雜誌（1923 年），德文。—— 原注

不能在此研究這個問題，只探討我們的目的而言是必需的東西，這一點無須過多的語言表示。

　　沒有成長的經濟，就不會有貨幣市場。如果貨幣市場高度組織化，並且交易是透過信用支付手段來完成的，那麼它就會有一個中央結算機構，也就是經濟系統的票據交換所或登記中心。經濟系統中發生的所有事情都會在這些機構的交易中反映出來，例如，薪資和稅收的定期支付，搬運貨物和休假等產生的需求，但這些只是會計核算上的事情。而現在，如果具有成長，這些功能將會得到充分發揮。另外，由於成長，那些經常處於閒置狀態的購買力就會得到利用。最後，正如我們所強調的那樣，由於成長，銀行信貸才能滲入到循環流動過程的交易中。在實踐中，正是這些構成了貨幣市場職能的基本要素，並成為貨幣市場有機體的一部分。一方面循環流動過程中的需要被加入企業家在貨幣市場中的需求裡，另一方面循環流動過程中的貨幣增加了貨幣市場中的貨幣供應量。因此，在貨幣市場中我們能夠感受到循環流動經濟過程的變化脈動 —— 稅收到期，或在收穫季節，我們就能看到購買力的需求在增加；而過了這些時期，購買力的供應就會增加。但是這不能阻止我們區分在貨幣市場中屬於循環流動的經濟過程中的交易與其他交易。只有成長才是根本，而循環流動過程中的交易出現在貨幣市場中只是經濟成長的結果。所以那些把兩者結合到一起的相互作用，並不能改變這樣的事實 —— 這兩者在任何情況下都可以區分，在貨幣市場中，總是可以說出哪些是屬於循環流動過程的，哪些是屬於經濟成長的。

　　事情的核心在於新企業的信貸需求。但是我們必須記住，為了使我們的說明簡單扼要，國際關係對經濟的影響和非經濟因素的干擾都被我們忽略了，而國際關係和非經濟因素的干擾是每個經濟系統必須要面對

的。所以國家收支平衡、貴金屬貿易等現象，我們都沒有涉及。在這些條件下，貨幣市場只會發生一件根本性的事情，其他所有事情都是從屬於它的：在需求一方出現了企業家，供給一方出現了有購買力的生產者和交易者（比如銀行家），生產者和交易者都有他們各自的代理人和中間人。他們之間所發生的事情只是用現在的購買力來交換未來的購買力。雙方每天對價格的爭論，決定了新組合的命運。在價格爭論中，未來的價值系統首先以實際的、可觸控的形式出現，並且與給定的經濟系統的條件相適應。認為新企業想要的是長期信貸，而短期信貸的價格與這些新的企業沒有關係的想法是錯誤的。相反，在每一時刻，整個經濟形式對短期信貸的價格是最清楚的。企業家沒有必要把他在整個生產時期所需要的貸款全部借來，而是隨著需要進行貸款，並且常常每天進行貸款。此外，投機者經常用這些短期信貸來購買股票，尤其是新企業的股票，這些短期信貸今天可能能辦成，明天可能會被拒絕。我們可以透過每天的觀察來查明工業所需的信貸是如何被提出來的，也能弄清楚銀行又是怎樣有時支持和鼓勵這種信貸，有時又抑制這種信貸需求的。儘管在其他市場中，需求和供應表現出某種程度的穩定性，即使在經濟成長中也是如此，但是在信貸過程中，每天都會發生令人驚奇的較大波動。我們將用貨幣市場的特殊職能來對此進行解釋。經濟系統中所有對未來的計畫都會對貨幣市場產生影響，這些影響的條件包括國民經濟的所有條件，所有政治的、經濟的和自然的事件等。幾乎沒有什麼新聞不會影響新組合的執行、貨幣市場的形式以及企業家的意見和目的。未來的價值體系必須適應每一種新的情況。當然，這不僅受到購買力價格變動的影響，也會受到個人行動及其他方面的影響。在這裡沒有必要進一步探討這個人們都知道的細節。

　　貨幣市場是，並且總是資本主義體系的指揮部，命令從這裡下達到每一個部門，而這裡所爭論和決定的問題實質上關係著進一步的發展。各種對信貸的需求都到達這個市場；所有種類的經濟專案會彼此發生關係，並為各自的實現進行競爭；各種購買力和資金餘額都會流到這裡出售。這會產生一系列的套利行為和間接牟利行為，這些行為很可能會掩蓋根本性的事物。不過，我相信這些不會為我們的概念帶來矛盾。

19 世紀被蒸汽動力和電力所改變的生活，1876 年霍格斯繪製的版畫，從圖片中可以看到蒸汽壓力機、電報機和蒸汽輪船，這都是當時最新的發明。

　　因此，貨幣或資本市場的主要職能是透過信貸交易的方式為發展籌措資金。經濟成長創造並滋養著這個市場。

　　在經濟成長的過程中，貨幣市場被賦予第三種職能：收入來源的市場。我們將在以後討論信貸的價格和長期或短期收益來源的關係。這種收益來源的出售代表著一種獲取資本的方法，而它們的購買則代表了一種利用資本的方式，因此，很難把收益的來源從貨幣市場中分離出去。土地交易也屬於這種情況，只不過由於技術的原因，使土地交易看上去不屬於貨幣市場交易的一部分；但是貨幣市場和土地市場之間並不缺少必要的因果關係。

第四章

企業家利潤

　　前三章為接下來各章的分析奠定了基礎。我們現在可以分析企業家的利潤了，為了使本章的內容簡單易懂，我把本來應該屬於本章的一些非常難懂的討論放在下一章，在那裡，所有的複雜問題將被作為整體加以討論。

　　企業家利潤[142]是超過成本的剩餘。從企業家的角度來看，它是企業中收入與支出的差額，正如很多經濟學家告訴我們的一樣。這個定義雖然下得比較膚淺，但是足以作為我們討論的起點。按照我們的理解，所謂的「支出」就是指企業家在生產中必須進行的直接或間接的支付。在此基礎上，還必須加上企業家的勞動所應該得到的薪資、企業家所擁有土地的租金以及風險的保險金。另外，我並不堅持認為資本的利息應該被排除在這些成本之外。實際上，資本的利息應該包括在成本之內，無論這種利息的支付是以明顯的方式，還是以薪資的方式支付給企業家（如果資本屬於企業家自身），或者以土地租金的方式支付給企業家。這種看待資本利息的方式目前來說是足夠的，特別是很多理論學家也把資本的利息與薪資和租金歸於同一類。在本章，讀者可以自行選擇一種方式理解，或者按照我們的解釋，忽略資本中利息的存在，或者按照任何一種利息理論來理解，承認它的存在，把這種利息作為收入的第三種「靜態」分支，將它包括進企業的成本裡。我們在這裡的討論不涉及這種利息收入的性質與起源。

　　根據上面的定義，「存在超出成本的支出」這一命題是值得懷疑的。因此，我們的首要任務就是證明存在剩餘。我們的解決辦法可以簡單表

---

[142] 最重要的利潤理論可以用下面的這些詞語來概述：摩擦理論、薪資理論、風險理論、差額地租理論。在《本質》一書第三章，我探討了這些理論，在這裡不再評論。關於利潤的學說史，可以看皮爾斯托夫和瑪塔亞的書。同時，在這裡還要提到與我的理論很接近的克拉克的理論，參閱他的《經濟理論基礎》。── 原注

述如下。在循環流動的經濟過程中,企業的總收入 —— 不包括壟斷收入 —— 會足夠大,以致可以和支出相抵消。在這種情況下,生產者既沒有獲得利潤也沒有遭受損失,他們的收入可以用「管理的薪資」這個詞來充分表述。如果有「發展」,就必須要執行新的生產組合,這些新組合比舊組合有優勢,所以在這種情況下,新組合的總收入一定會大於它的總成本。

為了紀念第一個探討這個問題的研究者勞德代爾[143],我以生產過程的改進為起點,並採用那個歷時已久的動力織布機的例子。由於龐巴維克對這個例子做了深入細緻的分析[144],因此值得在經濟領域繼續引用它。如果說現代經濟生活中絕大多數領導者的成就不屬於這一類,也有一些是屬於這一類的,18、19 世紀那個時代顯示了人們朝著這一方向而進行的努力。在那個時代,我們確實能夠發現生產改進的過程中有幾個可以加以區分的要素,這些要素甚至比現在結合得更加緊密。比如像發明織布機的阿克萊特(Richard Arkwright)[145]一樣的人,他們不僅發明了新東西,同時還能夠把發明用於實踐之中。而他們當時並沒有現代信貸體系可以利用。因此,我希望我已經為讀者描述得足夠多,從而可以用分析工具的最純粹的形式來分析問題,而不需要做進一步的解釋。

事情按下面的方式在進展:一個經濟系統中,如果紡織工業只用手工勞動來生產,就會存在建立新的利用動力織布機的企業的可能性,如果一個人看到了這種可能性,並覺得能夠克服建立新企業過程中遇到的數不清的困難,然後下定決心去做這件事情,那麼他首先需要的就是購

---

[143] 《對公共財富的性質與起源的探究》。當然,他的研究是以解釋利息為目的的,這與我們的不同。 —— 原注
[144] 參閱龐巴維克的《資本與利息》,第七章,第三節。 —— 原注
[145] 理查‧阿克萊特(Richard Arkwright,1732-1792 年),英國發明家、紡織工業企業家,他是現代工廠體制的創立人。 —— 譯者注

買力。他從銀行借錢並以此來建立他的企業。無論是他自己來製造這些動力織布機，還是讓別的廠商按照他制定的規格來生產這些織布機，都完全無關緊要。假設一個工人使用織布機所能生產的數量是手工工人生產數量的六倍，那麼顯然，只要滿足下面的三個條件，這家企業就能獲得超過成本的剩餘，即收入與成本之間的差額。第一，當新的供應出現的時候[146]，這種產品的價格不能下降，或者即使下降，也不能下降到收益還不如使用手工勞動的工人時的地步。第二，動力織布機每天的成本要低於由於使用它而裁減的五個工人的薪資，或者要低於可能的產品下跌的數額，或者小於收入與一名工人的薪資額之差。第三個條件是對前面兩個條件的補充。前面的兩個條件包括照看織布機的工人的薪資以及為獲得織布機而支付的薪資和地租。我們假定這些薪資和地租的情況與企業家想出使用織布機之前的情況是相同的。如果他的需求較少，這種情況是完全可能的[147]。但如果他的需求不夠小，那麼勞動和土地服務的價格就會由於出現了新的需求而上升。其他的紡織企業剛開始會繼續生產，這個企業所必要的生產數據也不會直接被削減，但是對整個紡織工業來說，這些生產數據一般是會被削減的，因為它們的價格上漲了。因此，企業家應該猜想到，在他出現之後，市場上生產品的價格會上漲，在他的預算中不僅要包括之前的薪資和地租，還必須加上一個適當的數額。只有考慮了薪資、地租和這個第三項的變化，而後收入超過支出時，企業家才能實現超過成本的剩餘。

---

[146] 為了保證我們對這一過程的總體概念的一致性並符合實際情況，在這裡我們需要撇開勞德代爾的例子。 —— 原注
[147] 這應該是完全自由競爭條件下的情況，關於這種情況必須滿足沒有一個廠商足夠強大，以致它可以透過自己的供求行為影響價格這個條件。 —— 原注

繪製於 1882 年，〈「華爾街之王」們的聚會〉，作者不詳。
從畫中我們可以看到美國實業家、投資家、第一條越洋海底電纜的鋪設者賽勒斯·菲爾德（Cyrus ield），以及著名投資家羅塞爾·塞奇。

實際上，這三個條件已經被實現過無數次。這證實了超過成本的剩餘存在的可能性 [148]。但是，這三個條件不是總能實現的，當企業家預見到這三個條件不能實現時，就不會建立新企業；如果企業家不能預見到這種情況，那麼新企業就不會有剩餘，甚至還會有賠本的風險。然而，如果條件都滿足了，這個剩餘實際上就是淨利潤。因為與原先的生產方法相比，利用同等的勞動和土地的服務，織布機能夠生產出更多產品；不過，在生產品和產品的價格保持不變的情況下，用原先的方法仍然能夠繼續生產而不會造成損失。更進一步說，我們認為企業家只要付出代價，就可以獲得織布機 —— 我們忽略織布機取得專利的可能性，因為不考慮這個問題，將會使讀者更容易理解我們探討的問題。這樣，收入與支出之間就產生了差額。收入是由處於均衡的價格決定的，這個均衡的價格就是原來只使用手工勞動時的價格，也就是成本價格。對支出而

---

[148] 必須注意，這種表達不是對尚未被解釋的現象真實性的質疑，也並非與很多生產力理論的代表著作中對利息事實的描述一樣。對於其他觀點，我們將在後面進一步論證。—— 原注

言，動力織布機所帶來的每單位產品的支出會比其他企業小。收入與支出的差額，不會由於我們所說的企業家的出現帶來的供求方面價格變化而消失。這一點是很清楚的，我們不需要對此做更嚴格的說明。

現在，我們來到本場戲劇的第二幕。使用新技術這個魔法被識破了，新的企業由於誘人的利潤而不斷出現。整個行業開始全面重組，伴隨而來的是產量增加、競爭加劇，技術落後的企業被淘汰，工人有可能被解僱，等等。我們將在以後仔細研究這個過程。在此，我們只對一件事情感興趣，那就是行業重組必然會產生新的均衡狀態，此時，成本規律又開始發揮作用，產品價格又等於展現在織布機中的勞動和土地的地租和薪資，同時，還應該加上為了使用織布機生產出新的產品，而必須與織布機工作配合的勞動和土地的服務應該支付的薪資和地租。在達到這個均衡狀態之前，以及由於供給的增加而使產品的價格下降之前，刺激人們生產越來越多產品的激勵因素就不會消失。

隨著生產的繼續，企業家以及他的追隨者的剩餘就會消失 [149]，當然，不是立即消失，而是在一個或長或短的時間段內逐漸消失 [150]。不過，剩餘還是實現了，在一定的條件下，這個剩餘構成了一筆暫時的、數額確定的淨收益。現在的問題是，這個剩餘落到了誰的手裡呢？顯然，這個剩餘是落到了把織布機引入到循環流動的經濟過程中去的人手裡，而不是落到發明織布機的人手裡，也不是落到織布機的製造者或使用者手裡。按照訂單生產織布機的人只能得到他們的成本價格；按照說明書使用織布機的人，首先需要花費很大的代價購買它，因而幾乎得不到任何利潤。利潤將屬於那些成功把織布機引入產業的人們，不管他們

---

[149] 參閱前面所說的龐巴維克的著作，第 174 頁。—— 原注
[150] 不過，為了使說明簡單化，我們一般把這個過程限制在一個經濟周期內。—— 原注

是否製造並使用織布機，也不管他們是否生產或者使用它們。在我們的例子中，首要的問題是使用，但這也不是問題的實質。透過建立新的企業，織布機才得以進入產業中，不管建立新企業的目的是生產織布機還是使用織布機，還是兩者都有。那麼，我們所討論的企業家為建立新企業做了什麼貢獻呢？只有意志和行動：由於他們要麼從其他人那裡，要麼從自己這裡購買商品，因此他們不是以具體的商品，以及所擁有的用來購買織布機的購買力來做出貢獻的，因為他們的購買力是從別人那裡借來的，或者如果我們考慮他前期所獲得的收入，那麼購買力就是從自己這裡借來的。那麼，他們究竟做了什麼呢？他們沒有累積任何種類的物品，也沒有創造任何原始的生產數據，而只是用與別人不同的、更恰當的、更有利的方式來使用現存的生產數據。他們是企業家，「實現了新的組合」。而他們的利潤，也就是聲譽，對此沒有承擔什麼相應的義務，這就是企業家利潤。

就像把織布機引入生產是把機器引入生產的一個特殊案例一樣，把機器引入生產也是最廣泛意義上的生產過程的各種變化中的一個特殊案例。生產過程變革的目的，是用更少的成本生產單位產品，從而在產品現有的價格和其新的成本之間形成一個差額。企業中的很多創新，以及商業組合中的所有創新都可以歸入這種情況。之前我們的論述適用於所有的情況。把織布機引入生產代表的是，把規模很大的製造企業引入一個原先沒有這種企業的經濟系統中。大企業與小企業相比，可以做出更恰當的生產安排，更好地利用生產要素，還可以選擇一個更加有利的地點。但是，引入大企業也存在困難。從我們的假設出發，所有必要的條件都是不足的——工人、訓練有素的職員、必要的市場條件。新企業的創立受到來自社會和政治的無數阻力。而不為人知的新機構本身，也需

要具有特殊才能的人來建立。但是在這種情況下，如果有人能夠具備取得成功的所有才能和資質，並能夠獲得必要的貸款，那麼就能將更便宜的單位產品投放到市場上去；如果具備了我們所說的三個條件，他就能把取得的利潤占為己有。同時，他也為其他人照亮了道路，成為別人的典範。起初是個別的人，之後是成群的人能夠並且願意模仿他。這樣，再一次的改組過程就會發生，這次改組必定會造成當新的企業形式成為循環流轉的一部分時，超過成本的剩餘就會消失這樣的結果。但在此之前，一直可以獲得利潤。重申一次：這些人只不過是更加有效地利用了現有的商品，使新的組合得以實現，他們就是我們所說的企業家，他們的所得就是企業家利潤。

為了得到某種生產數據或原材料，選擇一種新的更便宜的供應管道，這是商業組合的一個案例。這個供應管道之前並不存在於經濟系統中，該管道的起源沒有任何直接和間接的連繫存在——比如，如果這個來源是在國外，那麼就既不存在輪船之間的往來，也不存在與國外的通訊人員之間的連繫。因此，進行這樣的創新是很危險的，大部分生產者是不可能做到的。但是，如果有人建立了一個企業來運用這樣的新管道，而且發展得很好，那麼他生產出來的單位產品就具有更低的成本，然而在他生產的初始階段，這些產品的價格是保持不變的，所以他能夠獲得利潤。同樣，除了意志和行動，他沒有做出任何貢獻，除了重新組合現存的要素之外，沒有做任何事情。他同樣也是企業家，獲得的利潤是企業家利潤。企業家利潤和企業家職能會在隨後到來的競爭的漩渦中消失。

與簡單的改進生產過程相類似的例子，是用服務於相同或相似目的的生產品或消費品，代替另一種生產品或消費品，此時這些用於代替的

生產品或消費品會便宜一些。在 18 世紀最後的 25 年裡，存在著用棉花部分代替羊毛的情況，還存在著用替代品進行所有的生產的情況。這些情況應該和剛才提到的情況採取完全一樣的方式來對待。它們之間的區別只是程度上的不同，因為這種新產品肯定不會帶來與之前生產的產品相同的價格。至於在其他方面，我們的論述也完全適用。同樣，下面的這些情況也是無關緊要的：不論有關的個人是自己生產這些新的生產品或消費品，還是根據具體情況使用或處理這些生產品或消費品，還是為了使用或處理這些生產品或消費品，而把它們從可能的現實的用途中抽離出來。同樣，在這裡，這些人也不會貢獻商品和購買力，他們只是執行了新的組合而獲得相關的利潤。因此，我們認為他們是企業家。同樣，這些利潤也不會持續很長時間。

　　創造一種能夠充分滿足現存需求和之前已經滿足了的需求的新產品，與我們之前說的情況有所不同。生產被改進的樂器就是這樣的一個例子。在這種情況下，獲取利潤的可能性取決於這樣的事實，即這個較好的產品所賣的價格要超過其成本，這種新產品的成本在大多數情況下是比較高的。人們很容易理解這種情況。此外，把我們前面所論述的二個條件用到這種情況也是沒有困難的，這可以留給讀者自己去研究。如果更好的樂器被引進並生產出來，而且剩餘是存在的，那麼這個產業就會開始重組，最終使成本規律重新發揮作用。因此，這裡同樣也存在著現存要素的新組合、企業家行為和企業家利潤，儘管它們也不是永久存在的。修建鐵路和開鑿運河的例子代表了另外一種情況。鐵路的修建和運河的開鑿，一方面滿足了某些需求，另一方面又降低了產品的單位成本，這兩個方面和需求的極大成長是作為組合同時發生的。

　　尋找新的市場以圖銷售一種該市場所不熟悉也沒有生產過的產品，

是企業家利潤的一個重要來源，在更早的時期，它曾經是一個非常持久的來源。原始時期的貿易利潤就屬於這一類，把玻璃珠賣給部落民就屬於這樣的例子。這種情況的本質是，購買者把這些新的產品視為自然或巨匠的傑作，並依此對這些新的產品的價值進行定價，所以這些新的產品的價格不是由生產成本決定的。因此，這些產品就能夠以高於成本的價格出售，這些成本包括為了進行這項商業冒險，克服無數困難而產生的支出。最初，只有少數人能看到這種新的企業並經營它。這也是一項企業家行為，產生了屬於企業家的利潤，當然，這種利潤遲早是要消失的。現在，一種適當的組織會很快產生，但是販賣玻璃珠的買賣很快就不再產生利潤了。

　　上面的論述也適用於生產全新商品。這種商品一開始必須強加給消費者，甚至可能是白給，隨後就會出現一些困難。但是，當這些困難被克服，消費者喜歡上了這種商品後，商品價格的確定便僅僅以直接的估值為基礎，而不需要過多考慮成本。這裡所說的成本，基本上是由之前必需的勞動和土地服務的價格構成的。因此，剩餘會出現在成功的生產者手裡，這些人所做的貢獻也只不過是意志與行動，他們只是將現存生產要素組成新組合，但他們同樣是企業家，也會有企業家利潤。當新的商品成為循環流動過程的一部分，且價格與成本建立起正常的關係的時候，這些企業家的利潤就會消失。

　　這些例子向我們表明了作為執行新組合的結果的利潤的性質，還向我們表明應該怎樣思考這個過程 —— 從根本上說，就是利用現存的生產數據以新的方式生產。企業家並不是依靠儲蓄獲取他需要的生產手段，也不會在開始生產之前累積任何商品。進一步來說，如果一家企業不是迅速以一種確定的形式建立起來，而是慢慢發展起來的，那麼情況就和

人們想像的沒有什麼不同。如果企業家的力氣不是在一個專案上耗盡，而是繼續同樣的生產，那麼他將繼續變革，根據我們的定義，這些新的變革總會產生出新的企業，而他變革所需的工具，是從他過去的利潤中抽離出來的。於是，過程就顯得與眾不同了，但是本質是一樣的。

如果一家新的企業與生產者之前的生產是具有連繫的，是由生產者在相同的行業創造出來的，那麼情況也是一樣的。這不是常規情況，在多數情況下，新企業是由新任務建立的，而老企業就變得不重要了。但是，即使在循環流動中，每年都會執行重複生產的人變成了企業家，這個過程的本質也不會發生任何的變化。事實是，在這種情況下，企業家本人已經有了全部或部分必需的生產數據，或者他已經能夠用其企業現有的資源購買生產數據了，這不會改變他作為企業家的職能。當然，我們的概念不會在每一個細節方面都會與事實相適應。這個新企業仍然會與其他企業同時存在，其他企業剛開始還會以傳統方式生產經營，而新企業不一定會增加對生產數據的需求，也不一定會供應新的產品。不過，我們這樣描述場景，只是因為實際中更重要的情況需要這樣的安排，還因為它們能夠向我們表明事實的原理，特別是關於新企業未必從老企業中直接產生這樣的事實。企業家從來都不是風險承擔者，在我們的例子中，這是很清楚的。如果新組合失敗了，那麼貸款給企業家的債權人就會遭受很大的損失。但是，如果企業家是用以前的利潤來提供資金支持，或者他所用的生產數據屬於他的「靜態的」的企業，那麼他只是以資本家或物品的所有者的身分承擔風險，而不是以企業家的身分承擔風險。任何情況下，承擔風險都不是企業家職能的基本要素。即使他可能冒損失名聲的風險，但經營失敗造成的直接的經濟責任從來不會由他來承擔。

作為當時最國際化的金融中心，倫敦不僅是歐洲債券及外匯交易領域的領先者，還受理超過 2/3 的國際股票承銷業務。

圖為世界四大證券交易所之一的倫敦證券交易所和英格蘭銀行，繪於 1886 年。

　　下面做個概括。我們這裡所討論的利潤是一種經濟現象的主要因素，這種經濟現象是能夠由生產促進者的利潤描述出來的。不管生產促進者的利潤還包括什麼，它的基礎都在一個新的企業中收入超過生產成本的剩餘。正如我們看到的一樣，生產促進者可能的確是最符合企業家類型的一類人，因為他們把自己嚴格限制於執行新組合這種企業家的職能之中。如果在創辦企業的過程中，每一件事情都進展順利，那麼所產生的利潤就會留在創辦者手中。在實踐中情況會有很大不同，但這樣分析仍然能夠揭示事情的原理。當然，這種分析只適用於真正的生產促進者，而不適用於那些有時會從事企業建立這種技術性工作的人，他們獲得的是薪資性報酬。最後，建立公司過程中所創立的各種新事物，在多數情況下不會隨著企業的完善達到很完善的程度。領導者經常繼續從事建立新企業的工作，因此他們會繼續發揮生產促進者的作用，因此，無論他們在公司中原來的職位是什麼，他們都是企業家。假定公司建立後持續下去，那麼生產促進者就是唯一從事企業家活動的人。我們假定生

產數據的價格由債券代替[151]，與企業有關的持續利潤來源的資本化收益由股票來代替，生產促進者的股份被歸到他們自己名下。這些生產促進者的股票不會產生持續的收益，而只會給他帶來暫時的剩餘，這些剩餘在新的企業融入經濟系統之前就存在了，隨後，這些股份就會變得沒有價值。只有在此時，利潤才會以最純粹的方式展現出來。

我們現在必須把利潤的圖表勾勒出來。為此，我們要問，在非資本主義社會裡，與這種想像相對應的情況是如何的呢？簡單的交換經濟，它是一種存在產品交換而不存在「資本主義方法」的經濟系統，它沒有給我們提出任何新的需要解決的問題。在這種簡單的交換經濟中，必然存在某種不同的支配生產數據的處置方式，對於交換經濟的這種情況，可以用我們下面將要說明的情況來處理。而在其他方面，對待的方式和在資本主義系統中的方式是一樣的。因此，為了避免重複，我們將僅討論簡單的非交換經濟。

在這裡，有兩種類型的組織形式需要考慮。第一種是獨立的莊園，在這裡大多數生產工具屬於莊園主，所有人都順從於他。第二種是獨立的共產主義社會，在這裡，有一個中央機構在處理所有物質產品和勞動的服務，並對它們做出價值判斷。在最開始，我們同等看待這兩種情況。在這兩種情況下，一些個人對生產數據具有絕對的控制權，他們既不期望在生產中與別人合作，也不期望從其他的經濟單位賺取利潤。此時，不存在物品的價格，而只存在物品的價值。因此，當我們把分析的重點轉向非交換經濟時，作為利潤根源的價值現象的探索就開始了。

我們知道，在這兩種情況下，也存在一個循環流動的生產過程，

---

[151] 嚴格來說，這些構成實物投資的生產數據的價值與它們仍然能夠發揮作用的生產方式相適應，而與新的生產方式無關，即使在實踐中，它們的價格在多數情況下也要按照這個價值來支付。—— 原注

其中，成本定理發揮著嚴格的作用，這裡所說的成本定理指的是產品的價值和生產數據的價值是相等的。同樣，這裡也存在經濟發展，即對現有商品進行新的生產組合。人們可能認為對商品存量的累積在這裡是很必要的，而且會形成一種特殊的職能。這種觀點有一部分是正確的。的確，對商品的累積不總是但常常是執行新組合的一個步驟。它從來不構成特殊的職能，因為特殊的職能是需要加上特殊的價值現象的。商品不同的使用方法取決於這兩個經濟系統中各自的領導者或領導機構。這些商品不同的使用方法所期望的結果是直接達到，還是透過間接收集存貨的方式達到，是完全不重要的。其中參與的個人是否贊同新的目標並願意承擔收集存貨這樣的工作，也是不重要的。領導者為了這些工作不會有任何犧牲，而且只要權力在握，他們也就不會關心下屬為了這些工作所做出的犧牲。如果執行具有深遠影響的計畫導致下屬當前不必要，但有可能的消費有所減少，下屬就會反對這個計劃的執行 [152]。他們的反對可能使這些生產計劃無法執行。如果忽略這種反對，下屬對將要發生的事情就不會產生任何直接的經濟影響，特別是對於壓縮消費、累積存貨等活動，他們並不是自願這樣去做的。我們勾勒發展過程時，不應該包括那些應該被插入到我們的分析過程中的特殊職能。如果領導者向下屬承諾讓他們將獲得一筆額外的補償收入，也只不過是像一位將軍向他的士兵承諾他們將得到某種特殊的報酬，這只是為了讓人們更加服從命令的一種贈予，而不是我們所分析的發展過程本質的一部分，它也不能形成某種特殊的、純經

---

[152] 因為他們只看到當前的損失，而未來的收益可能只具有非常小的實現的可能性，以致這種收益可能都不會存在。這一點適用於所有我們能夠了解到的文明階段，哪怕是我們對其只有一點了解的文明階段。縱觀歷史，就發展問題而言，驅動力這種因素從來沒有消失過，我們這裡所說的發展是以數量巨大的人群之間的相互合作為前提的。很多情況下，犧牲不是強加給人們的。—— 原注

濟的類型。因此，莊園主和共產主義經濟的領導者之間的區別，只是一種程度很小的區別。根據共產主義社會的觀點，社會發展所帶來的利益的成長應該屬於全體社會所有，而莊園主的眼裡卻只有自己的利益，這兩者之間的區別並沒有本質上的不同。

　　從上面的分析我們還可以看出，時間要素在這裡不能造成任何獨立的影響。當然，領導者不僅要把他們已經深思熟慮的組合的結果，與同時期內運用之前的生產方法和同樣的生產要素所得到的結果比較，還要和運用相同的生產方法，在其他可以替換的新的組合方式下可能產生的結果比較。如果後者需要更少的時間，那麼他就需要考慮這些能夠節省時間的生產組合可能產生的結果，以此來猜想這些相互競爭的使用方法的相對重要性。因此，時間要素必將出現在非交換經濟中，而在資本主義社會，時間要素的影響是由利息來表現的，這一點我們將在後面的分析中看到。在這裡，時間要素是明顯無法發揮任何作用的。例如，時間要素不會把必要的等待或未來較小的需求慾望變成特殊的要素。人們不願意等待，只是因為在等待的時間裡，人們可以去做其他的事情；未來的需求滿足變小，是因為人們的享受在未來實現得越晚，按照「能夠在其他地方實現這種享受」的原則，人們現在的滿足需求應該打的折扣就越大。

　　一個社會的領導者，不論地位如何，都把一定數量的生產數據從它們之前的用途中抽離出來，並將其用於實現一種新的生產組合，例如生產一種新產品，或用更好的方法生產一種已經存在的產品。後一種情況中，領導者可以從製造相同產品的工業分支中，抽離出必要的生產數據；也可以允許現在的廠商繼續以慣用的生產方式，並同時與新的生產方法一起來生產，而這些生產利用的生產數據是從完全不同的工業分支中抽離出來的。無論採取前一種方法還是後一種方法，都是不重要的。

新產品的價值要高於用原來的生產方式以同樣數量的生產數據所生產的產品的價值 —— 不管在這樣的社會中，價值是如何形成的。新產品的歸屬過程是怎樣的呢？當新的組合被執行，產品已經生產出來，價值就已經被確定了。那些參與要素的價值是如何形成的呢？最好的決策時機還是選擇決定執行新組合的時刻，並假定所有的事情都是根據決策進行的。

第一，生產者必須評比所有的價值。新產品的價值，必須和在正常的循環流動的經濟中用同樣的生產數據所生產出來的產品的價值進行比較。顯然，為了評估新組合的優勢，這種對比是必要的，如果沒有這樣的對比，後面的任何行動都是不可能的。我們所研究的問題的核心在於，用同樣的生產數據生產出來的兩種產品的價值，哪一個將被歸屬到所使用的生產數據的價值？答案很清楚：當執行新組合的決策制定之前，只有與舊的使用方式所適應的價值。如果事先把執行新組合的剩餘價值歸屬於生產數據，那執行新組合就不再具有優勢，也失去了對生產數據的兩種用途所產生的價值進行必要比較的基礎，這樣就沒有任何的意義了。但是，如果實施了執行新組合的決策，情況會是怎樣的呢？根據門格爾的學說 [153]，滿足了更大需求的價值應該歸屬於生產數據，就像在循環流動的經濟過程中，它們實現了更高的價值。如果所有的事情都完美地執行，那新產品的所有價值能夠在所使用的生產數據中得到反映嗎？

---

[153]　參閱維塞爾的《自然價值》，第 70 頁。 —— 原注

〈魯昂的巴黎碼頭〉，約翰尼斯·博斯博姆繪製於 1839 年。這幅畫呈現了非常生活化的場景，可以看到碼頭上停泊著船隻，背景是哥德式的魯昂大教堂。

　　我們的回答是否定的。我甚至堅持認為，此時，勞動和土地服務的價值應該根據它們原來的價值猜想，有如下兩個理由。第一，原來的價值是人們已經習慣了的價值。長期的經驗決定了這些價值，在人們的意識中，這些價值是已經確定了的。它們只有經歷較長時間的經驗的壓力才會有所改變。它們的價值是高度穩定的，尤其是因為土地和勞動服務本身沒有變化，所以它們的價值就更加穩定。新產品的價值與它們的價值是完全相反的，新產品的價值獨立於現有的價值體系之外，這和資本主義系統中新產品的價格是一樣的。新產品的價值和舊的價值是沒有相關性的，它們之間是相互獨立的。任何產品的價值只能根據它的其他使用方法所產生的價值來猜想，而不能根據它被實際使用的方法所產生的價值來猜想 [154]，只有產品的這種價值才是我們所說的迄今最流行的價值，這種價值是依賴於具體的生產數據的。如果它們不存在了，它們將被其他使用方法所生產出來的其他單位產品的價值所替代。如果這兩種

---

[154] 我並不完全贊同這種說法；參閱《本質》第二章，以及〈關於歸屬問題的評論〉，載《政治經濟學、社會政策與管理雜誌》（1909 年）。—— 原注

價值同時存在，那任何一單位商品的價值都不能高於另一單位同樣產品的價值。新組合所使用的勞動和土地的服務，與其他不同的生產方法所使用的勞動和土地的服務是同質的 —— 如果它們不是同質的，就會出現價值差異，但是我們也可以在不影響原則的情況下輕易闡明原因 —— 這樣，前者和後者之間就沒有價值差異了。在最極端的情況下，如果經濟系統中所有的生產力都投入到新組合的服務中，它們也必須按照流行的價值來投資，即使新組合失敗，這些生產力的價值還是可以實現的。如果生產力被完全賠光了，它們損失的數量也要以流行的價值來評估。因此，在非交換經濟中，新組合的成功執行也會帶來剩餘價值。事實上，價值的剩餘在某種意義上就是一定的價值，而不僅僅是相對於之前狀態的一種滿足的剩餘，生產數據對這種價值的剩餘沒有要求它們歸屬的權利。我們還可以說，發展中的剩餘價值[155]不僅是私人的現象，還是一種社會現象，它與我們前面所說的資本主義企業家的利潤在各個方面都是相同的。

　　第二，用另一種方法可以得到相同的結果。領導者的企業家活動，確實是實現新組合的一個必要的條件，它也可能被當作一種生產數據。我通常不會把企業家的活動看作生產數據，因為這兩者之間有很多不同，而我對這些不同更加感興趣。但是，這種思考方法對我們的分析具有很大的幫助。因此，我們暫且把領導者的作用看作第三種原始的生產要素。很顯然新產品價值的一部分必須歸於它的名下。但是，是多少價值歸於它的名下呢？領導者和生產數據同樣都是必需的，新產品的全部剩餘價值的大小取決於兩者之間的合作。這不需要進一步論證，而且與

---

[155] 這種剩餘，只有從私人經濟的觀點來看，才是利潤和資本的剩餘，才是馬克思所稱的剩餘價值。 —— 原注

我們之前的論述並不矛盾。所有價值分類的合適數量僅僅取決於競爭的驅動力，不管對商品還是個人來說都是如此。由於第二種競爭並不存在於非交換經濟中，而且，在非交換經濟中，對於什麼是利潤、什麼不是利潤這兩個問題之間的區分，並不像在交換經濟中那麼重要（我們很快就能看到這一點），因此它的價值就不像交換經濟中那樣清楚。儘管如此，在大多數情況下，我們還是能夠說明有多少價值是應該歸屬於企業家職能的。正如我們已經討論過的，生產數據是可以被代替的，但是領導者是不可以被代替的。因此，應該把進行生產數據替代的情況下所損失的那部分價值歸屬於生產數據，而把餘下的部分歸屬於企業家職能。新產品的價值減去在沒有領導職能時所實現的價值，剩下的就是歸屬於領導者職能的價值。在這裡，剩餘是與對價值歸屬的特殊要求權相對應的，任何情況下，都不能誇大來源於生產數據的這些要求權。

然而，請不要忘記，如果我們總是就流行的價值談論生產數據的歸屬問題，是一種不正確的做法。由於把生產數據從它們原來的用途中抽離，那麼這些生產數據的邊際價值確實是提高了。在資本主義系統中，我們可以觀察到相同的現象。在資本主義系統中，由於企業家的需求而造成的生產數據價格的上漲，恰好符合價值評估的整個過程。因此，我們的表述方法應該做相應的修改，但不能做根本性的改動，也不能把這種價值的上漲與發展所帶來的生產數據歸屬價值的上漲相混淆。

誰也不能說，上面的價值評估過程是不真實的；也不能說在非交換經濟中，利潤作為一種特殊的價值尺度沒有任何的意義。在非交換經濟中，人們也應該知道正在做什麼，這種新的組合能夠帶來什麼樣的好處以及所帶來的這些好處應該歸因於什麼。然而，人們可能會說，在非交換經濟中，利潤作為一種分配範疇是沒有任何意義的。從某種意義上來說，這個

想法是對的。在封建式的非交換經濟中，地主確實可以根據自己的需要自由支配產品數量，也可以自由處置所有的收益 —— 他可以給勞動者們高於或低於他們的邊際生產率的報酬。在共產主義式的非交換經濟中，利潤完全歸於全體人民 —— 至少理論上是這樣的。這與我們的論述無關，但是我們是否可以據此推斷，尤其是對共產主義類型來說，利潤被納入薪資中，現實中的價值理論被推倒，而薪資包含了全部的產品的價值？答案是否定的，我們必須區分收益的經濟本質以及人們對它的處置。收益的經濟本質是以生產性服務為基礎的。在這種意義上，我們把薪資稱為歸屬於勞動的服務的那部分。在交換經濟的自由競爭下，這部分收益落到勞動者手裡，但這僅僅是因為自由競爭的原則是根據邊際重要性來分配報酬的。在資本主義系統中，正是這種薪資鼓勵人們努力工作。如果這種努力是透過其他的方式被激勵出來的 —— 比如透過社會責任或強制作用 —— 那麼工人獲得的收入可能更少；工人的薪資是由勞動者的邊際生產率決定的，他的邊際生產率小，他的報酬就應該變少，少的這部分報酬可以看作對經濟工作的扣除。這個扣除的部分也是薪資，與支付給工人們的薪資性質是一樣的。在共產主義社會，領導者是不能追求利潤的，但我們不能據此就認為發展是不可能的。相反，在這樣的組織中，人們可能會有不同的想法，他們不再對利潤提出要求，就像一位政治家或將軍不會把勝利全部或部分歸功於自己一樣。但是，利潤仍然是利潤，不能把利潤看作是勞動者的薪資。把龐巴維克關於利息的經典表述應用到這裡會使問題更加明確[156]。同樣，他的闡述也適用於地租，土地的生產性貢獻的價值和本質，應該和特定人們所獲得的收入區別開來[157]。

---

[156]《資本實證論》最後一章。—— 原注
[157] 參閱《理論政治經濟學的本質和主要內容》第三章。—— 原注

利潤應該被指定為哪些工人的薪資呢？我們可以構想兩種答案，第一種答案可以這樣說：工人薪資的一部分是由於他們從事生產新產品的工作。現在這種情況是不可能的，因為如果這樣的話，根據我們的假設，這部分工人的薪資應該比其同事高。然而，同事的工作不會比他們的工作少，勞動品質也不比他們的差，因此，如果我們接受這種可能性，就會與基本的經濟原理相衝突，即同種類型商品的不同部分應該具有不同的價值。這種說法的公正性我們暫且不談，它確實能夠產生一些具有優先權的工人。這種生產的安排是可能的，但是這些具有優先權的工人所得到的剩餘是不屬於薪資的範疇的。

另外一種答案可以構想為：我們稱之為利潤的價值，以及與這些價值相對應的一定數量的產品，僅僅是構成國民經濟的一部分，這些價值應該平均分配給在經濟周期內做出貢獻的所有勞動服務 —— 假定這種勞動服務是同質的，或者可以把這些價值以一種可以被辨識的方式來進行差異化的分攤。利潤作為一種特殊的、獨立的價值現象，與經濟系統中領導者的職能具有本質性的連繫。如果發展不需要任何方向指導和驅動力支撐，那麼利潤確實是存在的；利潤是薪資和資金的一部分，它不是一種獨特的現象。只要利潤的歸屬情況不是這樣；只要一種社會制度中大多數的人們，哪怕在很輕微的程度上，與我們所了解的所有國家的人們具有很小的相似之處，那麼我們就不能把全部收入都歸於勞動和土地的服務，即使在非常完美的情況下，甚至沒有任何摩擦和不考慮時間因素的經濟過程中，情況也是如此 [158]。

---

[158] 當前，經常聽到這樣的爭論：企業家不生產任何東西，組織生產所有東西；沒有任何人的產品是屬於他自己的，所有產品都是屬於社會整體的。這種說法的存在是以下面的事實為基礎的，即每個人都是他自己所繼承的、關於他本身的社會環境的產物，如果條件不存在，這個人就不會生產出任何東西。但是在理論領域，我們不能根據上述論點解決任何問題，因為理論領域關注的不是人們是如何被塑造的，而是已經被塑造的人們以及已經成形的社會問題。關於個人的創新是否具有一種職能的問題，即使是上述觀點的代表人物也會做出肯定的回答。此外，對於發展這種次要的現象，這些解釋也是比較準確和恰當的。除此之外，這種解釋只是以一種流行的先驗知識為基礎，即只有體力勞動才是具有生產力的，發展的所有要素都是很和諧的一起合作，發展的每個階段都依賴前一階段的發展。然而這些都是發展已經啟動之後產生的結果，不能解釋任何東西。我們所有研究的問題就是這些發展機制的原理。 —— 原注

　　然而在非交換經濟中，利潤也不是永久存在的。一種必要的變化會
出現，能夠使利潤消失。執行了一種新組合，它所產生的結果是真實存
在的，所有關於這種新組合的懷疑就會消失，因為執行新組合所帶來的
好處，以及獲得這些好處的方式都是顯而易見的。這時，新組合的執行
只需要一個經理或者一個監工，而不需要領導者的創新能力。經理或監
工必須要做的事情就是重複之前已經做過的事，以得到與之前相同的利
益，做到這些是不需要領導者的。即使仍然需要克服摩擦帶來的阻力，
事情在本質上已經變得不同了，而且能夠更加容易做到。對所有的社會
成員來說，利益已經變成現實，新產品也總是能夠及時地分配到他們手
中，這種事情還會繼續發生在他們的眼前；他們不需要像我們第一章所
描述的那樣，為了生產這些產品而做出犧牲或必要的等待。經濟系統不
會再往前發展，而只是為了確保已經存在的商品的流通能夠正常進行下
去。這些都是我們可以想到的。

〈阿德里安・博內巴克的家庭肖像與德克・本內維茨〉，阿德里安・德・萊利繪製於 1809
年。畫中的家庭是阿姆斯特丹著名的銀匠之家，本內維茨也坐在人們中間。

於是，新的生產過程會被不斷重複。此時，企業家活動就不再是必需的了。如果我們繼續把企業家的活動看作第三種生產要素，那麼我們可以說，這種要素在剛剛執行新組合的生產時是必需的，但是當人們已經熟悉了這種新組合的生產，並在重複進行這種生產時，這種要素就消失了。同時，與這種要素相關聯的對價值的索取權也逐漸消失了，而屬於勞動和土地服務的價值將成長，直到這些要素的價值包括了所有產品的價值。這時，只有勞動和土地的服務是必需的，它們可以創造出產品，這些產品的價值同樣屬於這兩種要素。首先，產品的價值歸屬於已經在給定的生產中實際使用的勞動和土地的服務，但是後來，根據人們都已經熟悉的普遍原則，這些產品的價值就平均地歸屬於所有的勞動和土地的服務。之前已經使用的勞動和土地的服務的價值將首先增加，然後會擴散到所有其他的勞動和土地的服務上。

因此，所有的勞動和土地的服務的價值將相應成長。然而，這種價值的成長與實施新組合帶來的價值成長是有區別的，這種區別不僅表現在程度上，而且表現在種類上。這種成長並不表示勞動和土地的服務的價值規模的成長，而只是它們的邊際效用的成長，這是因為由於把這些生產數據從它們之前已經流行的用途中撤離出來，生產就不能像以前一樣進行，只有提高這些生產數據利用的強度才能使需要得到滿足。在其他情況下，會出現差異很大的情形，即新產品的價值進入到生產數據的價值規模中。這可能會提高生產數據的邊際效用；但這也會提高這些生產數據的總效用，當所考慮的生產數據的數量比較大時，這些邊際效用和總效用的差別就會具有實際的重要性。因此，生產數據的價值表明新的滿足感的成長需要依靠這些生產手段，而且也只能依靠它們；勞動和土地所生產的產品會增加。此時，勞動和土地的價值將不再是之前的循

環流動體系中所具有的價值，而是它們在新的循環流動體系中實現的價值。在勞動和土地的價值進行轉換的時候，把高於它們重置價值的價值歸屬於它們，是沒有任何意義的，因為此時它們的重置價值已經包括這種新的使用方式的價值了。社會產品價值的成長能夠使生產數據的價值隨之成長，這種新的價值會替代舊的、人們已經習慣的價值，這種以新的邊際生產力為基礎的新的價值，最終也會成為人們習慣的價值。這樣，產品價值與生產數據價值之間的關係將會被重新建構。在這種新的體系中，這兩種價值之間的關係也會像前一階段一樣，沒有任何的差異。假設一切事情都在理想狀態，那麼如果共產主義社會把這種產品看作是對勞動和土地的永久收入，並把這些收入在它的社會成員之間進行分配以用作消費，將是十分合理的 [159]。

　　非交換經濟中利潤的消失過程，與資本主義制度中利潤的消失過程，是非常相似的。但是在資本主義制度中，這種利潤消失過程的另外一部分，也就是因競爭公司的出現而導致的新產品價格的下降，在非交換經濟中是不存在的。當然，在非交換經濟中，這種新產品也必須被納入循環流動的體系中，新產品的價值也必然與所有其他產品的價值具有某種連繫。理論上，我們仍然可以區分循環流動中創新的執行，與創新執行所展現的過程。但是，這兩者是否同時發生有很大的區別，這也是很容易可以看出來的。在非交換經濟中，能夠證實這種剩餘是歸屬於企業家活動的，這就足以解決我們所研究的問題。在資本主義系統中，這些剩餘只有藉助於市場機制才能到達企業家手中，而且只有藉助於市場機制，這些剩餘才能再次被剝奪。因此，除了這個單純的價值問題，還有一個更深入的問題：利潤是如何落到企業家手中的。我們可以說，資

---

[159] 資本主義制度也在以它自己的方式在處理。── 原注

本主義系統中的市場機制創造了很多在非交換經濟中所不存在的現象。

　　儘管如前所述，在所有的經濟組織形式中，不僅利潤的最內在的經濟本質是相同的，而且消除利潤過程的內在本質也是相同的。在所有情況下，那些阻礙整個產品價值歸屬於勞動和土地的服務的障礙，或者可以說，那些使勞動和土地的服務的價格與產品的價格不在同一水準的障礙，最終是要被消除的。居於統治地位的原則是：如果經濟過程不受阻礙的話，首先它不允許個別產品有價值剩餘，其次它總是強制生產數據的價值上升到與產品價值相同的水準。這個原則在非交換經濟中也是有效的，而在資本主義系統中，這些原則是透過自由競爭來實現的。在這裡，生產數據的價格必須處於自由競爭的狀態，這種競爭會使產品的價格完全耗盡。如果情況不是如此，產品的價格必然會相應下降。如果在這些環境下，利潤還存在，沒有企業家的幫助，不可能從一種沒有任何剩餘的狀態過渡到另一個沒有剩餘的狀態。如果這樣的事情一定要發生，除了藉助於企業家的幫助，還需要另外一個資本主義制度下的必要條件，即企業家的利潤不會由於競爭的出現而立即被消除。

1893 年芝加哥世界博覽會上的電力建築。
這次世博會完全採用人工照明，作為紀念建築的電子宮用了 12 萬個燈泡來照明，燈亮起來如同白晝。許多美國人在那裡第一次看到了電燈。

　　利潤依附於生產數據，就像詩人為了完成他的部分手稿所需要做出的努力。此時，由於生產還沒有完成，因此利潤的任何部分不能被歸屬於生產數據，而且擁有和使用這些生產數據也不是企業家的職能。總之，正如我們所看到的，利潤不會因為企業家對原始的生產數據採用了新的使用方法而使價值持續增加。讓我們考慮奴隸經濟的情況，土地和奴隸是屬於企業家的，企業家為了執行新組合而把他們購買過來。人們可能會說，奴隸制度下的這種情況和迄今流行的僱傭情況是相同的，都要支付給土地和勞動力價格，而利潤是土地和勞動力的服務從現在到永久所創造的超過產品價值的部分。但是，這種想法是不正確的，原因有二。第一，新產品所帶來的收入會達到一個新的高度，而競爭會把這種收入給拉下來，因此這種情況並不能確立利潤要素。第二，持續的剩餘量——只要它不是準地租——在經濟的意義上，只是勞動薪資的成長和地租的增加，當然這裡所說的勞動薪資屬於「勞動力的所有者」，而不屬於工人。此時，奴隸和土地對它們的所有者來說，具有更高的價值，但是如果忽略掉偶然的或者暫時的利潤，奴隸和土地的所有者也只是作為它們的所有人而變為永久的富人，而不是作為一個企業家變得更富有。即使在新的生產組合中第一次出現自然生產要素，比如一條小溪成為水力因素，這個問題也不會有任何不同之處，並不是水力產生了利潤，水力不斷產生的是我們所說的租金。

　　在上面我們所說的第一個例子中，利潤的一部分變成了地租。因此，我們所考慮的利潤數量的經濟性質就發生了變化。假定一位農場主一開始種植的是甘蔗，後來他又改種棉花，直到前不久種棉花還是比現在更為賺錢的[160]。種植棉花是一種新的組合，這位農場主由此成為企業

---

[160]　指本書寫作的日期，1911 年。——原注

家並賺得了利潤。此時的地租與種甘蔗時的地租在數量上是相適應的。按照實際發生的情況，我們應該假定競爭遲早會使收入下降。然而，如果剩餘仍然存在，這又該如何解釋呢？這在經濟上又意味著什麼呢？忽略摩擦因素，產生這種結果，要麼是因為這片土地特別適合種棉花，要麼是因為土地新的使用方式使得地租上漲──原則上來說，通常是這兩個因素共同發揮作用的結果。這立刻表現出總收入中成長部分的特點，即它總是作為土地的地租。如果這個農場主繼續種植棉花，那麼他作為企業家的職能就會消失，此時全部的收入就都歸於原始的生產要素了。

我們再就利潤與壟斷收益之間的關係問題談幾句。在新產品開始出現時，企業家是沒有競爭者的，新產品價格是根據壟斷價格的原則在一定限度內確定的。因此，在資本主義經濟內，利潤就包含一種壟斷因素。我們假定新組合包括建立一種永久的壟斷，也許想要建立一種完全不用擔心外界競爭的托拉斯。這樣，利潤顯然可以被看作永久的壟斷收入，而壟斷收入也就是利潤了。然而，這裡存在著兩種不同的經濟現象。執行壟斷性組織的行為是一種企業家行為，它的「產品」展現在利潤中。一旦它開始這種執行，這種情況下企業就能持續獲得剩餘，以後，這些剩餘必然歸屬於這種壟斷地位所依靠的自然或社會的驅動力──它已經變成一種壟斷收入。在實際中，建立一家企業所獲得的利潤和持續性的收入是有區別的，前者是壟斷價值，後者只是壟斷條件下獲得的收入。

在本書的範圍之內，這些討論不會再繼續深入下去，或者我們可以說這些討論已經足夠多了。但是，即使我必須責備自己對此進行了太多煩瑣的議論而使讀者有些厭倦，我仍然要說自己還沒有把所有論點都闡

述清楚，也沒有排除幾個可能會產生誤解的論點。因此在我們結束這部分的討論之前，還有幾點意見要談。

企業家利潤不是一種類似於一個企業永久性因素所產生的差別優勢的收入一樣的租金，它也不是資本的回報，不管人們怎麼定義資本。所以，沒有理由去談論這個現實中根本不存在的利潤平均化趨勢的問題，因為只有把利息和利潤混在一起，才能解釋為什麼很多學者對這種利潤平均化趨勢問題展開爭論 [161]，儘管我們能夠在同一地點、同一時間和同一行業中觀察到非常不同的利潤。我們最後想強調，利潤也不是薪資，儘管利潤等同於薪資這種類推很吸引人；利潤也不是一種簡單的剩餘。利潤是企業家對生產所做貢獻的相應的價值表達，在某種程度上，它和薪資是工人進行「生產」的價值表達是一樣的。利潤和薪資一樣，不是剝削。然而，儘管薪資是按照勞動的邊際生產率來決定的，利潤對於下面的規則而言仍然是一種明顯的例外：成本原則和邊際生產率原理似乎把利潤問題排除在外，利潤問題即基於這樣的事實。「邊際企業家」所得到的，相對於其他企業家的成功而言，完全沒有任何的關係。薪資的每一次增加都會擴散到所有的薪資上，作為一名成功的企業家，這種收益剛開始是他一個人獨自占有的。薪資是價格的一個要素，而利潤則不是；支付薪資是生產中的制動過程之一，而利潤則不是。古典經濟學家認為地租不能被納入產品的價格中，對於利潤不是價格的一個要素這個問題，我們更應該認為是正確的。如果我們把收入的規律性的重複出現看作收入的一個基本特徵，那麼，薪資就是收入的一個永久分支，利潤就不是收入的一個分支。企業家的職能一旦完成，利潤就從企業家的手

---

[161] 其他人，比如雷克西斯，也對利率的一致性提出質疑。這個問題也是馬克思曾經覺得很困難的問題，而如果接受我們的結論，這個問題就不存在了。 —— 原注

中溜走了。利潤依附於新事物的創造，依附於未來價值系統的實現，它既是發展的產物，也是發展的犧牲品[162]。

沒有發展就沒有利潤，沒有利潤也沒有發展。對於資本主義經濟系統，還必須增加一點：沒有利潤就不會有財富的累積。至少不會出現我們現在所看到的社會的偉大現象——這當然是發展和利潤產生的結果。如果我們狹義概念上所理解的地租和儲蓄的資本化這些要素不會發揮很大的作用；如果我們忽略因抓住發展的機會而獲得的意外財富——這些意外財富是暫時的，如果它們不被消費掉，也可能會導致財富的增加。那麼忽略掉這些意外的財富之後，財富累積最重要的來源仍然存在，可以產生更多財富。從某種意義上來說，未被消費的利潤並不是儲蓄，因為它沒有對習慣了的生活標準產生影響。所以我們可以說是企業家的行動創造了大部分財富。在我看來，現實更加能夠讓人們相信利潤是財富累積的來源。

雖然在第一章中，我讓讀者自由地把資本的利息視為除了薪資、租金之外的另一種生產性開支，但我在分析調查這些問題時，卻好像把超過薪資和地租的剩餘全都歸於企業家。事實上，企業家仍然要為資本支付利息。可能我不會由於起初把一筆資金指為利潤，然後又把它指為利息而受到責備，但在後面將會充分闡述這一點。

在循環流動的系統中，收入的度量可以清晰地確定，但是，利潤的多少並不是如此。特別地，利潤不像循環流動系統中各成本的要素那樣能夠確切度量，不能把利潤精準地度量成「所需企業家活動的數量」。這種數量在理論上是可以確定的，但在實際中是不存在的。在給定的時

---

[162] 這種表述如何符合現實，又是如何清楚地表達一種無偏見的觀點的，可以看亞當·斯密的結論——任何實事求是的人都會做出這樣的判斷，事實在日常生活中也是這樣做的——他認為生產的新的分支比舊的分支能夠獲得更多利潤。——原注

間內所獲得的利潤總量，可能遠遠大於實際發揮作用的企業家活動量，個別企業家實現的利潤和這種利潤總量是一樣的，這種總量總是被高估[163]。必須記住，不同比例的個人成就也有作用，因為獲得這種個人成就的可能性發揮著很強大的刺激作用，這種作用比正常能夠得到的利潤量乘以機率係數之積所表示的激勵作用還要大。對於那些還沒有實現這些成就的企業家而言，這種前景也屬於一種有吸引力的「報酬」。不過，在很多場合，較小的利潤量，尤其是較小的利潤總量，將和這種激勵產生同樣的結果，這一點是非常清楚的。同樣清楚的一點，就是服務的品質和個人成功之間的關係，比在專業性的勞動力市場中的關係要微弱得多。這一點不僅對於稅收理論是非常重要的 —— 從增加生產數據供應的角度來說，即使這一因素的重要性在實際中僅限於考慮「資本累積」的需要 —— 而且這一點還說明了為什麼企業家能夠被相對容易地「剝奪」利潤，以及為什麼「領薪水的企業家」（比如造成企業家作用的工廠經理）滿意遠低於利潤總量的報酬。生活越是合理化、平均化、民主化，個人與具體的個人（尤其是家庭）以及具體事務（具體的工廠或祖傳的宅院）之間的關係就越是短暫，此時我們在第二章列舉的很多動機就會失去重要性，而企業家也會逐漸喪失他們對利潤的把握[164]。這個過程與發展的日益「自動化」是同時進行的，而發展的日益「自動化」這種過程也有逐漸削弱企業家職能重要性的趨勢。

---

[163]　參閱《印花稅、財富和納稅能力》，第 103 頁。—— 原注
[164]　參閱我的文章〈今後社會主義的可能性〉，載《社會科學文獻》，1921 年。—— 原注

1889年，紐約波士頓公園中的棒球賽。

19世紀，又一場轟轟烈烈的工業革命浪潮幾乎席捲了整個資本主義世界，波士頓迅速發展起來。19世紀下半葉，隨著工業化程序的推進，波士頓的製造業和商業迅速發展起來並逐漸取代海上貿易成為主要產業，隨之而來的是城市人口的急速成長和城市用地的無序擴張。日益惡化的城市環境、混亂的交通狀況等城市問題，讓波士頓人心生厭倦。他們內心對回歸自然的渴望愈發強烈，希望能在城市之中找到一片可以呼吸新鮮空氣、盡情放鬆娛樂的地方。於是，波士頓公園體系應運而生。

企業家職能不僅是推動經濟體系不斷改進的工具，也是推動包括社會上層階級在內的各要素不斷變化的手段。成功企業家的社會地位會上升，同時他的家人從企業家的成功中也獲得了地位提升，這種提升並非直接依賴於他們的個人行為。這代表了資本主義世界中人們的社會地位上升的最重要的因素。因為這種程序是靠在競爭中摧毀舊企業來推動的，相應地伴隨著衰落、喪失社會地位、消亡的過程。這種衰落、喪失社會地位、消亡的命運威脅著那些權利正在衰退的企業家，或者威脅著那些繼承了財富卻沒有繼承能力的企業家後代。這不僅因為競爭機制不允許存在永久的剩餘價值而使得個人的利潤枯竭，另外，透過追求利潤的刺激（這種刺激是競爭機制的驅動力）也可以消滅個人的利潤；還因為在正常情況下，企業家的成功是展現在他對企業的所有權上的，這個

企業通常由企業家的繼承人繼續管理，很快這些企業就成為普通的企業，直到被新的企業家所代替，事情的發展通常都是這樣的。美國有一句諺語：三代之內，興而復衰。情況的確是如此 [165]。例外的情況是很少的，快速衰落的情況倒是很多，這些情況足以覆蓋那些例外。因為有很多企業家、企業家的親戚、企業家的繼承者繼續管理，而大眾輿論以及社會鬥爭的輿論很容易忽略這些事實。這些逃離社會競爭的繼承者們組成了一個「富人」階層。事實上，社會上層的情況就像是旅館，裡面住滿了人，但是住客永遠在變化。這些變化的人中包括來自社會下層的人，這些人的數量是很多的，甚至多到我們不願意接受的程度。於是，另外一個更深層次的問題出現了，只有解決這個問題，我們才能更深入地了解資本主義競爭制度以及資本主義社會結構的實質。

---

[165] 我們對這個基本現象只做過很少的調查。可以參閱查普曼和馬奎斯寫的〈薪資收入等級招募新僱員〉，載《皇家統計學會雜誌》，1912 年。——原注

第五章

資本的利息

這本書的第一版中我已經提出了利息理論，本章中，除了對一些詞語做了修改外，內容基本沒有變動。對於所有引起我注意的反對意見，我唯一的答覆就是請參閱原文。這些異議使得我沒有縮減本部分的內容，而如果沒有這些異議，我原本是樂意縮短原文的。在我看來，本部分內容是原來的版本中最冗長、最難以理解，以致會損害論點的簡明和說服力，但是我預見到了這些重要的反對意見，從而將這部分保留下來。

原先的論點能夠清楚地表明，我並不否認利息是現代經濟中的正常要素──如果否認，那的確是非常荒謬的──相反，我試圖解釋它，我幾乎不能理解那種說我否認利息的反對意見。利息是現在購買力相對於未來購買力的一種溢價，這種溢價是由幾個因素引起的，很多因素是沒有問題的。消費信貸中的利息就是這樣的例子。任何處在意想不到的困境中的個人（比如大火燒了一家工廠），或者期待未來收入成長的個人（比如一名學生是其體弱多病但非常富有的姑姑的繼承人），他們對當前 100 馬克產品的估值會高於未來 100 馬克產品的估值，這是不需要任何解釋的，這種情況下存在利息，明顯是非常明顯的。政府信貸要求的各種類型屬於這種情況。在沒有任何發展的情況下，在循環流動的系統中也會存在利息，這種情況顯然也是存在的。但是，這些利息並不構成需要解釋的重大社會現象，它是由生產性貸款的利息構成的。在資本主義制度中，這種利息不僅存在於新企業中，而且隨處可見。我們只是想表明生產性利息的本源在於利潤，從本質上來說，這種利息是利潤的衍生物，就像我把收入看作「利息方面」一樣，這種利息驅動人們在整個經濟系統中，成功地執行新組合的生產，從而促進利潤的產生，這種驅動力也能夠擴散到舊企業的領域中，不過如果這裡沒有發展的話，利息就不是必要的要素。這就是我的闡述所要表達的含義：「靜態的」經濟中是沒有任何生產性利息的──這

是我們分析資本主義制度和執行的基礎。就像商業形式決定了利息的變動一樣，沒有人能夠否認我們上面的這些分析 —— 商業形式指的是在忽略非經濟力量的影響下，當前發展的速度 —— 在貨幣市場中，創新所需要的貨幣構成了工業所需的主要要素。從這一點我們了解到貨幣這個主要的真實的要素，也是最基本的理論要素，能有這個認知，說明我們取得了很大的進步。只有透過創新這個根本的理論要素，其他的需求對貨幣來源發揮作用，但這些需求通常指不斷循環重複執行中被考驗的舊企業的需求。這些需求通常根本不必進入貨幣市場，因為有這些需求的舊企業從生產中獲得的當前收入就可以支持它們獲得足夠資金。從這一點可以推匯出，利息是依附於貨幣的，而不是依附於商品的。

　　我關心的是事實，而不是理論的獨創性。我非常希望自己的理論盡可能多地建立在龐巴維克理論的基礎之上 —— 不管龐巴維克是如何堅決拒絕所有交流的。根據他的觀點，處於第一位的問題是購買力的問題，即使他立即把這種購買力的分析轉到分析當前商品的溢價上。事實上，在龐巴維克把利息看作是對當前購買力的價值溢價的三條著名理由中，我只反對其中的一個：利息是對未來享受的「貼現」。龐巴維克要求我們接受這一點，而沒有做任何解釋。另外，我把他所稱的需求和滿足手段之間的變化關係的原因，作為我的理論的一個公式。如果龐巴維克堅持他所認為的「採用迂迴的生產方式」並遵循這種說法所包含的含義，那麼這就會成為一種企業家的行為 —— 也就是從屬於我所說的執行新組合的眾多概念中的一個。但是，他沒有這樣做；我相信藉助於他自己的分析就能夠表明，透過簡單的重複執行，是不會產生淨收入的 —— 簡單的執行，指的是在循環流動系統中已經實施並包括在內的生產方式。我們的解釋很快可以為大家展現出一個完全不同的場景。不

過，我們的分析始終是符合龐巴維克的價值理論的，而且不會引發龐巴維克的反對 [166]。

1
___

正如經驗告訴我們的，資本的利息是永久性的淨收入，它流向一些確定的個人類型。第一個問題是商品流的來源。為了使商品能夠流動，首先必須存在能產生商品的價值 [167]。第二個問題是這些價值成為這些特殊個人的戰利品的原因，即商品世界中這個價值流的原因問題。最後，還存在一個最困難的資本利息的核心問題：這種商品流動是如何永久發生的？利息是如何成為人們能夠用於消費而不用損害他們的經濟地位的淨收入的？

利息的存在成為一個問題，是因為我們知道在正常的循環流動中，所有產品的價值都應該歸屬於原始的生產要素，也就是歸屬於勞動和土地服務；從生產中獲得的收入應該在工人和土地所有者之間進行分配，除了薪資和地租之外，不可能有任何永久的淨收入。一方面有競爭，另一方面有歸屬問題，必然會消滅收入超過支出的剩餘部分，消滅任何除產品中展現的勞動和土地服務的價值之外的產品價值。原始性生產數據的價值必然

---

[166] 這一點必須進一步強調，因為在這個狹窄的專家圈子之外，對龐巴維克所做貢獻的關鍵部分還沒有被充分吸收。但是我假定大家對他的理論已經有所了解。下面的所有分析都和他的理論有關係，如果有人仍然認為利息是顯然存在的，並沒有看到這個問題的關鍵要素，那麼他就會發現下面的分析是不必要的，很多是難以理解的，甚至是錯誤的。然而，在龐巴維克的著作中，讀者可以發現幾乎所有的文獻都是必需的。對龐巴維克著作做一個一般性的了解是必要的。最後，我再重複一次我不想重複的話：參閱《本質》一書，第三章。── 原注

[167] 參閱龐巴維克的著作《本質》，第一章，第 142 頁。龐巴維克的表述方法已經受到他心中已經明確的利息理論的影響。── 原注

緊緊依附於產品價值，而且這兩種價值之間不能存在哪怕一點差距[168]。但是，利息的存在是一種事實，那麼問題究竟出現在哪裡呢？

擺脫這種兩難境地是很困難的，比利潤例子中相對容易的類比問題要更難解決，因為在利潤問題中，只是暫時性的，而不是永久性的，涉及商品流的問題，因此我們不會遇到利潤與競爭和歸屬的衝突問題，而競爭和歸屬是最基本的、毫無疑問的事實；相反，勞動和土地的服務是收入的唯一來源，它們的淨收入是不會減少到 0 的。面對這種兩難境地，我們可以採取兩種不同的方法。

第一，承認利息的存在。這樣一來，利息似乎必然被解釋為薪資或者地租的一種，而由於被解釋為地租是不可行的，就只有被解釋為薪資：作為對薪資收入的掠奪（剝削理論），作為資本家勞動的薪資（字面意義上的勞動價值論），或者作為展現在生產工具和原材料中的勞動的薪資（例如詹姆斯·彌爾（James Mill）和麥卡洛克的理念）。這三種解釋都曾經被人嘗試過。對於龐巴維克的批評，我只想加入企業家的分析，尤其是企業家與生產數據的分離，這就讓前面兩個因之演變而來的觀點失去了立足依據。

第二，可以否認引導產生這種兩難境地的理論結論。這裡我們要麼擴大成本的專案，也就是繼續堅持認為薪資和地租不足以支付全部必需的生產數據；要麼在歸屬機制和競爭中尋找一種制動力，這種制動力能夠永久阻止勞動和土地服務的價值達到它們所生產產品的價值，這樣就有了永久性的價值剩餘[169]。下面我將分析這兩種可能性。

擴大成本的專案在某種意義上，不僅意味著利息代表著企業的支出，這是不言自明的，還有更多的含義，即在最狹窄、最特殊的意義

---

[168] 參閱龐巴維克的著作《本質》，第一章，第 230 頁。——原注
[169] 參閱龐巴維克的著作《本質》第一章的結束語，606 頁。——原注

上，把利息作為一種成本要素，這種成本要素在第一章就已經闡述過。這就相當於構成了第三種原始生產要素，它能產生利息就像勞動可以獲得薪資一樣。如果這一點成立，那麼我們所說的三個問題：來源問題、基本問題和利息的永久存在問題，顯然都能夠得到解答，同時也可以避免兩難境地。節儉可能是第三種要素。如果它真的是獨立生產服務要素，那麼我們所有的要求都會毫無爭議地實現，而且，永久性淨收入的存在和來源，以及這種淨收入歸屬於特定的個人的問題，都將毫無爭議地得到解釋。唯一需要證明的就是現實中，利息確實是需要這種要素的。但不幸的是，這種解釋不是很令人滿意。這種獨立的要素是不存在的，沒有必要做進一步的討論了。

已經生產出來的生產數據可能構成獨立於節儉之外的第三種生產要素。透過它們，可以找到另一種論證的途徑。毫無疑問，這些生產出來的生產數據是具有生產性影響的。很清楚，調查者一眼就能注意到產品的價值與勞動和土地的服務的價值相等這一個根本性命題，直到今天，這個命題仍然能夠讓人們感到驚奇，同時，經驗告訴我們，即使是專家也很難從這個命題的錯誤的研究思路中脫離出來。這種命題也沒有解釋永久性淨收入。當然，生產出來的生產數據有能力服務於商品的生產過程。透過這些生產數據，更多的商品被生產出來，而這些商品的價值比沒有用這些生產數據生產出來的商品價值要高[170]。但是，這種更高的價值會導致生產工具具有更高的價值，有趣的是，這又重新導致所使用的勞動和土地的服務的價值更高。沒有一種剩餘價值的要素能夠永久附屬於這些中間的生產數據的。一方面，應當歸屬於這些生產數據價值的產

---

[170] 參閱龐巴維克的著作《本質》，第一章，132頁，生產出來的生產數據的物質和價值生產率的概念。—— 原注

品價值和生產數據本身的價值不會永遠存在差距。不論一臺機器能夠多生產多少產品，日益加劇的競爭總是會壓低產品價格，直到產品價格和生產數據的價值彼此相等；另一方面，不論機器能比手工多生產出多少產品，一旦採用機器生產，它不會持續節約勞動力，因此它也不能持續產生新的利潤。由於採用新機器而產生的額外收入是非常引人注目的，使用者為機器準備支付的所有金額，都必須交給工人和土地所有者。一般來說，機器是無法產生能增加到產品本身上去的價值的，產品增加的價值只是暫時與機器有連繫，就像前面所討論的那樣。這種情況就像一件裝有銀行票據的上衣，對其所有者來說確實具有比較高的價值，但是這件上衣比較高的價值只是從外界獲得的，並不是自己創造的。同樣，機器對於相應的產品來說，也具有自己的價值，但是它只是透過機器被創造出來之前已經存在的勞動和土地的服務來獲得價值的[171]，機器的價值應該歸屬於勞動和土地的服務。商品流流向機器，但這些商品流也透過機器流走了。在這一點上，機器並沒有形成消費的蓄水池。機器的所有者所得到的收入不會永遠大於支出——無論是用價值來衡量，還是用價格的會計核算來衡量。機器本身也是產品，因此，如同消費品一樣，它的價值也被引入蓄水池，不會產生任何利息的流動。

基於第一章和第四章的論點，以及參考龐巴維克的觀點，我們可以說，上面的論述沒有為解決兩難的問題找到任何的辦法，而且也不存在用於利息支付的價值泉源。只有在商品「自動」成長的情況下，才會發生困難——例如，穀物的種子或者用於繁殖的牲畜。難道這些種子或牲

---

[171] 對於機器來說，它生產出來的產品的價值歸屬於它；對於生產機器所必需的勞動和土地的服務來說，機器的價值又屬於勞動和土地的服務。因此，這些服務就是這些最終產品的價值，一旦這些服務變成機器，機器就會代替這些服務的位置。從這種意義上，我們可以說，機器「接受」了生產性服務的價值。希望這沒有讓讀者對我的觀點（價值來自成本）產生誤解。——原注

畜不能使它們的所有者確信未來將會得到更多的莊稼或牲畜嗎？而且，難道這些增加的穀物或牲畜的價值比原來的穀物或牲畜的價值更高嗎？熟悉這些事情的人們都能確信這些就是價值增加存在的證據。但是，穀物種子和用於繁殖的牲畜不會「自動」增加；相反，必須把人們所熟知的支出專案從他們的收入中扣減。然而，即使做了扣減，剩餘的部分也不代表任何價值增加——因為莊稼和牲畜依賴於穀種和繁殖的牲畜，後者的價值必須根據前者的價值來確定。如果穀種和繁殖的牲畜被賣掉了，那麼（假設不存在任何的替代物）在扣掉發生的成本和對風險因素的補償之後，這些莊稼和牲畜的價值將以它們的價格充分展現出來。它們的價值等於歸屬於它們的產品的價格。莊稼和牲畜將在以後的生產中被重複使用，直到對它們的使用將不再產生任何的利潤，而此時它們的價格恰好能夠支付必要的費用，即薪資和地租。它們的產品的邊際效用，也就是歸屬於它們的產品的份額，將趨近於 0。

2

在這裡，我們現階段所討論的情況應描述為：我們不能解釋產品的價值和生產數據的價值之間的差額，但是這種差額確實是存在的。我們必須嘗試用其他方法來解釋它。當然，這樣的說法看起來是不正確的，或者說是不明智的，因為它把自己局限於一種成見之中。相反，我否認這種永久性差額的基本存在。我們面對的只有一個尚未分析的、寧可被懷疑的事實——我相信事實能夠教給我們真理——資本產生利息的結

果，應該用完全不同的方式解釋，而不應該用一種獨立的事實來解釋。個人對生產數據的估值可能低於它們的價值，因為它們在生產數據轉化為產品的過程中必須支付利息，但是它們不是一定支付利息的，因為他們對生產數據的估值低於對產品的估值。這一點是非常重要的。我們在利息這個例子中面對非常大的困難，這個困難就是把很多事情看作複雜組合中的要素。我們面對的困難除了一些基本的原理之外，還有我們已經習慣簡單接受一系列未被分析的事實，而不是更深入地分析事物的本質。一旦形成上面所說的這些習慣，我們就更加不樂意深入分析事物了，我們總是傾向於把這些事實看作反對意見。節儉就是這樣的一個事實，認為資本的價值就是收入價值的資本化是另外的事實。由於人們在表述這種主張時，總是建立在他們的經驗之上，而經驗並不能提供足夠有力的反駁。儘管如此，我們仍然保留「差額」的概念。

我們需要提出幾點必要的評論，來精確地闡述計算過程。迄今為止，我們總是談到歸屬的過程，從產品價值的落腳點追溯到勞動和產品的服務。現在看來，歸屬問題可以從另外的角度分析，這個角度也許能夠把價值引導至勞動力和土地的服務中。在交換經濟中，人們不可能意識到勞動力的價值，同樣的道理也適用於土地。我們應該將討論限定於土地的範疇。關於勞動力，我們只需再強調一次，如果我們把勞動力看作維持勞動者及其家屬生活的生產數據，那麼勞動力的問題只是一個特殊的問題。在只考慮土地問題的範疇內，人們首先可能會把土地的服務看成土地的產品，並把土地的產品看成真正的原始生產數據，並且認為生產數據的價值應該歸屬於土地。這種想法在邏輯上是錯誤的 [172]。土地

[172] 參閱龐巴維克的《法權與國民經濟商品學觀點的關係》。他對「使用」利息理論的觀察同樣適用於我們的例子。同時，我發現我可以把這種使用利息理論的基本思想排除出我的考慮範疇之外，因為我沒有什麼補充的論點可以新增到龐巴維克的論證中。—— 原注

不是一種獨立的商品，它不能與自己的服務相分離，它只是這些服務的總和。因此，在這樣的例子中，我們最好不要談歸屬問題，因為歸屬問題包括商品價值不斷向更高層級轉移的想像。如果歸屬問題就這樣進行下去，那麼就不會存在價值的剩餘，任何的價值都會找到來源。然而，在土地價值的決定中，還需要考慮其他因素，也就是某些要素的特定價值所衍生出來的價值，這些要素在經濟上構成了土地的價值，這些要素的價值是由歸屬過程決定的。我們在這裡稱這種歸屬過程為計算過程。

對於每一種商品，不管是消費品還是生產品，都要區分這兩個過程。只有這些商品的服務才具有價值，這些確定的價值要麼直接由需求的規模決定，要麼間接由歸屬過程決定[173]。從這兩種過程中一定能夠得到商品的價值。儘管已經生產出來的產品的歸屬過程非常簡單，透過遲早要發生的再生產過程，歸屬過程就變成固定的、眾人皆知的規則了。對於土地的歸屬過程，情況就變得更加複雜了，因為土地本身包含了無限可能的一系列的用途，土地能夠再生產它們自身，而且原則上來說，這種再生產的過程不需要成本[174]，這樣，問題就產生了。為了說明這個問題，我們必須開始下面的討論：難道土地的價值不能無限大嗎？在土地價值無限大的過程中，透過計算，作為淨收入的租金就能消失嗎？我將用不同於龐巴維克的方式回答[175]。

---

[173] 嚴格來說，這種表述方法只適用於非交換經濟的情況。在交換經濟中，生產數據的價值不會被當作間接的使用價值。儘管如此，生產數據作為潛在商品的概念，仍然能夠為商品價值的形成提供基本原理。一個表述更加準確的方法，得到的結果也是相同的。 —— 原注

[174] 土地的服務進行再生產的過程與一群牛的增加情況是不同的，因為人們能夠用一種方式來增加牛的數量，即一頭牛的價值最後能夠降低到等於它在勞動和土地上所花費的成本。在每個經濟周期，土地的服務只能以相同的數量自動進行自我再生產。土地的服務不是不能增加，而是它們的增加需要花費成本。 —— 原注

[175] 參閱《資本和利息》（*Capital and Interest*），第二卷。 —— 原注

芝加哥證券交易所，1886 年。

　　第一，即便土地的價值無限大，我仍然會將租金看作淨收入。這樣一來，收入的泉源就不會由於消費而枯竭，商品流不斷地回到土地所有者的手中的情況也可以得到解釋。把淨收入簡單相加，永遠不會使其失去特徵。只有歸屬過程，而不是計算過程，才能把淨收入消滅。第二，在真實生活中，土地價值不可能無限大。不過，不能因為我的概念導致出現了這個無限大的價值而責備於我。並不是我的概念錯了，而是資本化理論流行的基本思想錯了，這種資本化的思想，就是產生收入的財產的價值不是僅僅對適當比例折扣的收入進行加總得到的。相反，這種價值的確定是非常特殊的、複雜的問題，我們將在本章講解。對這個價值進行評估，和對任何事物的評估是一樣的，都需要看看研究的具體目的。這裡沒有嚴格的相加規則，因為價值量通常是不能簡單相加的。在正常循環流動的過程中，根本不需要知道土地價值。但機器不同：每一

個產品都必須有確定的總價值，這對於決定這些產品的再生產問題是非
常必要的。而且，相加規則在這裡也是適用的。競爭加強了這條規則的
適用性。如果機器能夠以低於它所生產的產品的價格得到，就會產生利
潤，這必然使這臺機器的需求和價格增加；如果這臺機器所花費的成本
大於使用它所產生的收益，就會導致虧損，這會降低對這種機器的需
求，並導致價格下降。另外，土地不是在正常的循環流動過程中被賣出
的，被賣出的只是土地的用途。因此，在經濟生產計劃中，土地的使用
價值而不是土地的價值構成了生產中的要素。這些正常的循環流動過程
不能教給我們任何土地價值確定的方法。只有發展才能創造土地的價
值；發展「資本化」了地租，使土地「流動起來」。在沒有發展的經濟系
統裡，土地價值根本不會作為一般的經濟現象而存在。現實能夠確定這
一點的存在，是因為能夠意識到土地價值的唯一場合，就是出賣土地的
時候。實際上，在經濟舞臺上這種現象幾乎是不會發生的，這裡的經濟
舞臺指的是經濟事實最接近循環流動這個概念的階段。土地交易市場是
一個發展的現象，只有從發展中我們才能理解，也只有從發展中我們才
能找到解決問題的鑰匙。到目前為止，我們對這個問題仍然一無所知。
直到現在，我們可以說，我們的概念沒有把土地引導至具有無限價值，
而是引導至沒有價值，也就是說，土地的服務價值與其他任何的價值是
沒有關係的，因而它是純收入。如果有人反對，認為即使如此，還是會
出現出售土地的激勵因素，那麼我們只有說，這些激勵因素是偶然發生
的，而且個人的情況，比如貧窮、浪費、非經濟目的等，會發揮決定作
用。在以上幾個情況相互作用下，就不會出現任何反對意見了。

　　無論這種附加的規則在什麼地方產生無限的價值，我們都可以像談
論薪資一樣，討論這些純收入。因為我們唯一關心的是流向個人的永久

性的商品流，而且這些個人不需要再把這些商品流轉給別人。結果為「無限的價值」的計算過程，沒有排除這種永久流向個人的、不需要個人再轉讓出去的商品，反而，這個計算過程正好是這種商品流存在的象徵。事實上，這是理解我們將要分析的利息理論的關鍵要素。

3

還有第二種方法可以避免「利息的兩難境地」。超過勞動和土地服務的價值的永久性剩餘是如何成為可能的，可以透過討論勞動和土地服務的制動因素來回答。如果這種制動因素確實存在，那麼永久性剩餘價值的可能性無疑就是可以證明的，產生這種剩餘價值的環境可以歸結為最充分意義上的價值生產率。價值生產率——或者展現它的商品——能夠產生淨收入。在每個經濟過程中，都會產生獨特的、獨立的價值剩餘。在真正的意義上，利息就是一種成本要素；利息的存在是由於成本與價值，或者成本與產品的價格之間的差額；利息是超過成本的真實剩餘。

當某種產品被壟斷時，交換經濟中就會發生上面所說的這種情況——原始生產要素的壟斷不能引起我們的興趣，因為從一開始討論，我們就很清楚，利息是不能建立在這些原始生產要素之上的。壟斷地位所發揮的作用就像一種制動因素，它給壟斷者帶來了永久性的淨收入。我們可以把壟斷收入看作是淨收入，我們也可以把地租看作淨收入。在這種情況下，附加規則將產生一種無限的結果，但這不會剝奪收入作

為一種淨收入的特徵。然而，為什麼壟斷價值 —— 比如，永久性的專利 —— 不是無限的，這個問題並不能引起我們的興趣，答案會在後面說明。最後，壟斷價值的決定是一個特殊的問題，在解決這個問題時，我們不能忘記，在正常的循環流轉中，沒有任何形成這種價值的動力，因此收益不應與任何數量的其他價值存在連繫。儘管事實如此，但壟斷者絕不會說：「我從不賺取利潤，因為我已經把極高的價值歸屬於我的壟斷。」

在討論勞德代爾的利息理論時，龐巴維克同樣評論過這種情況，即機器的壟斷節省了勞動力，從而產生了利潤。他強調，機器不能產生利潤，或者只能產生很小的利潤，但能夠吸引人們去購買或租用它，這與機器的用途分不開。然而，利潤無疑是與它的生產連繫在一起的，而且會很長久，就像專利一樣。人們可能會認為對壟斷者來說，壟斷地位如同一種生產要素。當談到這種生產要素的服務時，會像其他要素的服務一樣產生歸屬問題。機器並不是產生剩餘價值的來源，它的生產數據也不是剩餘價值的來源，但是壟斷使得透過機器或它的生產數據獲得剩餘價值成為可能。如果我們把機器的生產者和使用者看作是同一個人，情況也不會改變。

因此，這種純收入是特殊的。如果利息也是這種純收入，那麼問題就好辦了，我們的三個問題也能夠得到合理的解答。剩餘價值來源的存在可以用壟斷理論來解釋，把收入分配給壟斷者也是有理由的。最後，歸屬或者競爭把收益給消除的事實也會得到解釋。但是，這種壟斷地位並非經常發生，使得人們不能完全接受上面的解釋。另外，如果沒有壟

斷地位，利息也是會存在的 [176]。

　　人們可能會談論到另外一種情況，即如果對未來產品的估值在系統上、原則上要少於現在的產品，那就會存在落後於產品價值的勞動和土地服務的價值，這種落後是永久的、經常的。讀者已經知道這種情況在這裡是不能被接受的，但是我們有必要再次談到。在所有的情況中，收入的永久性的來源是產生於永久性的生產性服務，這種情況將包含價值本身的運動這個不同的問題。之前的解釋集中於某種生產性服務價值的確定，然而，這種解釋一方面要集中於確定勞動和土地服務的價值，另一方面在於確定消費品的價值。從一個比壟斷這種情況更狹窄、更真實的意義上說，存在產品價值高於生產數據價值的剩餘。「超過成本的剩餘」表明一種淨收入以及超過生產出來的生產數據的「資本價值」的剩餘。因此，這從實際上證明了收益既不會消失，也不會被計算過程所吸收。因為未來產品的全部價值是不能歸屬和計算的，如果要確定和歸屬這些生產數據的價值，那麼此時它們表現出來的就不是它們的真實價值，而是比較小的價值。這種永久性的商品流的可能性被明確證明了，不管我們在現實生活中所觀察到的這些商品流到底是不是利息。我們的第一個問題可以這樣回答：能夠產生利息的價值來源是存在的。第二個問題，即為什麼這些商品流能夠流向這些特殊的人們，看起來不是非常難以回答了。第三個問題，即為什麼這種收益不會消失，是當前利息問題中最棘手的問題，這個問題將會成為多餘的。既然價值剩餘能夠用非歸屬的原因去解釋，那再問它為什麼沒有用歸屬的方法就沒有意義了。

　　如果時間的流逝對價值具有首要影響，並且現實向我們表明了時間

---

[176] 然而，還是有人在這個方面做了很多研究方面的努力：參閱奧托·康拉德的《薪資與地租》。
　　　所有以這種方法解釋利息的理論，都不是詳盡的理論。── 原注

的影響只是尚未分析的事實，這個事實又依賴於利息的存在，但利息又要由其他的理由來解釋，這種論證的路線本身是非常令人滿意的，儘管從我的觀點來看，這種論證會給我們帶來很多與經濟過程的實際程序不符的衝突。從邏輯上來看，這種論證不會遭到反對，但是時間的流逝並不具有獨立的首要影響。即使在時間流逝的過程中，很多商品的價值增加了，也不能證明任何問題。這個事實非常突出，在有關文獻的論題中也產生過一定的作用，因此我們可以對此進行一些分析。

價值增加有兩種方式。第一，一種實際的或潛在商品的服務可能在時間流逝的過程中自動改變，商品的價值會增加。森林和窖藏的酒就是經常被舉的例子。森林和酒的價值隨著自然的過程增加，這種自然的過程是需要時間的。然而，它們只是在物質上變得價值更高了；在經濟上，這種更高的價值已經存在於樹的幼苗以及剛儲存的酒中了，因為這種價值是依附於它們的。這些樹苗和新酒，從我們已經熟悉的事實的角度來看，與適合砍伐的老樹以及陳酒具有完全相同的價值。由於樹木和酒在它們變得成熟之前就能夠賣給消費者，那麼這些樹木和酒的所有者就會問自己，兩種選擇中，哪一種能夠在每個經濟周期產生更大的收益：是現在就賣掉，然後開始新的生產；還是等待它們成熟之後再賣。他們為了選擇能夠產生更大收益的方法，會對比樹和酒的價值與剛開始投入的勞動和土地服務的價值。事實上，情況並非如此。因為隨著樹和酒接近成熟，它們的價值是不斷增加的。從根本上來說，這個價值增加的過程要面對原材料和個人的風險，尤其是個人的生活中的風險，而且再加上利息的存在這個事實。因此在這些條件下，這些事實使得時間構成了成本的一個要素。如果沒有這些要素，就不會有價值的增加。如果人們決定摒棄剛開始的想法，而決定延長森林和酒的成熟期，只是因為人們發現這樣做是更有利的。於是，就會

出現一種新的利用森林和酒的方法，在決定採用這種新方法的時候，必然能帶來價值的增加。然而，由於時間作為一種首要的、獨立的現象，並不能產生真正的、持續的價值增加。

第二，經常會發生這樣的情況，即某種商品的服務在物質上與以前一樣，但價值隨著時間的流逝增加了。這只能歸因於新需求的出現，而且這是一種發展的現象，很容易能夠看到人們是如何對待這種情況的。如果沒有預見到需求的增加，但是獲得了營利，這些營利並不構成永久性的價值增加。如果預見到需求的增加，那麼從一開始就會把這種營利歸屬於相關的商品，之後就不會存在價值的增加了。如果在現實中出現了這種情況，我們將用一種方式來解釋它，這種方式和物質方面的品質改善的情況是一樣的。

4

我們花費了很大的心思來引導自己擺脫利息的兩難境地，但是卻產生了消極的結果。我們又回到了已經反覆討論過的剩餘價值的問題上來，而且可以明確地把這種剩餘價值看作淨剩餘，也就是，產品的價值超過展現在產品中的生產性商品的價值的剩餘。剩餘價值的存在是由於某種特殊的環境，這種環境把產品的價值提高到均衡價值之上，這種均衡價值是在循環流動過程中產品所具有的價值。這種作為淨收益和商品流來源的剩餘的特徵，實際上和對未來的商品進行系統低估的情形是一樣的。

環境能夠提高產品的價值，使其高於生產數據的價值，從而藉助生產數據的價值獲得利潤，這種環境在沒有發展的經濟中也是可以發生的。差錯和意外之財、無意識的偏離預期的結果——這些以及其他很多的環境都可以產生剩餘，但是這種實際價值對正常價值的偏離，以及同時所使用的生產數據的價值，都是無關緊要的。我們更感興趣、更加關注的是那些由於發展而存在的剩餘價值。我們把這些剩餘價值分成兩個主要的組別。一組包括由於執行發展而帶來的必要的剩餘價值。從某種意義上來說，發展包括了創造這些剩餘價值，而且這些剩餘價值可以用新的、更有利的、生產者生產出來的產品的運用來解釋。這些剩餘價值以前是根據其他較為不利的使用決定的。另一組包括那些建立在發展基礎上的剩餘價值，這些剩餘價值是根據發展所帶來的某些產品需求的增加而產生的，這些需求的增加或者是實際的，或者是預期的。

再次重複，所有的剩餘價值——正如龐巴維克也會承認的——在任何可以想像的意義上都是真實的剩餘，不用擔心由於計算而帶來的風險，也不用擔心由於成本而產生的兩難境地。以任何名義流向個人的商品流，除了薪資、地租和壟斷收入之外，都必須直接或間接地源自剩餘價值。然而，讓我們回憶一下已經推匯出來的命題——競爭機制和一般估值規則的作用都傾向於一種趨勢，即消滅任何超過成本的剩餘 [177]。如果一家企業突然需要某種類型的機器，那麼這種機器的價值就會上升，這種機器的擁有者肯定會獲得部分或全部的剩餘價值。但是如果這種新的需求被預見到了，一定已經有很多機器被生產出來，此時這些生產者是相互競爭著供應這些機器的。此時，一種情況是不會實現任何特殊的利潤；另一種情況是生產沒有相應擴大，剩餘將被歸屬於自然的、原始

---

[177]　參閱第四章的論點。——原注

的生產要素，並以大家都知道的規則轉移到它們的所有者手裡。即使對機器的新的需求沒有被預料到，經濟系統最終也會根據這種需求進行調整，所以不會存在任何與機器具有連繫的永久性的剩餘價值。

5

現在我們可以明確地表達我們關於利息理論的五個命題，這些命題都自動來源於「利息是一種價值現象」這一基本結論，從價格方面來說，利息也是一種要素 —— 我們與每一個科學的利息理論在此都是一致的 —— 這一點將由第六個命題來完成論證。

第一，利息本質上是來源於剩餘價值的。在正常的經濟生活過程中是沒有剩餘的，因此利息就不會產生。當然，這僅適用於我們在最狹窄的意義上所說的生產性利息，不包括「消費性的生產利息」[178]。由於利息只是薪資和租金上的寄生蟲，因此，利息與這些剩餘價值是沒有直接關係的。但是，資產階級賴以生存的大量的、有規則的商品流，在每個經濟周期中的生產收益都能流向這些商品 —— 這只能來自我們所說的剩餘價值。這幾點將在以後進行更詳細的論證。此外，還有一種不屬於這種類型的剩餘價值，也就是壟斷收入。因此，我們的論題假設這些典型的利息來源不是壟斷收入。這一點如跟我們前面所說的一樣，是非常清楚的。沒有發展，在上面提到的這些限定條件下，就不會有利息。利息

---

[178] 參閱《本質》第三篇，第三章，以及本書第一篇，第三章。例如：一家工廠由於事故被毀壞了，如果它透過貸款的方式來重建，那麼這種貸款所產生的利息就是我們所說的「消費性生產利息」。—— 原注

是發展在經濟價值海洋中掀起的巨大海浪的一部分。我們的論證依賴於一種反向證據，即循環流動的過程中價值的確定排除了利息這種現象。這一反向證據首先依賴於人們對決定價值過程的直接認知；其次依賴於站不住腳的各種試圖建立決定性差異的嘗試，即試圖在沒有發展的經濟中，建立產品價值與生產數據價值的差異。我們也有正面的證據能夠證明這種價值的差異在發展中的確存在。在下面的討論過程中，這個命題就會失去很多奇怪之處。然而，在這裡我們必須強調，這個命題並沒有像它看起來可能的那樣遠離我們對現實無偏見的對待，因為工業的發展是利息這種收入形式的主要來源[179]。

1899 年，紐約市曼哈頓南渡口的高架鐵路。 火車由蒸汽動力的發動機牽引，有軌電車和馬車在下面的街道上行駛。

　　第二，如跟我們已經看到的，發展所產生的剩餘價值可以分成兩類 —— 企業家利潤和那些代表「發展的結果」的價值。很明顯，利息不

---

[179] 當利息的規則效能夠支持這種先入為主的偏見時，必須從「靜態的」方面來解釋這種偏見。但我們會解釋說明利息的這種規則性。 —— 原注

能把自己附屬於後者。我們能夠輕鬆地下結論，是因為創造這種類型剩餘的過程是非常清楚的，我們能夠立即看出其中有什麼、沒有什麼。假設有這樣一個商人，他在村莊裡建立了一些工廠，因此在一段時間內能夠得到比均衡收入要多的收益，這樣他就能得到確定的利潤。這種利潤本身不是利息，因為它不是永久性的，而且可以透過競爭被消除掉。但是，利息也不是從這些利潤中流出的 —— 假定商人只是站在商店裡，向顧客收取更高的價格，也就是說，他為了得到這些利潤，什麼其他的都沒有做 —— 這些利潤不會再發生任何的事情：商人把這些利潤放入口袋，並隨心所欲地使用它們，整個過程沒有為利息留下任何空間，因此，利息必然來源於企業家利潤。當然，這只是透過間接方式得到的結論，與其他支持這個命題的事實相比，這種結論只占第二重要的位置。發展，以某種方式，把一部分利潤轉移到資本家手裡。利息實際上是對利潤的一種徵稅。

第二，全部利潤，甚至是部分利潤，也不可能直接、立即成為利息，因為這些利潤只是暫時的。以此類比，我們就能立即明白，利息是不附屬於任何種類的商品的。所有依附於具體商品的剩餘價值必定是暫時的，即使這種剩餘在經濟系統中隨著發展而不斷增加 —— 以致我們只有透過深入的分析才能認清這種剩餘價值的暫時性 —— 這些剩餘價值也不能立即形成一種永久性的收入。利息是暫時的，它不能僅僅被理解成從具體商品中而來的剩餘價值。儘管利息來自確定種類的剩餘價值，但是沒有一種剩餘價值本身就是利息。

這三個命題表明，利息這種重大的社會現象，是發展的產物[180]。利息來自利潤，但是不依附於具體的商品，這些都是我們的利息理論的根據。承認這些理論，就意味著終止了一種反覆的嘗試，即在具體商品中

---

[180] 參閱《本質》，第三篇，第三章。 —— 原注

尋找與利息相對應的價值要素[181]。因此，我們可以把中心工作集中於狹小的範圍內來研究利息問題。

6

現在我們應該把注意力集中到重要的問題上來了，這個主要問題的解決是處理利息問題最關鍵的一點。這個主要問題是：這種永續性的利息流，是如何從暫時的、不斷變化的利潤中抽離，而總是流向資本中去的？這個問題展現了我們至今研究所得的結果，而且也獨立於我們繼續研究的方向。如果這個問題能夠得到滿意的回答，那麼利息問題就得到了解決，而且這種解決方法滿足了龐巴維克的分析中必不可少的所有要求 —— 不論這種方法在其他方面還有什麼缺陷 —— 不會遭到強烈反對。

7

我們關於利潤問題的概念所包含的內容與我們通常的概念是不同的。儘管這兩者之間的不同是很明顯的，但是還是有必要對這一點做進一步說明。

---

[181] 從這一點，可以得出兩個實際的結果。第一，所謂的原始交易性利息不是利息。只要它不是壟斷利潤或薪資，就一定是企業家利潤 —— 這些也是暫時的。第二，地租不是利息。地租是部分購買力，在循環流動的系統中，它不包含任何利息要素。出租房屋的淨收入只是地租和「監督」薪資。利息要素是如何在發展中進入到地租中的，這一點將從我們的論證中看出來。資本中已經存在的利息使得時間成為一種成本要素，這一事實是非常重要的。 —— 原注

為了這個目的，我們從貸款的利息與資本中的「原始」利息之間的區別開始談起。這個區別可以追溯到我們對利息本質問題做的初始調查，並且已經成為利息理論的基石之一。對利息問題的思考是從消費貸款的利息開始的。從這種消費貸款的利息開始研究利息是符合事物的本質的，因為這種利息是收入的一個獨立分支，有很多明顯的特徵。這種收入的分支也能從外部特徵區別出來，同時，它比必須先從其他要素的混合中辨識出來的收入的分支要容易一些——因此，在英格蘭，地租首先被清楚地辨識出來，而且地租不僅在英格蘭存在，還會按照常規進行單獨支付。不過，消費性信貸的利息也是研究的起點，因為這種利息在古典時期和中世紀是最重要的、眾所周知的。生產性貸款的利息也是存在的，但是在古典時期，這種利息只在不進行哲學探討的領域發揮作用。在探討哲學的世界，人們只是匆匆地觀察經濟事物，並只關注自己領域內能觀察到的利息。同樣，後來出現的資本主義經濟要素，也只熟悉它自身世界中的循環。教堂的神父、精通宗教法規的人、依賴教會的哲學家以及亞里斯多德 [182] —— 所有這些人都只考慮消費性貸款的利息，他們認為這種利息令人不快。他們鄙視榨取窮人血汗錢的人、毫無顧忌剝削的人以及揮霍無度的人，從他們對高利貸者給別人帶來壓力的反應來看，他們是反對索取利息的行為的，這樣，就可以解釋各種對利息的禁令了。

　　隨著資本主義經濟力量的成長，另一種概念從對商業生活的觀察中逐漸形成。生產性貸款的利息是由後來的研究者發現的說法有點誇大其詞。但是，強調這一點，就如同一種發現。我們立刻就能明白，舊的概

---

[182] 亞里斯多德（Aristotle, 前 384- 前 322 年），古希臘最偉大的哲學家、科學家和教育家。——
　　　 譯者注

念忽視了這種現象的一部分，那是如今最重要的一部分，同時，我們也能明白，債務人絕不會因借款而變得更加貧窮。這削弱了對利息採取敵對態度的根本理由，並且在科學上前進了一步。直到亞當·斯密時期，整個英國關於利息的文獻，都充滿著貸款經常能夠使借款者獲得利潤的思想。在理論家看來，處於弱勢地位的借款，變成了強勢的借款；憔悴可憐的人群和沒有想法的土地所有者，現在變成了另一種類型：企業家 —— 雖然沒有給整個概念清楚而明確地下定義，但這足夠清晰了。

1900 年，法國巴黎世博會全景。
這次世博會展示了西方社會在整個 19 世紀的技術成就，包括了自動人行道和地鐵。在 1900 年艾菲爾鐵塔廣場前的大廳裡，放映了人類史上第一部環幕影片《跨越歐亞兩洲的氫氣球旅行》，在環形銀幕上依次出現了巴黎、布魯塞爾、倫敦、巴塞隆納等城市的風景。

對理論家來說，生產性利息仍然是貸款的利息。企業家利潤被看作它們的來源。我們不能就此認為企業家的利潤僅僅是利息 —— 如同薪資的來源是總收入，但是我們不能認為所有生產的收入都是薪資。如果要對這些學者關於利息的理論的不足之處提出一些值得肯定的地方，那就是他們至少沒有搞混利息和利潤，或者他們沒有在特徵上把利息和利潤等同起

來。相反，正如休謨（David Hume）[183] 所觀察到的 [184]，他們也注意到了利潤和利息之間的區別，但是他們沒有看到利潤只不過是某些人自有資本的利息。他們用來解釋利潤的方式，根本不適用於解釋貸款利息，而只能用於解釋作為貸款利息來源的另一種利潤[185]。那些學者把利息追溯到商業利潤，以此作為利潤的來源，但並沒有說明商業利潤是利息的唯一來源，雖然這種利潤的確是利息的主要來源。即使「利潤」出現在「資本利潤」這個詞語中，利息也不能解釋他們說的這種「利潤」。他們沒有解決利息問題。但他們也並未僅將衍生形式的貸款利息追溯到原始的、真實的利息，而沒有對這種原始的、真實的利息進行解釋。他們只是沒有證明為什麼擁有資本的貸款者能夠處於索取利潤份額的位置，以及為什麼這些貸款者的喜好總是能夠決定資本市場。洞察利息現象所依賴的解決方法的中心問題，當然是商業利潤，但是，這並非因為商業利潤本身是真實的利息，而是因為商業利潤的存在是支付生產性利息的先決條件。企業家當然是整個進展中最重要的人，不過，這並非因為他是真正的、原始的、典型的利息接受者，而是因為他是典型的利息支付者。

在談到亞當·斯密時，我們仍然可以覺察到某種觀點的軌跡，根據這個觀點，利潤和利息是不能簡單重合的。只有李嘉圖及其追隨者認為利潤和利息是一對同義詞。直到後來，理論家才注意到商業利潤中的唯一問題就是利息問題；企業家為何能夠獲得利潤的問題才是利息問題。當英國學者所稱的「利潤」被解釋為「資本的利潤」或「原始利息」時，他們所要

---

[183] 大衛·休謨（David Hume,1711-1776 年）英國哲學家、歷史學家、經濟學家。休謨被視為是英國啟蒙運動以及西方哲學史中最重要的人物之一，其哲學是近代歐洲哲學史上第一個不可知論的哲學體系。——譯者注
[184] 也可以用配第、洛克和斯圖亞特的論證。——原注
[185] 這解釋只看一眼洛克的理論所產生的不一致，正如龐巴維克所強調的那樣。(參考《資本與利息》，第二版，第一篇，第 52 頁)。——原注

表達的意思才能被正確地理解。這些英國學者所要表達的絕不是僅僅用自有資本的利息毫無損害地代替借入資本的契約利息，而是一種新主張，即企業家的利潤在本質上是資本的利息。下面的事實一定有助於解釋這個問題，而從我們的觀點看，這個問題明顯偏離了正確路徑。

首先，這個問題的陳述是非常淺顯易懂。契約性的農業地租只是「原始」現象的一個結果，也就是可以「歸屬於」土地產品的一部分。從地主的角度來看，農業的淨收入只是地租本身，而地租只是「歸屬於」土地的部分產品本身。契約薪資只是勞動的經濟生產率的結果。從工人的角度來看，契約薪資僅是生產的淨收益。為什麼利息的情況就不同了呢？如果沒有特殊原因，利息的情況應該與薪資一樣。與契約利息相對應的是原始利息。與地主的典型收入相同，這種原始利息對於企業家來說，也是一種典型的收入，這個結論似乎是不言而喻的。實際上，企業家是允許自有資本獲得利息的 —— 這是一個不可爭辯的事實。

產品價值超過它們的成本的剩餘，產生於資本家之手，是一種基本的現象，是利息所賴以存在的。僅僅看到這個問題，並希望所有的問題都隨著這個問題的解決而得到解決，對此難道還要感到奇怪嗎？經濟學家剛剛使自己擺脫了重商主義的膚淺，並開始習慣關注隱藏在貨幣背後的具體商品。他們強調，資本是由具體商品組成的，並傾向於把這種資本看作一種特殊的生產要素。一旦形成這個觀點，就直接把利息看作庫存商品價格的一個要素，從而把這種利息與企業家透過這些庫存商品得到的利潤等同起來。利息來自利潤，並且代表利潤的一部分，利潤或者利潤中的一部分會不自覺地成為利息。當利息與企業家生產中所使用的具體商品連繫在一起時，利潤或利潤的一部分與利息之間的這種轉變才會自動發生。利息本來可以從薪資中付出，但薪資並未同樣變成利息，這種反映超過了人們的想像。

對企業家職能令人不滿意的分析，曾經有力地支持了上面的觀點，使其具有普遍性。把企業家與資本家混為一談，或許不十分正確。但是，人們總是從這樣的觀察開始的，即企業家是藉助庫存商品這種意義上的資本的幫助獲得利潤的。人們對這種觀察進行了超過其價值的強調。人們可以很自然地從資本的使用中看到企業家的特殊職能，並把企業家與工人區分開來。原則上，企業家被看作是資本的僱傭者、生產品的使用者，就像資本家被看作是某種物品的提供者一樣。上面這些問題很容易論述。對於貸款利息，這種論述必然更加準確、具有更加深遠的意義。

這顯然對利息問題產生過重大的影響。存在貸款利息的原因是存在產生於企業家手中的原始利息。因此，利息問題的解決都集中於企業家身上，這導致了很多假象。在這種情況下，用類似於剝削理論和勞動理論的理論來解釋利息，第一次成為可能。因為只有把利息與企業家連繫在一起，用來解釋利息的觀點才會產生，即用企業家的勞動服務，或者包含在產品中的勞動，或者企業家與工人之間的價格競爭來對利息進行解釋。其他的嘗試，比如所有的生產力理論，儘管沒有成功對利息進行解釋，但由於其對利息問題的闡述而變得更明顯了。這些闡述方法不可能形成一種有影響力的關於企業家和資本家的理論，同時，這些闡述使對特殊的企業家利潤的辨識變得困難，因而一開始就毀掉了對利息的解釋。但是，這種解釋的最壞結果是它產生了一種經濟永續運動的問題。

經驗告訴我們，利息是一種永久性的收入，來源於企業家。我們可以說，一種永久性的收入產生於企業家手中。於是，傳統利息理論所面對的問題是，利息從哪裡來？一個世紀以來，理論家們一直在探討這個無法解釋且毫無意義的問題。

我們的觀點完全不同。如果傳統理論把契約性利息與企業家的利潤連繫起來，那麼它只追溯到在它看來是利息問題的基本事實，而完成這些之後，還要完成利息問題的主要任務。如果我們成功地把利息與企業家利潤連繫起來，那麼我們就能解決所有利息問題，因為企業家的利潤本身來說並不是利息的另外一種情況，它與利息不同，這一點我們已經解釋過了。「貸款存在利息是由於存在商業利潤」的表述對當前流行的理論來說，只有作為對利息問題更加準確的表述才是有價值的；但對我們來說，已經具有解釋性。商業利潤又是從哪裡來的呢？這個問題要求流行理論解決其主要問題，但是對我們來說，這個問題已經解決了。我們剩下的問題只是：利息是如何從企業利潤中產生的？

我們有必要把讀者的注意力吸引到對利息問題的不同的、狹義的表述上來，因為反對意見認為我們除了把利息引導至商業利潤中之外，沒有做任何事情。這種反對意見令人惱怒，因為把利息變成商業利潤是理論已經論證的了。大家都看到我們在反覆強調那些讀者自己也許很容易就能說清楚的事情，也足以證明我們的煩惱。現在，我們將說明我們利息理論中的第六個命題，也是最後一個命題。

8

構成利息基礎的剩餘，是一種價值剩餘，只能以價值形式出現。因此，在交換經濟中，它只能透過比較兩種貨幣總量才能表現出來。這一點是顯而易見且毫無爭議的。特別是，商品數量的比較對價值剩餘的存

在沒有任何說服力。在這種關係中，無論提到多少數量的產品，它只作為價值符號出現。實際上，價值表現以及利息都是用貨幣形式來代表的。任何情況下，我們都應該承認這樣的事實，但可以用不同的方式去解釋。利息以貨幣形式出現只是依賴於必須的價值標準，而與利息的本質和自然屬性沒有任何的關係。根據這個流行的觀點，貨幣只是表現價值的一種形式，而利息卻產生於某種類型的物品中，並作為這些物品本身的剩餘存在。我們對企業家利潤也持這種觀點。價值的衡量對於表述企業家利潤也是必要的，用貨幣來衡量這種價值是權宜之計。儘管如此，企業家利潤的本質與貨幣沒有任何連繫。

試圖使利息問題盡快脫離貨幣要素，而把對利息的解釋帶入到價值和收益產生的範疇內，也就是帶入到物品的生產領域範疇內，毫無疑問是很有吸引力的嘗試。但是，我們不能因此迴避問題。在任何情況下，與貨幣利息相對應的是購買力的貼水，也就是購買某種物品的溢價。從技術意義上說，生產所需要的是物品而不是貨幣，但是如果我們依據此得出貨幣只是發揮中間連繫作用的結論，並用貨幣所購買的物品來代替貨幣，進而在最後的分析中用這些物品來代替利息的支付，那麼我們的分析就是站不住腳的。我們的確可以從貨幣基礎進入到商品的世界，但是，這條路會由於商品的溢價不能持久而終止。我們會立即發現這條路是走不通的，因為利息最本質的特點是它的永續性。因此，透過分析具體物品的溢價或貼水來揭開貨幣的面紗是不可能的 [186]。

我們的分析不能離開利息的貨幣基礎。這構成了一種間接的證據，即貨幣形式重要性的第二種解釋，就是利息是以貨幣形式出現在我們面

[186] 這裡我們不對「消費品的庫存」和「勞動和土地服務所累積的庫存」做深入的分析和探討。——原注

前的，也就是說，貨幣形式不是外殼，而是核心。顯然，僅有這樣的證據，還不足以使我們能做進一步的推導。但是，這與我們前面對信用和資本的論證是相符的，透過這種匹配性，我們可以理解購買力在這裡所發揮的作用。下面我們就可以陳述我們的第六個命題：利息是購買力價格的一個要素，而購買力被認為是控制生產品的一種手段。

1901 年，在紐澤西州西奧蘭治市的實驗室裡的愛迪生（Thomas Edison）。

愛迪生是舉世聞名的美國科學家和發明家，除了發明留聲機、電燈、電報、電影大眾耳熟能詳的事物以外，他在礦業、建築業、化工等領域也有不少著名的發明。值得一提的是，愛迪生不僅是「發明大王」，還是一位富有創新精神的企業家。1879 年，他創辦愛迪生電力照明公司；1880 年，白熾燈上市銷售；1890 年，愛迪生已經將其各種業務組建成為愛迪生通用電器公司。1891 年，愛迪生的細燈絲、高真空白熾燈泡獲得專利。1892 年，湯姆·休斯頓公司與愛迪生電力照明公司合併成立了奇異公司，開始了奇異在電器領域長達一個世紀的統治地位。

　　這個命題當然不會賦予購買力任何生產性角色。儘管很多人拒絕承認貨幣市場中存在利息隨著貨幣供求的變化而波動這樣的事實，但這樣的事實無疑支持了我們的解釋[187]。當下雨時，人們就會被淋溼，企業家

---

[187] 馬歇爾對貿易蕭條委員會的評論。在討論貨幣數量和物品價格之間的關係時，他說，一談到貨幣的成長，「我認為它會立即影響隆巴頓大街，而且傾向於使人們借更多的錢；它將使存款和信貸膨脹，並使人們增加投機……」。說這些話的人是不會輕易拒絕承認我們的解釋的（誰又能否認這樣的解釋呢？）。——原注

的情況與之類似。假設其他條件不變，當信用工具增加時，利息就會下降。現實中，如果政府印刷紙幣，並把這些紙幣借給企業家，難道利息不會下降嗎？難道政府不會因此而得到利息嗎？難道利息和匯率以及黃金運動之間的關係還不足以說明這些嗎？正是這些每天都在進行的極具深度與廣度的觀察，支持著我們的論述。

然而，只有少數具有影響的理論家把這些事實引入到對利息現象的探討中。希奇維克提出了一種解釋，我和龐巴維克都認為那實際上是一種節約理論。但在引用數據的來源，即討論利息之前，他在關於貨幣價值的那一章裡談到了利息，將其視為一種貨幣的價值，並把利息與貨幣連繫起來，同時在他的陳述中，還指出了購買力的創造對利息的影響，他說：「……在相當程度上，銀行家能夠製造出他借出的貨幣……同時能夠以低於資本利息率的價格賣出這種商品。」這個論述包含幾種觀點，但我們對此並不滿意。此外，他的分析中沒有對利息的產生過程進行分析，也沒有對利息理論做出進一步的結論。但是，他的分析還是朝著我們的方向前進了一步，顯然參考了麥克勞德的分析。達文波特更加前進了一步，但他的分析也沒有得出任何結果。如果他繼續進行的話，是能夠找到結論的，但是他沒有繼續做出分析。流行理論完全忽略了貨幣要素──這種理論把利息問題作為一個技術問題留給了金融作家。這種對待利息問題的態度是相當普遍的，因此它必然建立在某些真理成分之上，而且無論如何，這都是需要解釋的。

對於試圖否認利息率與貨幣數量之間的統計關係的嘗試，我們沒有什麼好說的。R. 喬治·勒維曾經比較過利息與黃金的生產，沒有發現它們之間存在重要的關係。暫且忽略他所用的統計方法存在缺陷這樣的事實，也不能證明貨幣數量和利息率沒有任何相關性這樣的結論。首先，

不能期待存在精確的時間相關性；其次，黃金的供給，甚至是銀行，不是簡單地根據其所授予的信用量的比例來確定的──只有貸出的信用才對利息率具有意義；最後，所有黃金的生產並不是流向企業家的。

即使歐文‧費雪進行了歸納性的反駁，（《利息率》第 319 頁以及以後各頁）也不影響我們的論證。年平均的數據絕不能提供任何與我們的觀察相對立的證據，這種觀察是對日常的貨幣交易細節的密切關注。同時，他比較了每單位貨幣的流通量與利息率，但是這種比較和命題是沒有任何關係的。

當然，18 世紀的經濟學家有各種理由強調利息最終還是要付給商品的。他們不僅與重商主義戰鬥，還和商人及哲學家犯的各種錯誤戰鬥，透過這種戰鬥，他們建立了價值真理，並揭露了一系列的普遍謬論。勞、洛克（John Locke）、孟德斯鳩（Montesquieu）[188] 以及其他人無疑錯誤地認為利息率僅僅依賴貨幣量；亞當‧斯密則正確地指出[189]，貨幣量的增加將引起價格的提高，並且，在較高水準上，收入與之前發揮作用的資本之間的相同關係也會逐步建立。甚至，流通中貨幣的增加所帶來的直接影響是提高利息率，而不是降低利息率。對成長的預期一定會帶來這樣的結果[190]，而且在任何情況下，價格的上漲都會刺激對信貸的需求。儘管這種論述在某種程度上證實了為什麼我們最高的權威反對「貨幣」利息論，但是它與我們的命題沒有任何關係。

我們也可以從「與貨幣解釋相對立」的觀點中發現真理的其他要

---

[188] 孟德斯鳩（Montesquieu, 1689-1755 年），法國偉大的啟蒙思想家、法學家。孟德斯鳩不僅是 18 世紀法國啟蒙時代的著名思想家，也是近代歐洲較早系統地研究古代東方社會與法律文化的學者之一。他的著述雖然不多，但影響卻相當廣泛，尤其是《論法的精神》（De l'esprit des lois）這部集大成的著作，奠定了近代西方政治與法律理論發展的基礎，也在相當程度上影響了歐洲人對東方政治與法律文化的看法。──譯者注

[189] 參閱《國富論》，第二篇第四章，亞當‧斯密對此進行了簡短而意義深遠的論證。──原注

[190] 參閱費雪的《利息率》，第 78 頁。──原注

素[191]。商人和金融作家往往以一種錯誤的方式強調貼現政策以及貨幣體系的重要性。政府影響利息率這一事實不能證明利息是購買力的價格，而只能證明，政府控制價格的事實說明一般價格可以由政府行為來解釋。無疑，利息率受到對通貨關注程度的影響，但是這種事實的理論意義本身並不重要。這是市場之外的動機影響價格的一種情況。那種認為一個國家的利息能夠透過貨幣系統和貼現政策保持低於其他國家的水準，從而促進經濟發展的觀點，是一種未經科學論證的偏見。貨幣市場的組織和勞動力市場一樣，是有能力改進的，但是在這個根本過程中，任何東西都不會因此而改變。

9

我們的問題現在可以歸結為一個簡單的問題：當前購買力超過未來購買力的額外費用，出現的條件是什麼？如果我借出一定數量的購買力單位，我在未來的某天可以收回比借出的購買力更大的數目，為什麼會發生這樣的情況？

顯然，這是一個市場現象。我們所說的市場是貨幣市場。我們所要調查的是價格決定的過程。每一個個體貸款交易都是真實的交換。起初，這看起來很奇怪，因為商品竟然與其自身在進行交換。但是，自從

---

[191] 例如，對利息與貨幣數量之間關係的蔑視可以表述如下：如果存在過多的貨幣，貨幣的價值會下降，支付給這些價值較低的貨幣的利息就越少。當然，這裡不存在贖回特徵。我在文中沒有討論這種解釋，但我相信，這種解釋迴避了貨幣與利息的關係，對經濟學家造成了很大打擊。—— 原注

龐巴維克論證這一點以後[192]，就沒有必要詳細論述細節了：當前與未來之間的交換，並不是相同事物之間的交換，因而是沒有任何意義的；當前與未來之間的交換，只是像某地的事物與另外一個地方的事物之間的交換。如同一個地方的購買力能夠與另一個地方的購買力進行交換一樣，現在的購買力可以與未來的購買力進行交換。賒購交易與外匯套利之間的對比是很明顯的，這一點請讀者注意。

1903 年，在巴黎郊區，小販正在向司機兜售汽油。

　　如果我們成功地證明了，一定的條件下 —— 假定是在發展的情況下，在貨幣市場上當前的購買力價值按常規必然超過未來的購買力的價值，那麼我們也從理論上解釋了商品流向購買力所有者手中的這種永久性流動的可能性。資本家能夠得到在各方面看起來都好像產生於循環流動中的永久性收入，儘管這種收入的來源不是永久性的，並且是發展的結果。任何的歸屬或計算都不能改變作為淨收益的商品流的特徵。

---

[192]　參閱《資本》第二卷。—— 原注

我們現在可以直接說明一筆永續年金的總價值有多高。它應該是一筆總數，即應該等於一筆年金的總數，如果以利息為目的把這個永續年金借出去，應該獲得與一筆年金相等的利息。如果利息較低，出借者就會競相購買年金；如果利息較高，潛在購買者將會以這個較高的利息進行放款，而不是購買這些年金。這是已經預先假定一個利息率的「資本化」的真正規則。根據這一點，我們再次強調，對永久性收入的估值不能脫離它們作為淨收入的特徵。

　　如果我們解決了現在購買力的貼水問題，我們就回答了利息理論所包含的三個問題。流向資本家手裡的永久性商品流，不會流向其他任何人，而且在流動過程中也不會被扣減，找到這個過程的證據，就能夠解決所有問題，並且能夠解釋這種流動也代表了一種收益，即淨收入這樣的事實。我們現在將進入到這一論證過程，並逐步完成我們對利息的多個問題的解釋說明。

10

　　即使在循環流動的體系中，也會存在並產生這樣的現象，即人們樂意去借款，即使條件是未來要償還比他們所借到的數額要多的款項。不論出於什麼動機 —— 暫時的貧窮、對收入增加的預期、薄弱的意志或遠見 —— 具有這些動機的人們能夠根據未來的購買力來對當前的購買力進行估值，這決定了他們當前的購買力需求曲線。另外，只要人們能夠得到一筆溢價，總有人願意滿足這種貸款需求。這筆溢價能夠補償他們借

出這筆款項所帶來的麻煩，而這筆款項本來是為特定的目的準備的。因此，我們也可以建構供給曲線，這個價格——已經決定的溢價——在市場中是如何出現的，說明這樣的細節幾乎是不必要的。

但是，這一類的交易通常不具有任何重要性，而且，它們不是經營活動中的必要因素。只要對借款者來說，對當前購買力的控制意味著帶來更多的未來購買力，那麼借和貸就成為日常工業和商業的正常規則的一部分，利息也在經濟上和社會上獲得了它實際上已經具有的重要性。由於商業利潤的預期是對當前購買力的總價值進行估值的關鍵，所以我們暫時把那些甚至在沒有發展的情況下也能產生利息的因素放在一邊。

在循環流動的體系以及處於均衡的市場中，人們不可能用定量的貨幣得到更大數目的貨幣。不管我怎樣利用 100 貨幣單位價值的資源（包括管理），在眾所周知以及習慣的範疇內，我只能剛好得到 100 單位貨幣的收入。不管我把這 100 單位的貨幣用於哪一種現存的、可能的生產中，我從該產品中也總是只能得到 100 單位的貨幣，不會更多——甚至，可能更少。這種結果也反映了均衡位置的特徵，代表了生產驅動力的最佳組合——在給定的條件下，從最廣泛的意義上來說。在這種意義上，貨幣單位的價值必然等於其帳面價值，因為我們假定所有的套利交易已經實現，並排除了這種情況。如果我用這 100 單位的貨幣購買了勞動和土地的服務，並用它們來執行最有吸引力的生產，我就能發現，生產出來的產品在市場上剛好可以得到 100 單位的貨幣。正是由於這些最具吸引力的生產可能性，生產數據的價值和價格才得以建立，這種最具吸引力的生產也決定了購買力的價值。

只有在發展的過程中，事情才變得不同。在這種情況下，如果我用 100 單位的貨幣購買了執行新組合所必需的生產數據，並成功地把新的

生產品以較高的價值投入市場，我才能獲得較高的收益。由於生產數據的價值不由這個新的使用方法決定，而是根據之前的使用方法決定。在這裡，擁有一筆貨幣是能夠獲取更多貨幣的手段。因此，人們通常認為現在的一筆錢比未來的一筆錢更有價值。現在一定數量的貨幣 —— 也可以說潛在的更多的貨幣 —— 將有一筆價值貼水，這將導致價格的貼水。在這裡，可以發現對利息的解釋。在發展過程中，提供和取得信用已經成為經濟過程的必要部分。這些現象被描述為「資本的相對稀缺性」「資本的供應落後於資本的需求」。在發展中，社會的商品流變得越來越寬，越來越豐富，利息此時才顯得很突出，並使我們受到它的影響，以至於必須經過長時間分析，才能察覺到利息並非在人們經濟活動的任何地方都會出現。

11

讓我們更加仔細地研究利息的形成過程。經過上面的論述，意味著我們應該仔細檢查決定購買力價格的方法。為此，我們要把自己嚴格限定在我們認為是基本情況的研究中，這種研究在以前的章節已經出現過，即企業家與資本家之間的交易情況。我們將在後面探討利息現象的最重要的細節。

在我們當前的假設下，只有那些對當前購買力的估值比未來購買力要高的人才是企業家。只有企業家才支持當前的貨幣，並承受這些貨幣在市場的運動，只有企業家才是能夠把貨幣的價格提高到它們的票面價

值之上的需求的承擔者。

　　處於供給一方的資本家面對的是處於需求方的企業家。讓我們從這樣的假設開始，即執行新組合所必需的支付手段一定要從循環流動的體系中抽離出來，並且不存在信用支付手段的創造。此外，由於我們考慮的是不受之前的發展結果影響的經濟體，因此不存在大量的閒置購買力的儲存。所以，資本家在一定的條件下，透過限制自己在生產或消費中的開支，而把一定數額的資金從它們習慣的用途中抽離出來並轉移給企業家，讓企業家使用。我們還假定，經濟系統中的貨幣數量不會以其他方式增加，比如發現金礦。

　　企業家與貨幣所有者之間的交易將會發展並進行下去。我們已經為所有的交換個體指定了確定的需求和供給曲線。企業家的需求是由藉助於一定數量貨幣的幫助所能獲得的利潤決定的，他是透過開拓圍繞在他面前的各種生產可能性獲得利潤的。我們假定這些需求曲線是連續的，如同其他商品的一樣，儘管一筆小貸款，比如一筆較少單位的貨幣，對企業家來說所造成的作用很小，也儘管在重要的可能形成創新的某些點，個人的需求曲線實際上是不連續的。超過了一個特定的點，也就是超過了執行企業家所想到的所有生產計劃所必需的金額，企業家對貨幣的需求就會急遽下降，也許會下降到 0。然而，考慮整個經濟過程，也就是考慮眾多的企業家時，這種絕對的情況就會失去其重要性。因此，我們應該想像企業家有能力確定能夠從每單位貨幣中得到的企業家利潤的數量，這種利潤數量是從 0 到實際目的中出現的最大數額之間的任何數字，如同每個人能夠對任何商品的連續單位確定一定數量的價值一樣。

　　正如第一章所解釋的那樣，任何普通的個人對其在每個經濟周期內所擁有的貨幣存量的評估依賴於每一單位貨幣的主觀交換價值。這個規

律對超過人們已經習慣的這個普通貨幣存量的增量貨幣也是有效的。由此，產生了每個人都具有的確定的效用曲線，另外，加上眾所周知的原理，能夠得到貨幣市場確定的潛在供給曲線[193]。現在，我們必須描述企業家與潛在貨幣供應者之間的「價格競爭」。

假設貨幣市場與證券交易所類似，有人透過不斷的嘗試對購買力提出了一定的價格，我們把這個假設作為研究的出發點。在這樣的假設下，購買力的價格一定非常高，因為借出資金者必然嚴重打亂所有他私人的以及商業的安排。假定，現在購買力的價格用未來購買力來表示的價格是 140 元，期限為 1 年。在存在 40％溢價的條件下，只有那些有希望至少得到 40％，或更確切地說，得到超過 40％的企業家利潤的企業家，才會產生一定的有效需求。假定存在一定數量的這種能夠產生有效需求的企業家。根據「有一點優勢就進行交換比不進行任何交換要好」的原則[194]，這些企業家已經準備好支付利息來獲得一定數量的購買力。在市場的另一邊，同樣存在著借方，在當前的這種利率下，他甚至不願意進行交換。讓我們再次假定一定數量的人們認為這種補償足夠多，他們會考慮的問題是應該借出多少資金。對一定數量的資金來說，40％是一種充足的補償；對每個人來說，都存在一種限度，超過這個限度，他在當前經濟周期內所犧牲的效用數量一定會超過下一周期所增加的效用數量。但是，貸款實際上一定會大到一定的數量，此時再增加一點數量的貸款都會帶來不利的剩餘，因為如果貸款額小於這個足夠的數量，繼續以這個利率借出貨幣單位就會得到有利的剩餘，根據一般性的原則，沒有人會不進行貨幣借出這種行為。

---

[193] 詳細細節，請參閱《本質》第二篇。在這裡，我們不詳細說明價格理論。 —— 原注
[194] 參閱龐巴維克的《資本》，第二卷。 —— 原注

　　因此，供給和需求是在這種「試探性」的價格中決定的。如果它們之間的數量相等，那麼在我們的例子中，這個價格就是 40% 的利息率。然而，如果企業家在這個利息率價格上所需要的貨幣比供給的貨幣多，企業家之間就會互相競爭抬高價錢，某些企業家會被淘汰，新的借出資金者便會出現，直到資金的供求達到均衡。如果企業家在這個利息率價格下所需要的貨幣比供給的貨幣少，那麼資金出借者之間就會互相競爭壓低利息率，這樣某些資金借出者就會被淘汰，新的企業家也會出現，直到資金的供求達到均衡。因此，貨幣市場和其他的情況是一樣的，交換中的競爭會建立一種確定的購買力價格。由於雙方對現值的估價要高於對未來貨幣的估價 —— 對企業家來說，是由於現在的貨幣意味著未來更多的貨幣；對資金借出者來說，是由於在我們的假定下，現在的貨幣使他能夠有序安排自己的經濟活動過程，而未來的貨幣僅僅增加了他的收入 —— 貨幣的價格也總是高於它的票面價值。

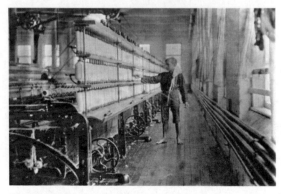

照片拍攝於 1909 年，當路易斯・海因（Lewis Hine）拍攝這張照片時，一臉稚氣的拉烏爾・朱利安已經在佛蒙特州伯靈頓的棉紡廠工廠工作了兩年。

　　我們對這一點所討論的結果可以用邊際理論來表示，這和其他任何價格決定過程的情況是一樣的。一方面，利息等於「最後一名企業家」的利

潤，這個企業家從執行他的生產計劃中所獲得的利潤恰好夠支付利息。如果我們對企業家排序 —— 考慮了風險中的變化要素 —— 根據企業家期望獲得利潤的大小，那麼企業家的「借款能力」在排序中是逐漸下降的，如果我們假定這個排序是連續的，那麼必然有至少一名企業家，所獲得利潤恰好等於需要支出的利息，這個企業家正好處於能獲得較大利潤的企業家與被排除在貨幣市場交易之外的人之間，這些人之所以被排除在貨幣市場之外，是由於他們所獲得的利潤小於他們需要支付的利息。實際上，這個「最後的」或「邊際的」企業家可以獲取較小的剩餘，但是也存在這樣的企業家，即對他們來說，這個剩餘太小了，小到他們對購買力的需求是按照實際流行的利息而不是較高的利息產生的，利息率的任何微小變化都會導致他的購買力需求消失。這些企業家所處的位置與理論上的邊際企業家是對應的。因而，我們可以這樣說，任何情況下，利息必然等於實際中實現的最微小的企業家利潤。這樣的表述使我們又接近通常的解釋了。

另一方面，利息也必須等於最後一名資本家或邊際資本家對其貨幣的估值。邊際資本家概念的獲得，與得到邊際企業家概念所用的方法是相同的。很容易可以看出，根據這樣的觀點，利息必然等於最後一名資金出借者的估價，更進一步說，最後一名資金出借者的估值也必然等於最後一名企業家的估值。這個結果是如何發展的，也是很明顯的事情 —— 這在經濟學文獻中是經常出現的。只有一點還需要被提及。最後一名資金出借者對其貨幣的估值，依賴於他對習慣的經濟生活過程的重視程度。貸款包含一種犧牲，對邊際資本家來說，貸款就是一種「邊際的犧牲」，這相當於利息收入所引起的收入增加的估值。因而，利息等於最大的或邊際的犧牲，這種犧牲是在給定利息率的情況下，為了滿足現有的貨幣需求而做出的。至此，我們接近節制理論的表述方法了。

12

　　如果工業的發展實際上是依靠循環流動體系中的資源來獲得資金支持的，那麼利息就是以這種方式決定的。但是，我們也注意到，新創造出來的購買力，也就是信用支付工具，也是需要支付利息的。這又把我們帶回到本書第二章和第三章所發展的結果，現在是介紹它們的時機了。我們能夠看到，在資本主義社會，工業的發展原則上是可以透過信用支付工具的執行來實現的，我們現在接受這個觀點。我們再一次記住：實際中存在的貨幣的巨大蓄水池是發展的結果產生的，因此，首先必須不予考慮。

　　這種要素的引入，改變了我們之前對現實的描述，但是它的主要特徵還是沒有被改變。我們對貨幣市場需求方面所進行的論述暫時不會改變。現在的需求像以前一樣是來自企業家，而且是以同樣的方式出現的。只有供應的一方需要有較大的改變。現在供應建立在另一種基礎之上，出現了一種新的購買力來源，它具有不同的本質屬性。這種購買力在循環流動的系統中是不存在的。現在，供給也來自不同定義的「資本家」，為了與我們之前的論述保持一致，我們稱之為「銀行家」。此時，作為利息起源的交換在企業家與銀行家之間發生了，根據我們的解釋，這種交換具有現代社會中所有有關貨幣方面的交換的典型特徵。

　　因此，如果我們給出支配信用支付手段的條件，我們就把握了利息現象的基本情況。我們已經知道，這種供給是依靠什麼力量來調節的：首先要考慮到企業家失敗的可能性，其次要考慮到信用支付工具可能的

貶值。我們可以把第一種要素從分析中剔除。為了這個目的，我們只需考慮加上從經驗中得知的風險，並且認為這種風險包括在「貸款的票面價值」中。從經驗中，我們知道這意味著 1% 的貸款收不回來，那麼我們可以這樣說：如果銀行家實際上從不是壞帳的所有債權中獲得了額外的大約 1.01% 的利息，此時他收到的資金數額與他所借出的資金數額大小是一樣的。當然這裡也忽略了作為銀行家職業能力的薪資。供給的大小將只由第二種要素決定，也就是新創造的購買力與現有購買力之間的價值差額，所要考慮的也只是要避免這種價值差額。我們必須表明，價值和價格決定的過程也作用於新產生的購買力，並產生了一定的溢價。

根據我們前面所論述的情況，出現負的利息也不是完全不可能的事情。這種負利息可能產生在這樣的情況中，即如果建立新企業所需要的貨幣量小於人們所提供的貨幣量，這些提供貨幣的人認為哪怕暫時提供給這些新建立企業的人使用，也是能夠給他們帶來幫助的。不過，我們排除了這樣的情況：銀行家收回的錢要少於他借出去的錢，此時他就遭受了損失；由於銀行家不能完全償還所有債務，他就不得不彌補這些損失。因此，在這種情況下，利息不可能降到 0。而且，在一般情況下，利息應該高於 0，因為企業家對購買力的需求與對普通商品的需求，在一個重要的方面是不同的。在循環流動的系統中，需求總是由實際的商品供給來滿足，否則這種需求就不是「有效的」。然而，企業家對購買力的需求，與企業家對這些具體商品的需求相比，是不受實際商品的供給這個條件限制的。

相反，它只受另一個不太嚴格的條件限制，那就是企業家償還貸款和利息的能力。即使不存在利息，企業家透過貸款的幫助能夠獲得利潤的時候，也會對信貸產生需求 —— 否則，他就沒有進行生產的經濟刺

激 —— 我們也可以說，企業家的需求受制於這樣的條件，或者說在這樣的條件下才是有效的，那就是他能夠利用貸款獲得利潤。這又牽扯到供給與需求。不管經濟情況如何，經濟體所具有的創新的可能數目是無限的，這一點在第二章已經解釋了。即使是最富裕的經濟體也不可能十全十美，我們總能對其進行改進，但是，追求這種改進的過程總是受到給定條件的限制。每一步改進都能展現新的預期，使經濟系統遠離十全十美的表面現象。因此，利潤產生的可能性，以及由此產生的「潛在的需求」，是沒有一個確定的限度的。所造成的結果就是利息為 0 的需求總是大於供給的，而供給總是有限的。

然而，獲取利潤的可能性，如果沒有企業家人格的支持，將是無力的、不現實的。目前為止，我們只知道，在經濟生活中，產生利潤的創新是「可能的」；我們甚至不知道，這些創新是否總是由一些具體的個人開始進行，並達到這樣的情況，即利息為 0 時，對購買力的需求總是大於其供給。我們還需要深入研究。一些事實能夠告訴我們一些事情，即不存在發展的經濟系統可能是存在的，這樣的事實告訴我們，有能力並且願意進行這些創新的人可能並不存在。我們也可以說，這種人的數量是非常少的，以致購買力的供給不能被全部吸收，而不是不能滿足所有的需求。如果沒有對購買力的需求，或者只有微不足道的需求，那就根本不會存在購買力的創造，信用支付手段的供給也會完全消失 [195]。但是，只要存在企業家對信用的需求，那麼利息為 0 時，這種需求就不會小於供給。因為一個企業家的出現會促進其他企業家的出現。在第六章中，我們將表明，創新所面對的障礙會隨著社會越來越習慣創新的出現

---

[195] 為了避免誤解，特別提醒讀者注意，在循環流動的系統中，藉助於信用支付手段的幫助，進行交易也是可能的，這種交易可以沒有利息並且以票面價值來進行。但是，如果要刺激產生更多的信用支付手段，就必須存在利息。—— 原注

而變得越來越小，尤其是，建立新企業時面對的技術困難會由於與國外市場的連繫、信用形式等而變得越來越小，因為這種創新一旦確立，追趕著前人的後人將會受益。因此，已經成功創立新企業的人數越多，企業家所面對的困難就越少。經驗告訴我們，這個領域的成功，如同其他領域的成功一樣，在他們建立企業的過程中會吸引越來越多的追隨者，因此就會有越來越多的人執行新組合。對資本的需求本身也會產生新的需求。因此，在貨幣市場上，存在一個有限的有效供給，與之相對應，也存在沒有確定限度的有效需求。

這必然會把利率提高到 0 之上。只要存在大於 0 的利息，很多企業家就會被淘汰，隨著利息的增大，被淘汰的企業家數量也在增加。儘管利潤的可能性實際上是無限的，但是它們在數量方面是不同的，大部分的利潤是非常小的。利息的存在再次增加了供應，這不是絕對固定的，但是利息必定繼續存在下去。價格的競爭是在貨幣市場開始的，我們在這裡對此不再闡述，在經濟系統中所有要素的影響下，必然會建立購買力的確定價格，其中必然包括利息。

13

我們現在必須把已經排除在外的經驗事實與關於利息的基本原則連繫起來。首先，與新創造的購買力相比，我們必須列舉出已經存在的購買力的所有來源，購買力實際上填充了巨大的貨幣市場的蓄水池；其次，我們必須表明，利息是如何從其狹小的基礎擴展到整個交換經濟，以及

利息是如何滲透的，以致它好像是整個經濟系統的。因此，利息所占據的空間比人們根據我們的理論所預期的要多。只有當這兩個方向的利息問題的所有領域都能被我們的觀點所解釋的時候，才可以說我們的問題已經解決了。

　　第一個任務沒有什麼困難。正如前面所說的，發展的每個具體階段都是對於前一階段的繼承。購買力的蓄水池可能已經透過某些要素形成了，這些要素是前資本主義交換經濟所創造的，因此，經濟系統中總會存在或多或少的購買力，這些購買力可以由新創立的企業暫時或在一段時間之內支配。此外，當資本主義的發展在執行中時，就會有不斷增加的購買力流向貨幣市場。我們將這些購買力分為三個不同支流。第一，目前為止，企業家利潤的大部分會被用來「投資」。無論企業家將這些利潤投資於自己的事業，還是讓這些利潤出現在市場中，原則上都是不重要的。第二，如果企業家退休或者他們的繼承人退出當前的企業活動導致企業的清算，那麼就會使一筆或大或小的款項成為遊資，而同時，不一定總有其他款項被凍結。第三，那些由發展帶給其他人而沒有帶給企業家的利潤是建立在「發展的反應」基礎上的，並在某種程度上會直接或間接地進入貨幣市場。需要我們注意的是，這個過程是附屬的，不僅是由於從一種意思上來說這筆資金來源於發展，還可以從另外的意義上來說，即存在利息這一事實，這筆錢可以得到利息的可能性就能把這種購買力吸引到貨幣市場上來。獲取利息是購買力的所有者提供購買力的唯一動機 —— 如果沒有利息，購買力就會被儲存起來，或者用來購買物品。

19 世紀 30 年代，美國歷史上第一列蒸汽火車。
莫霍克與哈德遜鐵路公司向大眾展示了新型的蒸汽火車 —— 蒸汽機車後有帶著燃料的煤水車，其後是兩節馬車風格的車廂。

　　另一個要素的情況與之類似。我們知道，沒有發展的經濟系統中儲蓄的重要性相對來說是比較小的，而通常意義上所說的現代社會的儲蓄規模大小，只不過是那些來自發展的利潤總和，這些利潤從來沒有成為一種收入要素。現在，從現實的意義來說，儲蓄也許不具有足夠大的重要性，甚至在發展的經濟系統中，這種重要性從產業需求的角度來說也不具有決定性作用，但是，一種新型的儲蓄類型 —— 確實是「真實的」儲蓄 —— 出現了，這種儲蓄在沒有發展的系統中是不存在的。一個人透過借出一筆資金就能得到永久性的收入，這樣的事實成為儲蓄的新動機。儲蓄額的自動增加會導致它的邊際效用下降，我們可以想像，此時儲蓄額會比沒有利息時的儲蓄額要少。然而，大多數情況下，利息的存在開拓了一種使用儲蓄的貨幣的新方法，會導致儲蓄活動的大幅增加 —— 當然，這並不意味著利息的每一次增加都必然引起儲蓄的增加。由此可見，實際中觀察到的利息，部分是由現存的利息引起的。在這裡，還有一種現象，即「附屬的購買力流量」進入貨幣市場。

　　供應貨幣市場的第三種來源是那些長期或者短期閒置的貨幣，如果借

出這些貨幣能夠獲得利息，那麼這些貨幣也會被借出。這種貨幣包括能夠用於支配的企業資本等。銀行聚集這些資本並用高度發達的技術使每個單位貨幣都能為購買力供應的增加做出貢獻，即使這些貨幣是為即將發生的支出準備的。還有另外的一個事實也屬於這種情況。我們知道，信用支付手段的本質以及對它的存在的解釋並不是為了節約金屬貨幣。當然，信用支付手段所需要的金屬貨幣數量，比單獨運用金屬貨幣執行相同的交易所需要使用的金屬貨幣數量要少。但是，這些交易也只有藉助於信用支付工具才會出現，如果沒有信用支付工具，對那些同時已經發展起來的貨幣需求而言，就不會有任何貨幣的「節約」。現在，我們必須了解到，除了由成長所引起的信用支付工具，以前可能由金屬貨幣完成的交易也可以透過銀行創造的信用來進行，銀行是處於迫切增加能夠生息的購買力的數量的壓力下來創造這些信用的。也就是說，信用支付工具可以由銀行的經營技術創造出來，因此，由這個來源產生的可支配貨幣的數量會進一步增加。

　　所有這些要素都增加了貨幣市場的供給，也使得利息處於比較低的水準，利息水準在沒有這些要素的情況下是不可能這樣低的。如果成長不能持續創造新的生產可能性，利息很快就會降低為0。一旦成長停滯，銀行家就不知道如何處置這些可以支配的資金，而且會對貨幣的價格包含資本本身、風險溢價以及勞動的補償等持懷疑態度。尤其是在富裕國家的貨幣市場中，購買力的創造這一要素並不是很重要，而且容易形成這樣的印象，即銀行家只不過是借款與貸款人之間的仲介，這一認知無論是在經濟理論界，還是在金融實踐中，都是非常重要的。從這個觀點來看，信用支付工具只是這樣的一個步驟，即用企業家所需的具體物品，或那些轉移必需的生產數據給企業家的人所需的具體物品，來代替出借人的貨幣。

這裡還需要注意，在某些情況下，人們要求和支付利息，只是因為有可能要求和支付利息，正如龐巴維克曾經強調過的一樣。銀行餘額的利息就是一個例子。沒有人想以這樣的方式把他的購買力轉移到銀行來投資。相反，由於貨幣希望能夠提供購買力給企業或個人使用，因此貨幣被儲存起來。即使需要為此付出代價，這種行為還是會發生。但是，在大多數國家，存款者實際所獲得的是利息的一種份額，這種利息是銀行家利用該筆資金得到的。一旦這種情況成為平常的事情，人們就不會傾向於把錢存到一家不支付利息的銀行。這裡，存款者不需要做任何事情就能獲得利息。現在，這種現象深入到所有的經濟生活中。不論購買力的目的是什麼，每一份小的購買力都能夠獲得利息，這實際上使購買力形成了溢價。這樣，利息就強行進入了那些本身與執行新組合沒有任何關係的人們的經營事務中。每一單位的購買力都必須與那些嘗試把它們吸引到貨幣市場中的潮流競爭。此外，很明顯，不論人們以何種理由需要信貸，都將與這個基本現象連繫起來。

14

利息現象以這樣的方式逐漸擴展到整個經濟系統，為觀察者展現了一個廣闊的前景，這種前景比人們從利息內部本質所進行的猜想要廣闊。因此，在這種意義上來說，時間本身變成了成本的一個要素，這一點我們已經指出。流行的學說把這種隨之發生的現象作為基本事實，解釋並證明了流行學說與我們的解釋之間的差別。但是，我們仍然還要繼續論述，即解釋利息最終變成除薪資之外的所有收入的表達形式這一事實。

如跟我們說專利或者其他任何商品都能獲得壟斷收入一樣，我們也可以說土地能夠產生利息。我們甚至可以說，非永久性的收入也能產生利息，例如，一筆用於投機的資金，甚至是用於投機的商品，也能夠產生利息。這難道不與我們的論述相矛盾嗎？對物品的擁有可以獲得利息，和我們的解釋相比，難道不是一種完全不同類型的解釋嗎？

這種表達收入的方法，在美國的經濟學家中，已經產生了明確的成果。這種推動力來自克拉克教授。他把來自具體生產數據的收益稱為租金，把生產力的持久的經濟基金的結果所產生的相同的收益 —— 他把這種持久的經濟基金稱作「資本」 —— 稱為利息。因此，在這裡，利息只是作為收益的特殊方面，而不是國民經濟收入流中的獨立部分。費特教授用不同的方法更有力地發展了相同的觀點。但是，我們最感興趣的是費雪教授在他的著作《利息率》（*The Rate of Interest*）中所表達的理論。費雪用人們低估了未來需求的滿足來解釋利息的事實；最近 [196] 他這樣表述他的理論：「利息是一種缺乏耐心而在市場中具體化的比率」。相應地，他把利息與各個時期脫離最終消費品的所有商品連繫起來。由於所有消費品所得到的收入都可以「資本化」，所以可以用利息這種形式來表示。利息不是收入流的一部分，而是收入流的全部：薪資是人力資本的利息，地租是土地形式的資本的利息，所有其他收入是生產出來的資本的利息。每一種收入都是根據某個貼現比率得到的價值產品，這種貼現比率是根據低估未來需求滿足的比率來確定的。我們不能接受這樣的理論，因為我們甚至不能意識到這個理論中的基本要素的存在，這是很清楚的事實。同樣清楚的還有，對費雪來說，這種要素是經濟生活中的中心要素，能夠用來解釋幾乎所有的經濟現象。

---

[196] 科學院，《科學評論》（1911 年）。—— 原注

費城的交易所和吉拉德銀行，繪製於 1839 年。1831 年，建築師威廉‧斯特里克蘭
（William Strickland）設計了新的費城商業交易所。

　　在這裡，我們需要考慮的基本原則會在下面論述，這個基本原則能
夠引導我們理解以利息形式展現的收入這種普遍的實際情況。根據我們
的論述，具體的商品從來不是資本。但是，任何擁有商品的人，在一個
充分發展的經濟系統中，都能夠透過出售商品獲得資本。從這個意義上
來說，具體的商品也許可以被稱為「潛在的資本」；至少從所有者的角
度來說，這些商品是潛在的資本，因為所有者可以用商品交換資本。但
是，這裡要考慮兩種特殊的情況，那就是土地和壟斷地位 [197]，這裡有兩
個原因。第一，如果我們忽略奴隸制，那麼人們是不可能出賣掉自己的
勞動力的，這是很清楚的。但是，在這個意義上，也就不存在流行的觀
點所宣稱的消費品庫存以及生產出來的生產數據 —— 因此，原則上，我
們回到土地和壟斷上來。第二，只有土地和壟斷地位能夠直接產生持久
的收入。既然資本也可以產生持久的收入，那麼它的所有者就不會用它
來交換不能產生淨收入的產品 —— 除非給他一個折扣，使他能夠用換來
的商品在當前的經濟周期中實現利潤，並且能夠再次投入他的資本。但

---

[197] 雖然我用這種表達方法，但我並不懷疑壟斷地位不是「商品」這一根本事實，這一點很容易
　　　能夠看出。 —— 原注

是在這種情況下，商品出售者就會遭受損失，因此，他只會在非正常條件下才會做出這樣的決定，尤其是處境困難的時候才會出售商品。這一點我們將在下面說明。

如果存在成長，「自然要素」的所有者和壟斷者就有充分的理由對比他們的收入與資本的收入，這種資本的收入是透過賣出他們的自然產品或根據他們的壟斷地位獲得的，而這種賣出產品的行為可能對他們來說是有利的。資本家也有理由對比他們從租金中獲得的利息收入，和利用他們的資本獲得的永久性壟斷收入。這種收入來源的價格有多高呢？只要資本家從獲取財富的觀點出發，那麼就不會使土地價格的估值高於這樣一筆錢，即這筆錢能夠產生的利息等於土地能夠產生的地租。同樣的道理，沒有一個資本家會使土地價格的估值低於這筆錢。如果一塊土地價格的估值高了 —— 忽略那些明顯的次級要素 —— 那麼它是沒有市場的，沒有資本家會購買它；如果對這塊土地價格的估值低了，那麼競爭就會在這些資本家中產生，並提高土地的價格。除非陷入困境，土地所有者不會為了得到比他的土地能夠產生的純租金還少的利息而放棄他的土地。但是，土地所有者也不可能以更高的價格出售他的土地，因為立即會有大量的土地供應給願意出這個價格的資本家。這樣，永久收入來源的「資本價值」就被確定下來。那些能夠引起多付或者少付一點的眾所周知的環境，多數情況下，並不影響這個基本原理。

對資本化問題的這種解決方法，核心和基本的要素是購買力的利息。所有永久收入來源的收益都是與這種購買力的利息相比較，並且以它為依據 —— 由於利息的存在，它的價格是由競爭機制決定的，所以把潛在的資本回報假設為真實的利息，不會產生任何錯誤。因此，在現實中，每種永久性的收入都是與利息具有連繫的；但是，這種收入的大小

在多大程度上與利息具有連繫，是由利息的水準決定的。實際上，這種永久性的收入不是利息，而只是簡化的表示方法。如果利息的本質能夠透過「時間貼現」這種表述被正確地描述，那麼這種永久性的收入就不直接依賴於利息。

我們的結果還可以擴展到非永久性淨收入，例如準地租。在自由競爭的環境下，一筆暫時的淨收入將按照這樣的價格交易，即如果交易結束時把相當於上面所說的價格的貨幣投資以獲取利息，那麼其所累積的利息額應該等於淨收益停止時的累積利息之和，這些利息是透過把所有淨收入都借出去產生的。在這裡，實際上，購買者的資本被認為是產生利息的 —— 並且與永久性的收入具有相同的權利 —— 儘管購買者不再擁有他的資本，並且從一個資本家變成獲取租金的人。如果一座高爐不能產生永久性的收入 —— 也可能是壟斷性的收入 —— 或者暫時性的淨收益，而且這種高爐還是一種循環流動中的經營活動（抽掉可以忽略的租金），這種經營活動就是沒有利潤的，此時，這座高爐的所有者能夠從中獲得多少錢呢？現在，沒有一個資本家願意把他的資本「投資」於這樣的一種經營活動中。交易一旦發生，這樣的活動帶給他的收入不僅要能夠在工廠清算時收回本金，而且在工廠經營期間，還必須獲得一筆與他把這筆投資於其他地方所能得到的利息相當的淨收益。因此，如果購買者沒有其他打算，而只是想從循環流動的系統中獲取收益，也就是說他不打算在新的生產組合中運用高爐，那麼高爐必然會以低於成本的價格被賣掉。出售者必定要下定決心遭受損失，因為只有這樣，買方才能獲取與這筆購買資金可取得的利息相等的利潤。

用美國地圖展示的最先進的交通和通訊方式，印刷於 1910 年。

在這些情況中，商人的表述和解釋都不是正確的。但是，在所有這些情況下，不正確的表述和解釋沒有任何實際上的結果，同時對於商人為什麼要利用這種不恰當的解釋也是非常清楚的。在現代經濟系統中，利息率是居於統治地位的要素，也是整個經濟情況的晴雨表，在每個經濟行動中都有必要考慮利息率，因此，利息率進入了每一項經濟考慮之中。它導致一種理論學家所觀察到的現象，即從某個方面來說，經濟系統中的所有收入都是趨於相等的。

15

在日常生活中，人們常常會談到具體商品的利息，這種簡單的表述當然會把人們引向歧途。這種理論上的錯誤可能給實際工作帶來錯誤，因為理論上的錯誤常常把利息的概念擴展到它的真實基礎之外。

在永久性收入的情況中，也就是在租金和永久性壟斷收入的情況中，採用收入的「利息方面」這樣的觀點是無害的，其他的情況不能採用這樣的觀點。為了表明這一點，我們沿用前面說的高爐的例子。在我們的假設下，高爐的購買者在高爐的使用期間獲得的收入，足以補償他的購買資金以及由此產生的利息——我們假設他把這些作為收入花掉。現在，如果所有的經濟條件不變，那麼當高爐報廢時，他可以再建另一座高爐[198]，當然，新建的高爐與原來是一樣的，所用的成本與原來的高爐也是一樣的。但是，如果新建高爐的成本高於原來的成本，那麼購買者必須在他的折舊基金的基礎上增加一項資金來補償重置費用。自此之後，高爐就不會給他帶來任何淨收益。如果高爐的購買者清楚地觀察到這些條件，他就不會重新建造高爐，而是把收回的資金投入到其他行業中。如果他沒有觀察到這些條件，而讓自己被利息的表面所欺騙，那麼他就是一個失敗者，儘管和他一樣的賣方已經遭受了損失，也儘管當時他作為買方對自己做了一筆合算的買賣深信不疑。初看起來，這種情況會讓人有些迷惑，但是我不會對此做出補充解釋，因為適當關注這種事情的讀者對這個問題會很清楚的。實際中，這種情況也不少，這些情況都是人們把永久性利息收入與並不產生這些收入的商品連繫起來的結果。當然，其他錯誤也會導致這種失敗。不過，這種失望在某種有利的環境中也可能不會變成現實。我相信每個人都能在實踐中找到充足的證據來驗證上述情況。

如果淨收益實際上存在，但不是永久性的，比如一家企業仍然能夠分期產生少量的企業家利潤，或者產生暫時的壟斷性收入，或者準地

---

[198] 讀者將會很容易發現，如果我們假定購買者希望繼續使用高爐，而不讓高爐報廢，也不再進行重建，而是透過維修使得高爐能夠被持久使用，那麼在這種情況下，我們的論點也不會發生改變。——原注

租，那麼這種情況與上面的情況也是類似的。然而，如果有人把這些東西稱之為生息，那麼只要他能夠意識到這些收入暫時性的特徵，就沒有什麼危害。但是，一旦人們把這些收入解釋為利息，那麼很明顯是把它們看作了永久性的嘗試；的確，有時這種表述已經是一種錯誤的表徵。然後，人們當然會產生不愉快的驚訝。這種利息有一種遞減的趨勢，甚至可能突然終止。處於這些事件中的商人常常抱怨生意不好做，甚至爭取要實行關稅保護、政府援助等，或者考慮把自己作為特殊災害的受害者，或者有更充分的理由認為自己是新競爭機制的受害者。這些情況經常發生，明顯證明了我們的解釋。然而，顯然它們又回到基本的錯誤上來了，這種基本的錯誤在實際中將導致錯誤的行動和更痛苦的失望，在理論上將導致那些我們批判的利息解釋的產生。

　　常常聽到某人的生意「獲利」30%這樣的說法。當然，這不僅僅是利息。在多數情況下，是因為沒有把企業家的活動作為一項支出來考慮，從而也沒有把支付給企業家活動的報酬包括在成本之內，才會得出上述的結論。如果不是這種解釋，那麼收益就不是永久性的。商業實踐完全驗證了我們解釋的這個結論。什麼商業能夠永久性地「產生利息」呢？商人們通常沒有意識到收益的這種暫時性的特徵，而且對收益的不斷減少做了很多不同的假設。購買者通常會被能夠維持收益的期望所誘惑 —— 他至多了解到前期所有者的經驗可能跟這些收益的大小有關係。於是，他自動運用利息公式來代替這種正確的計算方法。如果他嚴格地將收益按照當前的利息率「資本化」，失敗就會隨之而來。每一個企業的收益在一段時間之後就會消失；任何一家企業，如果它保持不變，就會很快失去存在的意義。

　　個人的工業企業只是薪資和地租的永久性來源，而不是其他收入的

永久性來源。那些在日常實踐中經常忽略這一點，並遭受上面所說的這些不愉快的個人就是典型的股票持有者。有人認為股東完全不用定期的更換投資專案而能夠獲得永久性的淨收益，這與我們的利息理論是相悖的。根據我們的觀點，資本家首先必須把他的資本借給企業家，過一段時間後，當這個企業家不能支付利息時，再把資本借給另外一個企業家。由於我們把股東的特徵定義為僅僅是貨幣的提供者，因此股東能夠從同一個企業獲得一份永久性收入，那麼這個反對觀點看起來是很有力度的。但是，準確來說，股東的例子──以及每一個把自己的命運與一家企業連繫起來的資金出借者──表明了我們的解釋是非常接近現實的。這個「事實」是非常令人懷疑的，公司能夠永久存在下去，並支付永久性的股息嗎？當然，這種事實有，但只在兩種情況下存在。第一，有些工業部門，比如鐵路，即使沒有永久性的壟斷，但是在相當長的一段時期內還是能夠保證壟斷權的。其股東能夠收到壟斷性的收入。第二，有這樣一些類型的企業，它們按照其本質和計劃不斷創造新事物，它們實際上是新企業形式的連續形態。這些企業的目標和領導者是經常變化的，所以這些企業的本質就是考慮讓那些有能力的人經常處於領導者的地位。新的利潤總是會出現，如果股東失去了他的收益，這實際上不是必然的，而只能用個別情況下不幸來解釋。但是，忽略這兩種情況，也就是說，如果企業只經營一種確定的業務，而沒有處於壟斷地位，那麼至多能夠獲得的是能夠作為永久性收入的自然要素的租金。實際上，競爭並不是立即發揮作用的，因而企業能夠在相當長的一段時期內保持剩餘，實踐有力地證明了這一點。沒有任何的一個工業企業能夠提供一筆永久性的收入滿足其股東；相反，它很快會陷入類似於乾涸的泉水一樣的困境。因此，資本的償還總是隱藏在股息之中，儘管機器的

磨損等事件總是被謹慎地計入折舊帳戶中。實際中攤銷到成本中的數量往往比實際磨損大得多，企業家總是希望盡快攤銷掉全部資本，這是非常恰當的事實。因為，當到了收益與成本正好相等的時期，這種企業就不具有任何價值了。因此，不可能從同一家企業的利息中獲取持久的收入，不相信這一點且不按照這一點行事的人，只有在遭受損失後才能明白其中的道理。所以，股東獲取股利這樣的事實並不能說明我們的解釋是錯誤的 —— 而是正好相反。

16

這個理論在多大程度上能夠成為與利息有關的統計數據的分析和調查的有效工具，還有待觀察。這種解釋似乎把貨幣、信用和銀行業等方面的事實與純理論更緊密地結合起來。作者希望把一些工作的研究成果寫成專著，並能夠在不久的將來出版，其中會包括下面的這些問題：黃金儲備與利息的關係、貨幣體系對利息的影響、不同國家利息率的差異以及外匯與利息之間的關係等。

我們的論證能夠解釋利率的時間變動。主要還是基於類似的事實，我們才能期望我們的基本思想得以證實。如果經濟生活中的利息 —— 通常稱為「生產性利息」 —— 的根源在企業家的利潤，那麼兩者的連繫和變動應該更加緊密。事實上，短期內的波動是這樣的。對於長期內兩者之間的關係，我們仍然可以觀察普遍流行的新組合與利息的某些關係，但是其中需要考慮很多要素，而且一旦超過我們所說的期限，比如說10

年，那麼要證明這段時間內「其他事情」保持不變就變得非常複雜。因為在這段時間內，我們不僅要考慮政府借債、資本轉移以及一般價格水準的變動，而且還要考慮更為棘手的問題，這裡不可能對此進行討論。

在我們的理論中，沒有任何論據支持這樣一種舊的觀點 —— 這種觀點對自古典經濟學以來的很多人來說已經成為教條 —— 即認為利息從長期來看必定表現出下降的趨勢。這種觀點給人留下深刻印象的原因主要是它考慮了風險要素，這種風險要素解釋了中世紀的利率；而真實的利率並沒有表現出這種長期趨勢，利息的歷史恰恰證實而不是否定了我們的解釋。

〈莫農加希拉河〉，美國油畫家約翰·凱恩（John Kane）繪製於 1931 年。凱恩是一個自學成才的畫家，在這幅畫中他畫了一個大型鋼鐵工廠，還有火車與周邊的風景。

這些分析和說明已經足夠多了。不管我們的論證有多麼不完善，也不管我們的論證需要多麼精確的表述和多大的修改，我相信，讀者都將能夠找到其中的某些要素，以此來理解經濟現象中迄今為止最難理解的部分。我只需要補充一句話：我希望解釋利息現象，而不是證實利息現象。從對取得的成就進行獎勵的意義上來說，利息不同於作為發展的直接結果的利潤。相反，不如說利息是一種經濟發展的制動因素 —— 在交換經濟中，是一種必要的制動 —— 是一種「企業家利潤的稅收」。當然，儘管人們把譴責和贊同同時包含在了我們這門科學的任務中，也

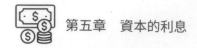

不足以讓我們譴責利息。面對譴責性的審判，我們能夠肯定這個「經濟系統的監督官」的重要職能，我們也可以得出結論：利息只是從企業家那裡拿走一些本該屬於企業家的東西，而不是從其他階層中拿走這些東西 —— 忽略消費信貸和「生產性消費性信貸」的情況。然而，這一事實，連同利息現象並不是經濟組織中的必要要素這一事實，將會導致社會條件對利息問題的更多反對性評判。因此，重要的是要表明，利息只是執行新組合這種特殊方法的結果，而且這種特殊方法比競爭性經濟系統中的其他基本制度更容易改變。

第六章

經濟周期

—— 初步敘述

　　下面要說的是危機理論，更準確地說是周期性的經濟波動理論，它還沒有一個令人滿意的與其主題相關的陳述，這不像已經說明了的企業家職能理論、信貸理論、資本、貨幣市場、利潤和利息等問題那樣。一個令人滿意的理論，在今天更需要綜合處理大量增加的數據，闡述和制定建立在不同的商業條件以及它們之間相互關係基礎上的數量巨大的個別理論。我所允諾的詳細研究還沒有完成 [199]，而且根據我的工作計劃，這種情況還要持續一段時間。儘管如此，我還是要再次提及本章，不僅因為這一章在對危機的調查中具有自己的地位，還因為我認定它是正確的；不僅因為我相信這一章包含對本書關於這個話題的貢獻，還因為這種貢獻說明了事物的本質。因此，在這一章，我願意接受相關批評。

　　透過對我所注意到的各種反對意見的研究，我確信了自己的信念。這裡我只提兩種意見。第一，有批評認為我的理論只不過是一種「危機的心理」。這種反對意見是由一位最有才能的權威人士，也是我最尊重的人提出來的。為了讓讀者清楚看到這種反對意見的真實含義，我必須更加鮮明地闡述它的真實內容。「危機的心理」意味著某種十分確定的含義，它不同於「價值的心理」，比如它意味著我們要堅信那些商業世界中令人害怕的悲喜劇之間的相互交替，這種情景是我們注意到的，也是在過去每一個經濟危機時期中已經被注意到的。作為危機的理論，它意味著建立在幾種情況基礎上的科學解釋，這幾種情況分別為：同時發生

---

[199] 關於這個主題，我在《政治經濟學、社會政策和管理雜誌》（1910 年）發表過，還在《社會科學與社會政策檔案》（1914 年）發表過〈經濟生活的波動〉。直到今天，我關於危機的理論主要引自這篇文章。我在 1914 年哈佛大學的一次演講中詳細說明了這篇論文，當時在表述和事實依據方面沒有任何改變。此外，還有一篇文章〈信用控制〉，主要涉及的是其他事情；還有載於《經濟 —— 統計通訊雜誌》（1925 年）上的文章〈銀行政策〉，這篇文章也只是初步涉及了這個問題。1925 年，我在羅特達姆的一次演講中詳細論述了這個問題。最後，可以參閱載於《經濟學雜誌》（1928 年）中的〈經濟周期解說〉一文中關於這個問題的簡短說明。—— 原注

的以及相應發生的現象（恐慌、悲觀主義等），之前對股票走勢的看漲的趨勢以及促銷熱潮等。這種理論是很空洞的，解釋不了任何問題，但這不是我的觀點所在。我不只討論外在行為，在我對經濟事件的論述中也可以找到心理因素。我解釋經濟周期波動的現象 —— 不管現在是否發生 —— 僅僅是運用一串自動執行的客觀因果關係來進行的，即透過論述新企業的出現對已經存在的企業所處的條件及環境的影響來進行的，這一連串的因果關係所產生的事實已經在第二章闡述過了。

第二個反對意見由羅伊提出，他認為我的理論沒有解釋危機的周期性[200]。對此，我認為周期性意味著兩種含義。首先，存在這樣簡單的事實，即每一次繁榮之後伴隨著蕭條，每一次蕭條之後又伴隨著繁榮。我的理論解釋了這種現象。其次，周期的實際長度。沒有任何一個理論能夠從數字上說明周期的實際長度，因為這顯然依賴於每種具體情況的具體數據。我的理論對此給出了一般性的回答：在新企業的產品到達市場之前的一段時間內，必然是以繁榮結束，以蕭條開始。當吸收創新的過程結束時，一種新的繁榮會戰勝蕭條。

但是羅伊的質疑還有其他含義，這些含義被埃米爾·萊德爾明確地表示了出來[201]。他認為我的論證是「不令人滿意的，因為它沒有試圖解釋為什麼企業家是周期性出現的、企業家在什麼條件下可以出現以及如果條件對企業家有利，企業家是否會不斷出現，其原因又是什麼」。有人可能堅持認為，我對企業家成群出現以及由此引起的結果與現象（即這種結果和現象是形成繁榮時期的唯一原因）的解釋是不能令人信服的。但是，如果說我沒有努力解釋這些現象 —— 我的所有論證的目的都是為

---

[200] 參閱紀念布倫塔諾的文集第二篇，第351頁。 —— 原注
[201] 參閱他的著作〈周期性變動和危機〉，載《社會經濟學大綱》第四卷，第一部分，第368頁。 —— 原注

了對此進行解釋 —— 在我看來就是站不住腳的。企業家能夠出現的條件 —— 忽略競爭性經濟中的一般的經濟和社會條件 —— 在第二章已經說明，企業家出現的條件也可以用可能性的出現來進行簡略的、不完全的表達，這種表達從私人經濟的角度來說，是非常有利的 —— 這種企業家出現的條件必須得以實現；由於個人條件的限制以及外部環境的影響，這種有限的可能性是必需的[202]。再加上一種經濟情況，它能夠相當可靠地被計算出來。如果人們堅持我們關於企業家概念的假設，那麼企業家在這些條件下為什麼會出現就不是很難的問題了，這好比人們看到機會出現在面前時，就會立刻伸手去抓一樣。

1937 年，在佛羅里達溫特黑文葡萄柚罐頭廠工作的婦女。美國通過的《農業調整法》明文規定，對棉花、小麥、玉米、菸葉、稻米等主要作物實行生產定額，對食品加工徵稅。

現在，為了更加清晰地展現這些觀點，我準備把我的理論與迄今為止在這個領域做了最充分努力的斯皮托夫（A. Spiretuoff）的理論進行對比[203]，這不帶有任何批評意圖 —— 我的理論很難在徹底性和完整性方面與他的理論相比較。根據朱格拉的觀點，經濟周期的波浪式波動才

---

[202] 第二章中的新闡述澄清了羅伊的反對意見，他的反對觀點是用「半靜態」商人的概念來描述的。 —— 原注

[203] 參閱他近期的論述，首先是載於《政治科學袖珍辭典》中的〈危機〉一文，其次是他在《漢堡經濟通訊》（1926 年）第一冊中的論述，以及他在波恩大學所做的演講《現代經濟變動考察》。 —— 原注

是需要解釋的基本問題，而不是危機，這個觀點對我的理論與斯皮托夫的理論都是適用的。我們同意這樣的觀點——這個觀點是我建立的，不僅出現在這一章中，還出現在第二章中——這種變動的情況是資本主義時期經濟發展所採取的形式。因此，我們也同意這樣的觀點，即充分發展的資本主義只能上溯到這種不斷變動的情況首次發生時（根據斯皮托夫的觀點，英國充分發展的資本主義可以追溯到 1821 年，而德國可以追溯到 1840 年代）。進一步，我們贊同這樣的說法，即鋼鐵的消費量是反映經濟狀況的最好指標，也就是說，斯皮托夫發現並計算出來的這個指標——我在這個方面沒有做任何的努力——從理論的觀點出發，我也認為這個指標是正確的。我同意這個因果關係首先開始於用資本購買所需的生產數據，而繁榮則首先在工業企業（工廠、礦山、船舶、鐵路等）的生產中實現。最後，我們同意這樣的觀點，即繁榮的產生是因為「更多的資本被投資」，更多的資本被用於新的企業，接著這個資本的衝擊會延伸到原材料、勞動力和裝置等市場中。從這個意義上來說，我們同樣也可以理解資本，只有一個例外的情況，那就是在我的論述中，創造購買力起著根本性的作用，而這沒有出現在斯皮托夫的論述中。至此，我應該只需要補充一點，即資本的投入不是隨著時間均勻分布的，而是會間隔性地大批出現。這是一個極為基本的事實，為此我提出了斯皮托夫不曾提出的一種解釋。我接受斯皮托夫關於標準周期的概念。

我們之間的不同在於對那種結束繁榮，帶來蕭條的環境的解釋。對斯皮托夫來說，這種環境，一方面對現存的資本來說，是一種資本產品的過度生產；另一方面對有效需求來說，也是一種資本產品的過度生產。作為對實際發生的事實的描述，我也可以接受這樣的觀點。但是，斯皮托夫的觀點只是停留在這一點上，而我的理論則試圖讓人們理解，

是什麼環境引導那些工廠裝置、建築材料的生產者周期性地生產出比當時的市場所能吸收的數量更多的產品。在解釋這些事情時，我的理論所採用的方式可以在本章找到，也可以概括如下。關於第二章中已經確認的情況，即新企業通常不是在舊企業基礎上產生的，而是另外產生的，新企業產生會競爭性地消滅舊企業，因此，新企業的出現對舊企業和已經建立起來的經濟情況的影響，就是要改變條件，這個條件是適應這個特殊的過程所必需的。透過更詳細的討論，我們之間的區別將會進一步縮小。

精縮我以前的闡述，並使其變得無懈可擊，是不可能的。儘管如此，為了讓這些基本的觀點展現得更加清晰，我還是對它做了一定的壓縮。基於同樣的原因，我將對論述的步驟進行編號。

1. 我們的問題是：我們所描述的整個發展過程會不間斷地持續下去嗎？這個過程與一棵樹生長的過程是相似的嗎？根據經驗可以得出否定的回答。經濟系統不是連續地、平穩地向前運動的，這是一個基本事實。逆向運動、挫折等多種不同的運動方式的出現阻礙了發展的道路；在經濟價值系統中，也存在干擾發展的因素。為什麼會發生這種情況？我們遇到了新的問題。

如果從發展的平穩直線中出現的經濟系統的偏離很小，那麼，它們幾乎就不能構成理論學家所特別關注的問題。在一個沒有發展的經濟中，個人可能會遇到對他來說非常嚴重的不幸或者損失，但也不足以構成任何理由使理論深入研究這種現象。同樣，那些可能破壞整個國家經濟發展的事情如果是很稀少的，並且被當作偶然事件的話，那麼就不需要對其進行全面調查。但是，我們這裡所說的反向運動和回饋是經常發生的，這種經常性使得我們一考慮這些問題，類似於必需的一些周期性

就表現出來了。實際上，如果不是從邏輯上對這種現象進行抽象，是不可能看出什麼問題的。

　　進一步說，如果克服一種挫折之後，早期的發展又從它被中斷的地方再次開始，若出現這種情況，這種挫折的意義從原則上來說就不是很重要。即使我們沒有解釋這些干擾事件本身，或者從這些干擾事件中抽離出來，也可能會說我們考慮了發展的所有基本事實。然而，情況並非如此。逆向運動不僅阻礙了發展，還結束了發展；很多價值被消滅掉；經濟系統中處於領導地位的人的基本條件和前提被改變了。經濟系統在重新開始發展之前，必須振奮精神，恢復精力；其價值系統也需要重構。再次開始的發展是一個新的過程，而不僅僅是舊過程的繼續。經驗告訴我們，這種過程或多或少都會朝著與前期過程相同的方向運動，但是這個「計劃」的連續性被打斷了[204]。新的發展過程產生於不同的條件下，部分來源於不同人們的行為；很多舊的希望和價值被埋葬了，產生了新的事物。從經驗上來說，這些存在於挫折之間的所有區域性發展的主線，與總體發展的輪廓是吻合的，但是從理論上來說，我們不能僅僅考慮整個發展的輪廓。企業家不能跨越挫折這個階段，然後把他們的計畫帶入到下一個發展階段實施，因為這種做法脫離了現實，找不到任何科學依據。

　　現在，我們必須調查這樣一類現象，這種現象與其他發展現象相比，顯然處於對立的位置，而且特別突出。首先，存在下面的可能性。第一，危機可能是也可能不是一種完全相同的現象。我們從經驗得知的、被描述為危機的發展中的特殊的崩潰現象，對人們來說具有相同的形式，是一種相同的現象。然而，這種危機的同一性不會持續很久。相

---

[204] 當然，托拉斯過程越發展，這種情況越少。——原注

反，這種同一性只存在於危機對經濟系統和個人影響的相似性上，而且存在於一些事情在很多的危機中總是習慣性出現這一事實基礎上。但是，這些影響和事件，是與經濟生活中的內部與外部的多種形式的干擾同時出現的，並不足以證明危機總是具有相同的現象。實際上，不同種類和原因的危機是可以區分的。沒有任何事情能夠證明我們可以事先假設危機之間的共同點比我們開始時所說的要素之間的共同點要多，也就是說，危機是使之前經濟發展過程停止的所有事件。

第二，不管經濟現象是同質的還是異質的，危機不一定有能力解釋純粹的經濟情況。當然，危機本身屬於經濟範疇，這是毋庸置疑的。但是，這絕不是說危機屬於經濟系統的本質，或者從危機必然產生於經濟要素本身這個意義上來說，也絕不能說危機屬於這樣的一種經濟系統。相反，危機的真正來源很有可能存在於經濟範疇之外，即危機是外界事物作用於經濟領域產生干擾的結果。危機發生的頻率，甚至人們通常所說的危機的規律性，都不是定論，因為這些干擾因素在實際生活中經常發生，這是很容易想像的事實。危機僅僅是經濟生活對新條件的適應過程。

對於第一點，我們可以談到這樣的一種情況。如果我們認為危機是我們在任何地方所碰到的大的干擾，那麼除了干擾這個事實之外，就不會存在任何具有一般屬性的事實了。目前來說，也可以從這種廣泛的意義上構想危機。經濟過程可以被分為三種不同的類型：循環流動的過程、發展的過程、阻礙沒有干擾的發展的過程。這種分類絕沒有脫離現實。只有更詳細的分析才能表明其中的一個經濟過程類型是否從屬於另外兩個經濟過程類型的某一個。

危機的歷史已經證明了干擾的普遍特徵並不存在。這種干擾可以在

每個經濟實體所有可以想像到的地方爆發，甚至在不同的地方以不同的方式爆發。它們有時出現在供給方，有時出現在需求方：出現在供給方時，有時出現在技術性生產過程中，有時出現在市場中或信貸關係中；出現在需求方時，有時是透過需求方向的變化展現的（例如時尚風格的變化），有時是透過消費者購買力的變化展現的。各種工業企業所受的干擾不是相同的，但是第一個工業企業受到的干擾是最多的，第二個次之。有時，危機是以信用系統的崩潰為特徵的，尤其是對資本家的影響，有時工人或土地所有者遭受的危機最多。企業家也是透過不同的方式受到危機影響的。

由此看來，試圖在危機所表現的形式中找到共同要素是很有前景的研究。實際上，正是這種共同要素導致了一種流行的、科學的信念，認為危機總是一個，並且是同一個現象。然而，這只是透過外部的膚淺性所獲得的外在特徵，除了作為發展中的一種干擾要素之外，對所有的危機來說，這種外在特徵既不是共同的，也不是本質上的。比如，恐慌這種要素就是很明顯的。它是早期危機的一種顯著特徵，但是也存在有恐慌但是沒有危機的情況。更進一步說，也存在沒有真正恐慌的危機。恐慌的強度在任何情況下，與危機的重要性都不具有必然連繫。最後，恐慌更多的是危機爆發後的結果，而不是危機爆發的原因。這對「投資熱潮」、「生產過剩」[205] 等情況也是適用的。一旦危機爆發並改變了整個經濟情況，大量的投機交易看起來就是沒有任何意義的，而且每一種生產出來的產品的數量通常都是過剩的，儘管危機爆發之前，這兩種情況和當時的經濟情況是完全相適應的。類似地，個別因素的崩潰、生產的各個部門之間適當性關係的缺失、生產與消費的不一致以及其他要素，

---

[205] 我這樣說，並不是指詳盡的生產過剩理論，而只是關於這種要素的一種流行的說法。—— 原注

都是危機造成的結果而不是引起危機的原因。從這個意義上來說，沒有任何令人滿意的關於危機的標準，這一點可以由下面的事實表明，即儘管根據這一主題的描述性文獻，一定數量危機必定重複出現，但除此之外，危機的個別細節之間並不互相符合。

20 世紀初，富裕的美國中產階級女子在一年一度的邁阿密海灘時裝秀上展示自己的新時裝。當時美國經歷了一段高度繁榮和經濟穩定成長期，城市建設熱潮掀起，大量資本被投入到基礎社會建設中，橫穿東西部的公路、鐵路紛紛建立起來，汽車及電視機、冰箱等日用品走入千家萬戶，很多人過上了富裕生活，社會生活變得喧囂、奢華、夢幻。

其次，我們轉入另一個問題，是否所有危機都是純粹的經濟現象，即是否所有危機以及它們的形成原因和結果，都能從對經濟系統的學習所得到的解釋要素中去了解。很明顯，情況並不總是如此，也不一定必然如此。例如，戰爭的爆發可能構成足夠大的干擾，因而形成我們所說的危機，這種情況我們應該立即承認。當然，這絕不是規律。比如，19 世紀的戰爭，並沒有立即導致危機。不過，這樣的情況是可以想像到的。我們假設存在這樣一個島國，它與其他的國家具有很積極的貿易往來，而且它的經濟系統是處於我們所說的充分發展狀態。一旦這個國家

被軍隊切斷了與外界的連繫，它的進口和出口就會被阻礙，價格和價值系統就會被粉碎，債務不能保持，信用的鏈條被切斷——所有這些都是可以想像得到的，所有這些實際上都已經發生，並標誌著一種危機。而且，由於引發這場危機的因素是戰爭，而戰爭是經濟系統之外的要素，因此這種危機不能單純從經濟學的角度來解釋。這種經濟實體之外的因素在經濟範疇內所發揮的作用導致了危機，同時也解釋了危機。因此，這些外界要素經常被用來解釋危機[206]。一個重要的例子就是不好的收成，這顯然很容易引發危機，而且已經成為危機的一般理論的基礎，這是眾所周知的。

從純粹理論的角度，環境因素必須被看作外界干擾原因，因而在原則上看作是偶然的，雖然環境沒有像戰爭或氣象條件一樣明顯地作用於經濟系統。舉個例子，保護關稅政策突然廢除可能會引發危機。這種商業措施當然是一種經濟事件。但是我們不能精確判斷它的形式，只能調查它的作用。從經濟生活規律的角度來看，它只是一種外界的影響。因此，從我們所理解的意義上來說，它不是一種純粹的經濟現象。因此，從純粹經濟視角出發，我們通常說不出任何有關它們起因的事情。對我們來說，它們一定被認為是不幸的偶然事件。

現在產生的問題是：在我們所理解的意義上，是否存在純粹的經濟危機？是否存在沒有剛才所舉的這些例子中的外部衝擊所產生的危機？事實上，這些觀點是可以被想像到的，而且實際上已經接受了危機總是外界環境作用的結果這樣的觀點。毫無疑問，這種觀點似是而非。如果這種觀點是正確的，那麼就不會存在真實的危機經濟理論，我們將做不

---

[206] 不僅在世界大戰爆發時，類似危機的現象屬於這種情況，而且戰後所有的國家危機都是屬於這種情況。此外，這些危機的本質，並沒有像「穩定危機」或「緊縮危機」所表述的那樣，被詳盡地描述出來。——原注

了任何事情，除了僅僅證明這些事實，或者至多試著分類危機的外在原因。

　　在回答我們的問題之前，我們必須擺脫一種特殊類型的危機。如果一個國家的工業是靠另一個國家資金支持的，如果繁榮圍繞著後面的這個國家，提供資金給後者所獲得的利潤比迄今為止把資金提供給前者所獲得的利潤要多，那麼就會存在把資金從前者的投資中抽離出來的趨勢。如果這種情況的發生非常迅速而且輕率，就會在第一個國家引起危機，這是很清楚的。這個例子表明了一個國家的經濟因素可能導致另一個國家的危機。這種現象是很常見的，而且一般來說能夠被了解到。顯然，這種情況不僅會發生在不同的國家之間，而且還會發生在一個國家的不同地區之間，一定的環境下，這種情況還會在同一經濟範圍內不同的工業部門之間發生。一旦一個地區發生了危機，通常會牽連其他地方。這種危機屬於我們正在尋找的那種純粹經濟因素嗎？答案是否定的。對給定的經濟系統來說，其他地區的經濟條件只是數據，並且在解釋這種危機現象時，只能造成非經濟要素的作用。對於正在考察的經濟系統，這些其他地區的經濟條件只是一種偶然事件，嘗試在其他地區發生的這種危機中找到一般性的規律，是不會有收穫的。

　　最後，在拋棄危機的所有外界原因之後，我們發現還存在其他的具有純粹經濟特徵的原因，也就是說，這些原因是產生於經濟系統內部的，但是，這並不代表提出一種新的理論問題。用我們之前常用的表述，每種新的組合都被暴露在明顯地導致失敗的危險之中。儘管工業的所有分支犯致命性錯誤的情況非常少，但還是會發生，如果存在問題的工業非常重要，那麼危機的很多特徵可能是產生於它們的。但是，這種類型的事件僅僅是一種比較小的災害或意外，其出現的每種情況都可以

被單獨解釋，而且，從經濟過程所必需的要素或因素的結果這個意義上來說，這種類型的事件不是經濟過程所固有的。

如果我們考慮可能導致這種干擾的一系列原因，那麼下面的這些情況就是值得懷疑的。如果我們把所有專案進行抽離，是否還會留下任何東西？如果由於外部或內部的偶然事件以及任何重要事情的差錯導致危機的發生，我們是否能更好地談論導致危機發生的原因而非危機本身？歷史與這種理論並不是矛盾的。幾乎所有的歷史事件都存在很多「偶然」，因此蒐集造成危機的更普遍和更基本的原因的必要性就沒有我們想像的那麼明顯，另外，這些偶然事件可能會為實際發生的危機負責，而這是沒有任何明顯的荒唐之處的。儘管我們可以決定這些問題，但是歷史上很多重大危機的個別背景，還有在每一個具體的例子中透過具體觀察所得出的解釋，要比一般理論重要得多 —— 假定這種一般理論是存在的 —— 因此只能期望這些一般理論在實際例子中的診斷和補救措施能夠具有更重要的貢獻。如果商人們幾乎總是試圖用手中掌握的一些特殊的環境來解釋任何危機，這並不完全錯誤。「經驗主義者」對試圖在沒有任何基礎的條件下建構一般理論持對抗的態度，也不是完全錯誤的 —— 儘管它不是這種情況中所謂的對抗，但它是這兩種完全不同的任務之間的一個明顯的區別。

這種決定性的發現，解決了我們的問題，同時把我們的問題轉移到略有不同的環境下，並確立了以下事實，即在所有情況下，存在著一種危機，這種危機自資本主義產生以來就滲透進了經濟生活 [207]；不論怎麼說，即使這種危機不是必要的事實，那麼它也是有規律的，這種危機是繁榮與衰退交替時期的波浪式運動的要素。這種危機的現象產生於可能

---

[207] 這個發現以及對這個結果的全面認知歸功於朱格拉。——原注

用於解釋各種衰退或崩潰的、大量形形色色的、不同質的事實基礎。經濟生活的這些巨大突變正是我們首先要解釋的。一旦掌握了這個問題，為了進行理論分析，我們不僅要替這種理論辯護，還不得不假定：經濟生活所揭示的所有其他的干擾——外部的和內部的——都是不存在的，這樣做是為了從理論觀點的角度把這個最有意義的問題獨立出來。但是，我們不能忘記，這樣做並不是由於我們所拋棄的那些東西不重要；如果我們的理論局限在我們所討論問題的狹小範圍內，那麼這種理論分析必定變得與其他建立在廣闊視角範圍內的理論分析的努力不對稱，這種理論分析的努力是為了給全面理解事情實際發生的過程提供一種工具。

現在，問題可以表述如下：為什麼我們所說的經濟發展不能像樹木的生長一樣均勻地進行，而是跳躍式前進？為什麼它表現出這樣上升和下降的特徵？

2. 回答不可能太簡短，也不可能絕對準確：這完全是因為新的組合不是像人們根據一般性機率原則所期望的那樣，在時間上是均勻分布的——如果新組合在時間上是均勻分布的，那麼人們就可以選擇等間隔的時間，在每一個間隔的時間內實施新組合——但是，新組合是以不連續的方式成群或者成組出現的。

這個答案現在要被（a）解釋，這種成群出現的方式也要被（b）解釋，根據這些答案，還要分析這些事實的結果以及它們所產生的因果關係的過程（本章的 3.）。第三點包含一種新的問題，理論如果找不到解決這種新問題的辦法就是不完整的。儘管我們接受朱格拉的表述：「衰退的唯一原因是繁榮」——這意味著衰退只不過是經濟系統對繁榮的一種反應，或者一種對繁榮帶到系統中的條件的適應，因此，對衰退的解釋

也根源於對繁榮的解釋 —— 然而，繁榮走向衰退本身就是一種獨立的方式，在這一點上讀者很容易能夠看出我的觀點和斯皮托夫的觀點之間的區別。人們也會立即看出我們的論證已經回答了這個問題 —— 沒有任何的困難，也沒有藉助任何新的事實或者理論工具。

（a）如果我們所說的新企業是相互獨立出現的，那麼就不會有任何繁榮和衰退，也就沒有那些特殊的、可區分的、明顯的、按規律發生的現象。因為一般情況下，它們的出現是連續的；它們將按照時間均勻地分布，而且在循環流動的系統中，受它們的影響而發生的變化相對來說是非常小的，因此這種干擾只具有區域性重要性，而且對整個經濟系統來說很容易被克服。這樣就不會有我們所考慮的循環流動中的干擾，因此也不會有成長的干擾。值得注意的是，這對所有的危機理論而言都是適用的，這些危機理論都把這種要素看作危機產生的原因，如果不能解釋為什麼整個原因不能以這樣的方式發揮作用，從而使結果是連續的且容易被吸納，那麼不論這個現象是什麼情況，都是不容易被理解的 [208]。

送電報的童工，1908 年，拍攝於印第安納波利斯。這些小小的電報信使，透過遞送紙質電報使長途通訊完成了最後一段旅程。

---

[208] 對此，我的意思是，我們這一部分的論證必須被每一種危機理論所接受。即使從反對意見的角度來說，也不存在任何能夠準確解釋這種情況的論述。—— 原注

即使這樣，也存在繁榮與衰退。黃金或其他通貨膨脹仍然會加速經濟的成長，通脹緊縮會阻礙經濟的成長；政治和社會事件以及經濟立法仍將發揮作用。例如，像世界大戰這樣的事件，由於戰爭的需要對經濟系統的調整、戰後必要的清理、對所有經濟關係的干擾、它的破壞性以及社會動亂、它對重要市場的破壞、對所有數據的修改，所有這些事件都已經告訴人們什麼是危機和衰退，即使人們對它們還不了解。但是，這些不是我們所要考慮和討論的繁榮和衰退類型。這樣的事件是不具有規律性的，而且它們也不是必然產生於經濟系統本身的，而是必須透過特殊的外在原因來解釋，我們對這些已經進行了充分強調。一種有利的環境尤其應該被記住，這種環境促進並部分解釋了繁榮，也就是每一個衰退時期所創造的狀態。眾所周知，一般來說總存在大量的失業者，以及庫存的原材料、機器、建築物等，這些物品以低於生產成本的價格待售，通常作為一種規則，還存在不正常的低利率。的確，這些事實在對這些現象的每一次調查中造成了一定作用，正如斯皮托夫和米切爾的例子所說的那樣。但是，如果我們希望避免從繁榮中衍生出衰退，從衰退中衍生出繁榮，那麼我們就不能用這些現象的結果來解釋這種現象。因此，我們在這裡只是討論一個事情的原理的問題，而不是詳盡闡述在繁榮或危機時期具體發揮作用的那些情況（不好的收成 [209]、戰爭謠言等）。我們將完全忽略這些情況。

三種情況增強了新企業成群出現的影響，而它們卻不是這些影響出現的真正原因。第一，第二章我們的論述中，允許出現這樣的期望 —— 經驗也證實了這種期望 —— 大量的新組合不是從原來的老廠商中產生

---

[209] 例如，好的收成能夠促進並延長繁榮，或者減緩並縮短衰退。它們對解釋個別的情況通常是非常重要的：穆爾對此做過很多論證，但是他的論證與我們這裡所說的因果關係絕不是等同的；它們只能透過著這種因果關係發揮作用。 —— 原注

的，也不會立即替代這些老廠商，而是與老廠商並排出現，並與這些老廠商競爭。從我們的理論角度出發，這既不是一種新的要素，也不是一種獨立的要素；這對繁榮和衰退的出現也不是關鍵性的，儘管這些現象在解釋波浪式運動的生產方面具有很重要的作用。

第二，企業家需求的大批出現，意味著整個商業領域購買力的巨大增加。這開始了第二次的繁榮，它將延伸到整個經濟系統，是普遍繁榮這種現象的工具 —— 只有用這種方式才能充分了解它，用其他的方式解釋它都不能令人滿意。因為新的購買力大量從企業家手中轉移到生產數據所有者手中，或者轉移到產品生產者手中用來進行「再生產性消費」，或者轉移到工人手中，然後滲入每一個經濟環節，所以最後，所有現存的消費品都以不斷成長的價格出售。零售商增加了訂單，生產者擴大了生產，為了這些目的，很多之前不受歡迎的而且已經被拋棄的生產數據又被重新投入到生產中。因此，僅僅由於這些原因，任何地方的生產和貿易暫時產生了利潤，這和在通貨膨脹時期產生利潤是一樣的，比如，用紙幣來支持戰爭的開支和這種情況就是一樣的，可以獲得暫時的利潤。很多事物浮動在這些所謂的「次級波浪」上，這些波浪沒有任何來自真實驅動力的新的或直接的衝擊，但是投機性預期卻具有一種因果意義上的重要性。最後，這種繁榮跡象的徵兆以人們所熟悉的方式成為繁榮的一個要素。對於整個商業指數理論和對商業情況的理解，這當然是非常重要的。然而，就我們的研究目的而言，只有主波浪和次級波浪之間的區別是關鍵的，而且，次級波浪可以追溯到前面的主波浪，這是應該足夠引起我們的注意的。根據建立在我們的原則基礎上的經過詳細推導得出的一種理論，在周期性運動所觀察到的所有事物都將找到自己確定的位置。但是在前面的論述中，不可能公平地對待這些事情，從而產

生遠離現實的一種印象，而這在實際上是沒有任何意義的 [210]。

第三，從我們的論證中可以得出，錯誤在繁榮的開始以及在衰退的過程中，必定發揮著相當重要的作用。事實上，很多危機理論都在以某種方式利用這個要素。但是，錯誤不會在超過所需要的程度上發生，生產只是建立在少數明智的人對事實進行或多或少的調查基礎上的。儘管失誤或者錯誤的計算可能在一定程度上對個別的商業經營造成很大危害，在特殊的例子中，可能對整個工業造成較大危害，但不足以構成對整個經濟系統的危害。這種一般性的錯誤是如何形成的？這種一般性的錯誤又是如何影響整個經濟系統的？如何解釋這個一般性的錯誤只是引起衰退的一個獨立原因，而不僅僅是衰退的結果？一旦有其他原因，那麼因這些其他原因產生的衰退自然會打亂之前很多非常合理的計畫，並且使原先很容易改正的錯誤變得非常危險。最初的錯誤需要一種特殊的解釋，如果沒有這種解釋，什麼東西都將變得不能被解釋，我們的分析提供了這種解釋。如果一個周期的繁榮的特徵不只是增加企業活動，而是執行新的和從未嘗試的組合，那麼就像第二章所提到的，過失此時造成了一種特殊角色的作用，這種作用與在循環流動的系統中過失所造成的作用在本質上是不同的，這是非常清楚的。然而，這裡找不到任何的「錯誤理論」。相反，為了避免產生這種印象，我們應該把這個要素分離開來研究。它的確能夠支持和加強「錯誤理論」，但卻不是造成這一理論的必要原因。即使沒有人做過從他自己的角度來說認為是「錯誤」的事情，即使這裡不存在技術的或商業的「錯誤」或「投機熱潮」，即使每個

---

[210] 在其他的危機理論中起著原因作用的各種情況，在我們的理論框架中都能找到它們的位置，如果讀者能夠深入思考這個問題，那麼就會很容易看到這樣的情況。當然，在本書中，我們對周期的解釋總會招致一種反對意見，這類似於第二章中對發展理論的那些反對意見，也就是說，它片面地、誇張地強調了很多元素中的一個元素。這種反對意見混淆了兩種問題，即對周期的性質與機制的解釋及循環中的個別具體要素的理論。—— 原注

人都具有遠大的眼光等天賦，但是仍然會存在周期性的運動 —— 儘管是以一種溫和的方式進行運動。如跟我們將要看到的一樣，繁榮必然創造的客觀條件唯一地解釋了事情的本質 [211]。

（b）為什麼企業家不是連續出現的，也就是說，為什麼企業家是在每一個適當的間隔內成群地出現？這是因為一個或多個企業家的出現促進了其他企業家的出現，而這些企業家的出現又促進了更多企業家的出現，這樣企業家的數量就是以遞增的形式出現的。

第一，這意味著，根據第二章所解釋的理由，新組合的執行是非常困難的，而且只有具有一定品質的人才有能力執行這種新組合，透過設想一個較早時期的例子，或者設想一種經濟狀態，它類似於沒有發展的經濟階段的情況，才能夠較清楚地看待這個問題。只有很少的人具有這些領導者的品質，也只有很少的處於這種情況的人能夠沿著這個方向獲得成功，這種情況指的是經濟還沒進入繁榮的狀況。然而，如果有一個或一些企業家取得了成功，那麼很多困難就會消失。其他人可能跟隨這些成功的先驅者，就像他們在成功的激勵下一樣。透過不斷克服第二章中所說的那些障礙，其他人的成功再一次使困難變小，因此有更多的人跟隨他們進行生產，直到最後，這種創新成為人人都熟悉的，並且成為人們自由選擇去接受的事情。

第二，由於我們所看到的企業家品質和其他的品質是一樣的，是按照過失法則在同種類的群體內分布的，所以在這方面，滿足遞減標準的個體數目是不斷增加的。這裡不考慮特殊情況 —— 例如黑人人口中出

---

[211] 當然，這不是意味著錯誤這個要素的實際重要性被否決，也不意味著通常所稱的投機熱、欺騙等的實際重要性被否決 —— 生產過剩也屬於這種類型。我們只是認為所有這些事情都是部分地互為因果關係，甚至如果情況不是這樣，這種現象的本質也不能從這些要素中理解。—— 原注

現少部分歐洲人 —— 隨著任務難度的不斷減輕，越來越多的人能夠並且即將成為企業家，因此企業家成功之後出現的是更大數量的企業家，但企業家的品質是逐漸降低的。這就是實際中的情況，我們只是對這些情況出現的證據加以解釋。在工業中，仍然會存在競爭以及大量獨立的個人，我們首先看到的是創新的單獨出現 —— 在企業中被勢不可擋地創造出來 —— 然後，我們看到的是現存的企業如何快速把握這種創新，開始是少量的企業，然後會不斷出現新的企業。我們已經清楚地說明了這種與消除企業家利潤的過程相連繫的現象。在這裡，我們從另一個角度再次論述這種情況 [212]。

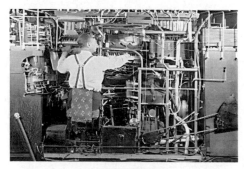

一個工人正在複雜的機器前操作，拍攝於 1938 年。

1930 年代，美國的工業已經實現了機械化，1930 年，載客 40 人的大型飛機已經在國際航線上飛行。1935 年到 1945 年，道格拉斯 DC3 號飛機累計製造了 13000 架。1931 年後，約翰·蓋奇在新罕布希爾州創辦了機床製造公司。

　　第三，這解釋了企業家的成群出現，並且達到了消除企業家利潤的地步，這些首先發生在出現先驅者或者說創業者的工業部門中。現實情況也揭露了每一個正常的繁榮都開始於一個或者幾個工業部門（鐵路建設、電力、化學工業等），而且繁榮產生的工業部門的創新形成了繁榮

---

[212] 因為企業家利潤的消除 —— 大多數已被預見 —— 不是我們危機理論的某個原因。—— 原注

的特徵。這些先驅者不僅在他們首次出現的工業部門為其他人消除了障礙，而且，由於這些障礙的自然屬性，他們也為其他的部門掃除了障礙。很多的事情可以被後來的追隨者複製，這些例子對這些追隨者也適用；很多成就也是直接為其他部門服務的，例如，國外市場的開放，暫且不論緊接著會出現的第二重要的情況，即價格的上升等。因此，第一批領導者在他們直接行動的範圍之外也具有影響力，從而企業家團體將進一步增加，經濟系統將更迅速、更徹底地注重技術的和商業的重組過程，這比其他情況都更加迅速和徹底，而這些技術的和商業的重組過程構成了繁榮時期的意義。

第四，發展的過程越被人們所熟悉，並且變成對一切有關方面只是一個計算問題，那麼隨著時間的推進，障礙就會變得越微弱，喚起創新所需要的「領導者才能」就越少。因此，企業家的成群出現就變得越來越不顯著，周期運動也變得越來越溫和。我們所解釋的這個結果很顯然也被事實所確認了。經濟生活的日益托拉斯化在相同的方向起著作用，這種作用使得創新所帶來的具有普遍性的有利條件延遲到了衰退時期，尤其是建築行業。即使在今天，這些托拉斯與銷售和金融需求的大規模聯合仍然依賴於市場狀況，而這個市場狀況在相當程度上取決於競爭。美國鐵路的政策就是這樣一個例子。然而，只要這個要素發揮作用，它就能證實我們的解釋。

第五，新組合的成群出現，很容易並且必然解釋了繁榮時期的基本特徵。它解釋了為什麼不斷增加的資本投資是即將到來的繁榮的首要徵兆，為什麼生產生產數據的工業首先展示了超乎尋常的激勵作用，尤其

是，為什麼鐵的消費會增加。它能夠解釋大量購買力的出現[213]，從而解釋繁榮時期價格上升的特徵，這些現象僅僅靠增加的需求或成本來單獨解釋是不可能的。它能夠解釋失業率的下降、薪資的上升[214]、利率的上升、貨運的增加、對銀行收支和儲備的日益縮減等，並且，它還解釋了次級波動的釋放 —— 使得繁榮傳遍整個經濟系統。

3. 企業家成群的出現是繁榮的唯一原因，它對經濟系統的影響，與在一定的時間之內企業家均勻連續的出現對經濟系統的影響在本質上是不同的，只要這種成群出現不像後者一樣連續且難以察覺，而是一種跳躍式的對經濟的干擾，一種對經濟有著不同重要性的干擾就可以了。企業家連續出現所引起的干擾可以被連續吸收，而企業家的成群出現則需要一種特殊的、可辨識的吸收過程，這個過程可以吸收新的事物，使經濟系統適應這種新出現的事物，這是一種清理的過程，或者說，是一種達到新的靜止狀態的途徑。這個過程是周期性衰退的本質，從我們的觀點來定義，這個過程也是經濟系統圍繞新的均衡位置所進行的競爭，即經濟系統適應因繁榮的干擾而改變的環境的過程。

這個事情的本質不在於這樣的事實，即僅僅關心自己企業的計畫的單個企業家，完全不考慮其他企業家成群地跟隨他們，從而導致失敗。從個別企業的角度看，這個行為是正確的，但其產生的結果卻可能因與這個行為相似的很多其他行為的普遍影響而被消除。當我們解釋了生產者是如何在他們尋求最大利潤的過程中建立一種機制的時候，即在經濟

---

[213] 不論購買力的創造這個要素在我們的解釋中多麼重要，我們的理論仍然不屬於那些在貨幣和信貸系統中尋找周期原因的理論，這幾乎是不必強調的。然而，我們並不否認周期性的波動會受到信貸政策的影響，甚至是阻礙 —— 一般意義上來說，這種類型的經濟發展也受到它們的影響。 —— 原注

[214] 原則上，租金也必須上升。但是，由於土地是以長期租約的形式出租出去的，地租就不能上升，此外，也有很多情況阻礙這種收入分支的迅速上升。 —— 原注

系統中趨向於消除整個系統剩餘價值的運動機制，我們就能夠了解到上面所說的這個例子的最重要的意義了。類似地，上面所說的很多相似的其他行為的普遍影響也可能引起錯誤，這種錯誤對個人來說可能是正確的，這個要素在很多危機中實際上都起著作用，儘管可以預知個別企業家之後會有成群的追隨者出現，但是對其規模和發展速度的猜想常常是錯誤的。然而，由繁榮引起的干擾的本質，並不在於它常常擾亂企業家的計算 [215]，而是在下面的三種情況。

第一，新的企業家對生產數據的需求，是建立在新的購買力基礎上的 —— 繁榮時期，著名的「生產數據之爭」 —— 提高了生產數據的價格。實際上，這個趨勢被這樣的事實所削弱，即至少某些企業與舊企業並不是並行存在的，而是產生於舊企業，另外，舊企業也不僅僅是生產而不獲得任何的利潤的，它們仍然可以獲得一部分的準地租收入。然而，如果我們假設，所有的創新都展現在新企業中，所需的資金都要透過新創造的購買力來支持的，並且創新都嚴格屬於循環流動的經濟系統且經營沒有利潤的企業的旁邊，這些企業由於成本的增加而開始虧本生產。在這樣的假設下，我們就能夠對這種經營的本質做最好的說明。現實與我們的這個假設相矛盾的情況，比人們所想像的可能要少。實際上，繁榮時期的氛圍隱藏了這樣的事實，即在繁榮開始後不久，只要這種繁榮還表現為需求的增加，儘管當產品的價格上升時這種需求在上升之後又會減少，但是對很多生產者來說，這種繁榮意味著不幸。這種不幸是以下過程的一種形式，即生產數據從舊企業中撤離出來，並用於新的目的，就像第二章所說的那樣。

第二，新產品在幾年之後或更短時間內就會進入市場，並與老產品

---

[215] 也不在於生產普遍擴張的結果被證明是錯誤的。 —— 原注

競爭；對之前創造的購買力的商品補充 —— 理論上來說，這種商品能夠抵消這種新創造的購買力並有結餘 —— 進入了循環流轉的系統中。然後，這一過程的結果被我們前面所提到的原因緩和了，進一步，由於很多投資距離產品的完成還很遠這樣的事實，這種商品的補充過程是逐漸出現的。但是，這並沒有涉及過程的本質。繁榮開始時，舊企業的生產成本開始上升，隨後，它們的收入會減少，這種現象首先出現在與創新競爭的舊企業中，然後擴散到所有舊企業，只要消費的需求變化有利於創新，這種過程就會繼續。暫且不說創新所帶來的盈利可能性，這些舊企業進行虧本生產受到了準地租這種作用的緩衝，這種準地租只是短期有效的。正因為這些舊企業大多數基礎雄厚，尤其是受到信貸的支持，所以，即使進行虧本生產，它們也不會立即崩潰。它們的部分破產會影響新企業的成功。企業的破產被這樣的事實所緩和，即繁榮剛開始從來都不是普遍性的，而是集中於一個工業的某一個或幾個部門，不會進入其他的領域，而隨後只是會以不同的次要的方式影響其他的領域，這個事實很符合我們的解釋框架。由於企業家是大批出現的，所以他們的產品也會大批出現，而且由於企業家並不是做不同的事情，而是做相似的事情，因此他們的產品幾乎是同時出現在市場中的。在新產品出現之前市場所必須經歷的平均時間 [216] —— 當然，儘管實際上依賴於很多其他的要素 —— 從根本上解釋了繁榮時期的時間跨度。新產品的出現引起了價格的下降 [217]，這種價格的下降結束了繁榮，可能導致危機或衰退，所有其他情況會相繼出現。

---

[216] 這個平均時間首先是從技術方面決定的，然後被其他的產品跟隨主導產品的速度所決定。 —— 原注

[217] 這種價格的下降實際上通常被很多的環境推遲出現。然而，事情的根本狀況可能由於這種價格的下降的推遲而得到加強，而不是被消除。被這種推遲所唯一消除的事情是作為周期性特徵的物價指數的可用性。—— 原注

一個非裔美國家庭坐在一輛精緻的馬車裡，拍攝於 1899 年。車主是殯葬業者大衛‧託拜厄斯‧霍華德，車上有他的母親和妻子。

　　第三，新企業的出現導致了信貸的緊縮，因為企業家處於需要還清所欠債務的位置，他們有充分的積極性；同時，由於沒有其他借款方干涉企業家的這種位置，導致新創造的購買力的消失，當這種購買力的供應品出現時，這種供應品就能以循環流動的方式進行重複生產。這個論點需要仔細論證。首先，這種緊縮必須和其他兩種類型區分開。新產品的出現必然導致緊縮，即使在企業家償還債務的時候，支付工具沒有完全消失，但是，由於新產品的總體價格水準顯然比債務的總和要大，因此這些價格不僅與繁榮時期的價格水準相對立，而且理論上，也與前面的衰退時期的價格水準相對立。這種情況和債務的清償應該具有相同的效果，只是程度上可能會小一些；但是我們現在考慮的是債務減少的影響。緊縮也會發生在已經存在的或銀行界預期的衰退時期，因為銀行會主動努力去限制它們的信貸。這個因素實際上是非常重要的，經常會引起真正的危機；但是，這只是附屬品，在這個過程中不具有內在的本質屬性。在這裡，我們不考慮這種因素，儘管我們不否認它的存在，也不

否認它的重要性，我們只考慮它主要的因果作用 [218]。其次，我們的公式包含了兩種抽象概念，它們將清晰地表現事情的本質，但是它們排除了重大的實際作用的緩衝影響。它忽略了這樣的事實，即新產品通常只包含生產它們時所進行的投資的折舊額的很少部分，因此，當新企業準備生產時，在繁榮時期的總支出中，通常只有很少一部分是以銷售的形式出現在市場中的。因此，新創造的購買力只是逐漸從循環流動的系統中轉移出來，部分購買力在繁榮後期把更多的信貸尋求者帶入到貨幣市場中才能從循環流動的系統中轉移出來。在緊縮的過程中，透過儲蓄對新購買力的吸收不會改變任何的東西 —— 但是，很多國家、地區和農業抵押銀行一旦插手干預不斷減少的企業需求，情況就不同了。除了企業家債務的逐漸消失，還必須記住，在現代經濟系統中，利息已經滲透到循環流動的過程中，信貸甚至可能永久存在於這種循環中，只要現在有生產的產品年復一年地與這種信貸相對應 —— 這是進一步緩和這個過程的第二個要素。但是，由於所有的這些要素，通貨緊縮的趨勢仍然是發揮作用的，並且成功的企業家清償了其所欠的債務 —— 因此，當繁榮已經進入到很完善的狀態，通貨緊縮即使以一種非常溫和的形式，也必定會自動地由於客觀情況的必然性而出現。這個理論會導致這樣一種結論，即在發展的過程中，「長期的」物價水準必定下跌，事實上，19 世紀的物價歷史已經對此做了證明。有兩個時期沒有被革命性的貨幣制度的變

---

[218] 主要的因果作用，是因為銀行所發起的信貸控制是限制事情進一步發展的「原因」，否則這將是無法預料的。 —— 原注

動所干擾，那就是從拿破崙戰爭[219]到加利福尼亞金礦的發現[220]，以及1873-1895年，這兩個時期展現了我們期望從我們的理論中所得到的特徵，也就是，每一個周期的低潮都比前一期的低潮要深，消除了周期性波動的價格曲線是向下傾斜的。

最後，還必須解釋為什麼其他尋求信貸的企業家不總是處於清償他們所欠債務的位置。這裡有兩個原因，實際上還可以其他的原因，這些其他的原因被描述為其他要素的結果，這些要素的結果，我們可以稱為外界產生的基本的或偶然的影響，在這個意義上，這些基本要素的結果也是次要的、非本質的或者說是附屬的原因。第一，在出現繁榮的工業的成功激勵下，會出現很多的企業，這些企業在充分發揮它們的作用的時候，將生產大量的產品；透過產品價格的下降和成本的上升 —— 即使我們所說的這些企業的生產服從所謂的報酬遞減法則，這種價格的下降和成本的上升還是會出現 —— 將消除企業家的利潤，然後朝著這個生產方向繼續前進的動力就會耗盡。實際上，即使在有競爭的社會中，利潤的消除也只是近似的，而且這個過程既不排除某些利潤的存在，也不排除損失的立即出現。對其他產業中企業家出現的限制，以及對發展的次級波所創造的現象的限制就可以進行類似的對比。當達到了這種限制，這種繁榮的衝擊力就耗盡了。第二個原因解釋了為什麼新的繁榮不會伴隨而來：企業家群體的行為同時也改變了經濟系統的執行數據，打破了經濟系統的均衡，在經濟系統中開始了一種不規則的運動，我們把這個

---

[219] 拿破崙戰爭（Guerres napoléoniennes,1799-1815年），指拿破崙擔任法蘭西第一共和國執政官時期（1799-1804年）和法蘭西第一帝國（1804-1814，1815年）時期，法國資產階級為了在歐洲建立法國的政治和經濟霸權，同英國爭奪貿易和殖民地的領先地位，以及兼併新的領土而進行的戰爭。—— 譯者注

[220] 1848年初，當整個環太平洋地區還處於前資本主義的不同發展階段時，在太平洋彼岸的加利福尼亞發現了金礦，並由此而引起了震動世界的「淘金熱」（California Gold Rush）。——譯者注

過程想像為圍繞著新的均衡位置競爭的一種運動。一般意義上來說，尤其是對新企業的生產計畫來說，這使得我們不能進行精確的計算。實際上，只有後一種要素——繁榮的創造中所具有的不確定的特徵——常常是可以被觀察到的，而首次提到的那個限制大部分都表現在個別方面。然而，它們兩者的區別是模糊的。第一，被很多個人所預料的作為結果的現象弄得模糊不清。很多個體比其他個體更快地感覺到緊張，比如銀行，或者很多個體比其他個體更快地感覺到成本及其他要素的價格上漲，比如很多舊企業就是如此，然後這些個體會做出反應——在很多情況下，這種反應比較遲，但是當這些個體開始進行反應的時候，他們的確是非常恐懼的，尤其是那些較弱的個體。第二，它們被偶然發生的事件搞得含糊不清，這些事情總是會發生的，但是這些事情是從繁榮所創造的不確定性中獲得它們的重要性的，這種重要性是它們之前所不具備的。這就解釋了有實際經驗的人為什麼在每次危機中都認為他能碰到這些偶然事件，不受歡迎的政治謠言就是一個例子。第三，它們被來自外界的干涉行動搞得模糊不清，中央銀行對經濟有意識的調節是干涉行為中最重要的一種。

4. 如果讀者思考我們所說的這些內容，並根據實際的數據或者任何危機理論的論點和經濟周期理論的論點，來檢驗這些內容，那麼他就會明白繁榮是如何從自身創造一種客觀的狀態，這種狀態忽略了所有附帶的和偶然的因素，並能結束繁榮，引起新的危機，且必然會產生衰退，因此會導致相對穩定的暫時位置和沒有發展的狀態。我們可以稱這種衰退為再吸收和清理的「正常」過程；以危機的爆發為特徵的一些事件的過程——恐慌、信貸系統的崩潰、破產的擴散及其深遠影響——我們把它稱為「清理的異常過程」。為了完善和重複某些觀點，我們現在要說

明這個過程，但是只針對正常的過程而言，因為不正常的過程不能表現任何根本性的問題。

我們所說的這些直接導致對衰退時期的主要特徵和次要特徵的理解，現在這種特徵看起來成為一種因果連繫的組成部分。繁榮本身必然導致很多的企業經營出現虧損，引起價格的下降，另外，透過信用的緊縮還會引起通貨緊縮 —— 這些都是在事件的發生過程中伴隨而來的次要現象。進一步說，資本投資 [221] 和企業家活動的減少，以及生產生產數據的工廠的停滯，斯皮托夫指數（鋼鐵消費）以及類似指數的下降，比如美國鋼鐵公司未完成的訂單，都可以得到解釋。對生產數據需求的減少，利率 —— 如果不考慮風險係數 —— 以及就業量就會下降。隨著貨幣收入的減少 —— 這種減少可以從原因上追溯到通貨緊縮— 即使它還會由於破產等原因又增加，但是最後對所有商品的需求還是會下降，這個過程就是這樣滲透到整個經濟系統的。蕭條就這樣完成了。

但是，有兩個因素會阻止上面所說的這些特徵在一定時間內按照它們在因果關係中的位置順序出現。第一，由於這些特徵能在不同程度上被個人的行為所預期，這尤其會發生在專業性的投機發揮很大作用的市場中。因此，股票市場在一個真正的拐點到來之前，有時已經表現出投機性的初期危機，於是，這些危機會被克服，並為更進一步的運動創造空間，這屬於相同的繁榮時期（1873 年和 1907 年）。但是，還有一些情況更加重要。實際上，產品價格的上漲常常預示著成本的增加，然而，這種成本的增加又是產品價格上漲的原因，所以在這裡，出現了類似的

---

[221] 現在討論的現象，應該與債務清理而引起的信用緊縮所包含的投資減少區別開來。這裡所說的是出於另外的新的目的而進行的投資。對發行的股票和債券的統計，實際上是一種很好的經濟指數，主要反映了第三種要素，當然不是唯一的反映，這第三種要素就是透過儲蓄加強銀行的信貸。 —— 原注

情況。只要在繁榮到達其外部頂點之前，考慮到這個過程的邏輯性，剛才所說的投資減少、企業家活動的相應減少，以及生產生產數據的工廠的停滯，都可能會出現；但是，這些情況不一定就應該必須如此。相反，如果這些徵兆在繁榮結束之前有規律地出現，那是因為它們受到能夠相對準確地預測將要發生的事情的要素的影響。第二，各種情況的影響將導致在事情的實際過程中，次要因素常常比主要因素更加突出。例如，出借資金方的憂慮，會在利率上升的過程中表現出來，然而只有在衰退的晚期，這種憂慮才會發生作用。對勞動力需求的減少應該是這種改變的一個早期特徵，但是就像薪資在繁榮時期不會立即上漲一樣，薪資和就業數量通常也不會像人們所預料的那樣迅速下降，因為作為一般性的規律，總會存在失業的工人，人們在了解這些薪資和就業數量的增減情況時也總存在一系列的障礙。所以企業總會盡最大努力防止價格的下降，尤其是在沒有完全「自由」競爭的行業中——實際上這種競爭根本不存在——當銀行給這些企業提供信貸支持時，能夠為暫時的成功提供支持，所以最高的價格水準通常要在轉振點之後出現。確立所有這些事情是進行危機調查的首要任務。但是，這裡不需要做進一步的說明，就已經足夠說明這樣的事實，即所有這些都不會改變事情的本質，我上面提到的在其他領域發生的類似事情，會支持反對價格理論的觀點。

在蕭條時期，事情的過程會展現出一種不確定性和無規則性的景象，對這種不確定性和無規則性，我們是從尋找新的平衡的角度來解釋的，或者是從適應已經相對迅速變化的一般情況來解釋的。這種不確定性和無規則性很容易讓人理解。對不同企業來說，數據通常是不同的。對這種數據變化的程度和本質的了解只能從經驗中獲得。這樣，就有了新的競爭者。老顧客和經銷商沒有出現，必然出現的對新經濟事實的正

確態度，不可猜想的事件 —— 對信貸不可預料的拒絕 —— 在任何時候都可能出現。「純工商業者」面對的是常規之外的問題，以及他不習慣的問題，在面對這些問題時，他會出現錯誤，而這些錯誤又會成為產生問題的一個重要的次要原因。投機是更進一步的原因，投機者所遇到的不幸以及他預見到的價格進一步下降的事實，兩者共同作用能夠使人們所熟悉的各種要素之間互相作用，從而增加數量。沒有任何結果是可以清楚看到的；而那些與危機沒有任何關係的弱點也可能會出現在任何地方。企業收縮或擴張最終會證明哪種方式是正確的反應類型，而企業的收縮或擴張不可能在當時成為某個問題值得信任的理由。情況的複雜性和不清晰性，在我看來，理論毫無根據地用它們來解釋衰退的原因，將真正成為實際事件中的重要因素。

管理者與工人一起站在軌道平板車上，拍攝於 20 世紀初。

　　數據和價值的不確定性，明顯會出現的不規則和不可猜想的損失，形成了衰退時期的獨特氛圍。那些組成股票交易思想的投機要素，在繁榮時期的經濟方面和社會方面都是非常引人注意的，在衰退時期，這些投機要素尤其會受到影響。對很多人來說，特別是對投機階層和部分依賴於奢侈品需求的奢侈品生產者來說，情況比它們所表現出來的要糟

糕 —— 對他們來說，這些所有的事情似乎已經走到了盡頭。從主觀上來說，轉捩點似乎出現在生產者面前，尤其是，如果生產者拒絕接受不可避免的價格下降，這種價格的下降就像迄今為止發生的生產過剩以及由此產生的衰退一樣。已經生產出來的產品沒有辦法銷售出去，更嚴重的是那些即將要生產出來的產品，把這些產品按照成本價出售會導致人們所熟知的貨幣緊縮現象，甚至可能導致無力支付或企業破產，而這些現象是每一種經濟周期理論都必須解釋的。我們的理論對此也要解釋，正如讀者所看到的那樣，但是，我們的理論沒有把這種典型的事實作為基本的、獨立的原因 [222]。生產過剩被我們已經注意並解釋了的繁榮的扭曲所加強了。一方面是這種環境，另一方面是衰退時期很多工業中出現的有效需求和供給之間的缺口，這兩方面使得用不同的理論術語來描述衰退的外部形式成為可能。每種理論的主旨在於試圖解釋這種不協調的出現，以及據認為不協調存在其中的有關的特殊數量。對我們來說，商品的數量和價格之間的不協調與生產過剩一樣，是一種中間現象，而不是主要原因，這種不協調在很多情況下，是由於經濟系統失去了均衡而產生的。與這種商品的數量和價格之間的不協調相連繫的，還有工業部門之間收入的不協調，但是這種不協調不存在於不同的經濟等級之間，因為企業家的利潤與可能受到干擾的其他人的收入不存在正常的比例關

----

[222] 每種危機理論都把生產過剩作為一個原因，或者作為主要原因，在我看來，即使這些危機理論沒有堅持「一般性的生產過剩」的觀點，仍然會導致循環推論的反駁（暫且不說薩伊已經闡述的反對觀點）。我必須把斯皮托夫的理論從論斷中排除。他用非常簡短的論述具體說明生產品的周期性生產過剩，他的這種簡短的論述沒有得到任何的最終判斷。此外，還要注意，斯皮托夫的目的是透澈地分析所有這一主題的細節。對於這種分析，居於統治地位的外部情況要素 —— 生產生產數據的工業的停滯當然是屬於這種情況 —— 與主要原因的關係比這種外部情況要素的外部說明，具有更加重要的作用。最後，在強調生產生產數據的工業時，還要提到一些參考要素，這些要素在我看來構成了問題的本質，因此，把斯皮托夫的分析僅僅描述為一種生產過剩理論，是不正確的；對他的理論做更深入的細節分析，比我現在所期望的要具有更加深遠的意義。 —— 原注

係，而除了這些固定的貨幣形式的收入，其他收入具有以相同的速度變化的趨勢，而且通常是根據有損於或者有利於固定收入來獲得相應的收益或遭受相應的損失，此時不會干擾總體消費者需求。

繁榮的扭曲在其他情況下也有這樣的結果，即對所有工業部門來說，情況的緊張和危險程度不具有同等重要性。經驗告訴我們，正如阿夫達農[223] 所表明的，很多工業部門根本沒有被干擾，有些部門只是受到了很小的干擾。在每一種工業中，新企業受影響的程度一般要比舊企業大，這似乎與我們的解釋相矛盾。對這一點的解釋如下。舊企業具有準地租這種緩衝工具，而且更重要的是，它們有累積的準備金。舊企業通常處於被保護的關係中，而且常常得到確立多年的銀行關係的支持。這些舊企業有可能失敗了若干年，但是其債權人並不感到憂慮。因而，舊企業比新企業維持的時間要長，因為新企業總是受到嚴格的、充滿懷疑眼光的稽核，而且它沒有準備金，至多只有透支工具，只要新企業表現出一點處於困境的跡象，就會被認為是一個不好的債務人。因此，在所有情況下，變化帶給新企業的衝擊要比舊企業更加明顯。對新企業來說，這種變化的衝擊更容易導致最終的結果：破產；對舊企業來說，這只會導致一種緩慢的衰退。這歪曲了現實的情景，也解釋了危機中的選擇過程為什麼以一種重要限定條件來描述；因為只有得到大力支持的廠商，而不是本身最完善的廠商，才有渡過危機的最好機會。但是，這並不影響現象的本質。

5. 儘管有充分的理由認為組成衰退時期的調整和再吸收的過程，引起了經濟系統中最有活力的要素的不安，這些最有活力的要素對創造

---

[223] 參閱《生產過剩的周期性危機》，第一冊。不同於我們這裡所描述情況的另一個事實是，周期性運動總是在工業中帶有強烈的生產新的工業企業的標誌，而且非常清晰。根據我們的觀點，這同樣是可以理解的。當然，這與我們陳述的解釋並不矛盾。—— 原注

商業氛圍做出了最大的貢獻；也儘管每一種事情都以完美的形式出現，衰退也必定消滅了很多的價值實體；但是，如果僅從對繁榮的衝擊和僅用否定的特徵來描述衰退，那麼，這仍然不能充分把握衰退的本質和作用。對於衰退，還存在比剛才我提到的情況更能反映其本質的特徵，這是非常令人高興的。

第一，就像剛才所提到的，衰退將導致一個新的均衡位置。為了讓我們自己確信，衰退時期發生的所有事情都可以從這個觀點理解，而且這些發生的事情顯然是不具有任何意義的和無法控制的，讓我們再一次考慮衰退時期的個人行為。這些個人必須調整自己，從而適應由繁榮所引起的干擾，即他們必須使自己適應新組合及其產品的成群出現而產生的干擾，適應由於新企業與舊企業的同時出現以及這些新企業單獨出現而產生的干擾。舊企業 ── 理論上指除了形成於繁榮時期的所有存在的企業，以及進一步排除了那些因壟斷位置、特殊優勢或者持續的擁有優勢技術的企業之外的現存企業 ── 面對三種可能性：如果這些舊企業因主客觀原因不能適應，將衰敗下去；減少企業活動，試圖在更穩定的狀態下生存；依靠它們自己的資源或者依靠外力的幫助，這些舊企業要麼轉向另一個行業，要麼採用其他的技術或商業方法以較低的成本擴大生產。新企業不得不經歷它們的首次考驗，一種比它們如果是陸續出現而不是成群出現所要承受的考驗困難得多的考驗。一旦建立新企業，這些新企業就必然會適當地參與到循環流動的系統中，而且即使當這些新企業建立時沒有發生任何錯誤，在其他很多方面也肯定會存在需要修改的地方。即使從不同的、次要的原因出發，這些新企業所面對的問題和可能性也與舊企業所面對的是類似的；而且，如上面所說，這些新企業在很多方面處理問題的能力比舊企業要差。在衰退時期，商人的行為特徵

包括採取糾正，以及為解決這個問題所採取的各種措施；所有這些現象，除了沒有事實根據的恐慌和錯誤的結果 —— 它們表現為危機中事物的非正常過程的特徵 —— 都可能包含在由繁榮所造成的情況的概念中，包含在由繁榮所造成的商人的行為特徵中，包含在均衡以及對均衡的反應的干擾中，也包含在經濟數據的改變以及對這些改變的成功或失敗的適應中。

　　圍繞著新的均衡位置所做的努力，將使創新具體化，並對舊企業施加它們的影響。我們從經驗中可以得知，這些努力是衰退時期的真正意義，同樣，這種努力必然導致更加接近均衡位置：一方面，衰退過程的驅動力，直到它真正發揮作用並帶來均衡狀態，理論上講是不會停止的；另一方面，除非達到新的均衡位置，否則以新繁榮的形式出現的干擾是不會自動從經濟系統中產生的。衰退時期的商人行為，顯然是受到實際的或即將發生的損失這個要素所控制的。但是，損失的到來或者即將發生 —— 這在整個經濟系統內不是必然的，但是部分地導致風險 —— 與所有企業以及整個經濟系統不是處於穩定的均衡位置是一樣的；這實際上就是說，直到這些企業再次以與成本相當的價格生產，損失才會到來或發生。因此，理論上說，只要這種均衡沒有完全達到，那麼就總存在衰退。從這個意義上還可以說，生產過程在發揮它的作用之前，是不會被新的繁榮所干擾的。因為直到那時都肯定存在對新的經濟數據的不確定性，這就使對新的組合的計算變得不可能，而且使必要因素的合作變得很困難。如果遵守下面的限定條件，那麼這兩個結論就都是符合事實的。對現代經濟世界所特有的周期性運動和機制的認知，將使商人能夠預測即將到來的繁榮以及這些繁榮的次級現象；很多個體對新均衡的適應，以及很多價值對新均衡的適應，常常被一種期望所延緩或阻礙，這

種期望就是這些個體認為自己還能堅持生產，這種堅持在占據統治地位的繁榮時期是非常重要的，它挽救了很多實際上不能適應生存的廠商，不論如何，這種堅持延緩或阻礙了到達均衡、穩定狀態的過程。

紐約華爾街，拍攝於 1910 年。從布羅德街的十字路口向東望去，前面左邊是聯邦大廳，右邊是摩根大通銀行。

　　經濟生活的逐漸托拉斯化，在大型聯合企業的內部及外部，形成了永久的、連續的失衡，因為，如果在所有的生產部門都存在自由競爭，那麼實際上就只能存在完全的均衡了。此外，由於很多企業，尤其是舊企業，具有很強的財政支持能力，所以這種調整就不總是非常迫切的，也不是與生死存亡密切相關的問題。還有一種對處於困難中的公司或整個行業進行外部支持的做法，如政府救助，它的發放是基於困難只是暫時且是由外界環境造成的這樣的假設。在衰退時期，常常也有實行關稅的要求；所有這些行為，與舊企業所具有的財政支持一樣，都以同樣的方式發揮著作用。更進一步說，還存在機會因素 —— 比如，發生在關鍵時期的好收成。最後，衰退過程的非正常情況有時會產生過度補償的影響。例如，如果某種未經證實的恐慌使得某家企業的股票價格下降了，隨後就會開始對股票價格的糾正性上升，而這種糾正性上升可能進行得

過於激烈，使得該企業的股票價格維持在高位，並導致小規模的虛假繁榮，這種情況在一定條件下可能會持續下去，直到出現真實的繁榮。

當然，最後所達到的狀態絕不會與沒有發展的經濟系統的理論情景完全一致，在沒有發展的經濟系統的理論情景中，將不存在利息形式的收入。相對短暫的衰退時期獨自阻止了這種現象的發生。然而，最後的狀態總是會接近沒有發展的情景，而且這種狀態是相對穩定的，可能又會成為執行新組合的起點。因此，在這個意義上，我們得出結論，即根據我們的理論，在兩個繁榮之間總是會存在吸收的過程，它的功能是產生均衡，最終會到達接近均衡的位置。這對於我們是很重要的，不僅是因為這種中間的吸收過程是存在的（對這種中間過程的解釋是每一種周期理論的責任），還因為這種周期性均衡位置的必要性的證據能夠完成我們的論證。因為我們是從這樣的位置出發來論證的，而發展的波動首先是從這個位置產生的 —— 不管這種情況在歷史上是否出現過，也不管這種情況什麼時候在歷史上出現過。為了更加突出顯示波動的本質屬性，我們甚至可以僅僅假設一種初始的「靜止」狀態。但是，就我們的理論用來解釋這種現象的本質而言，僅僅說每一個經濟周期都具有波峰和波谷是不夠的，還必須說明哪些是不能被簡單地假定的，也不能用事實來代替對它的證明的。因此，在這部分，一定量的研究還是必要的。

第二，除了對剛剛引起我們注意的創新的關注和消化作用，衰退時期還存在其他的一些作用，這些作用確實不如某些現象重要：它完成了繁榮時期承諾的事情。這些作用是持續的，而那些現象是暫時的。這些作用展現在：商品流被豐富起來，生產被部分地重新組織，生產的成本

減少了 [224]，起初看起來是企業家利潤的收入最終增加了其他階層的永久性的真實收入。

　　儘管這些作用一開始遇到了各種障礙，但由我們的理論得出的結論還是被這樣的事實證明了，即衰退的正常時期的經濟狀況 [225] 的整個過程並不像滲透於衰退時期的情緒那樣沉悶。在衰退的正常時期，除了作為規則的經濟生活的大部分幾乎不被干擾這樣的事實，在很多情況下，總交易的實物數量只是以極小的幅度下降。衰退所引起的破壞是如何被誇大的，這樣的流行概念可以透過任何危機的官方調查來表明 [226]。儘管周期性的運動展現在繁榮時期就是通貨膨脹，展現在衰退時期就是通貨緊縮，在這兩種情況下，對周期性運動的分析不僅要根據商品，還要根據貨幣來進行，尤其是，它是以貨幣形式強烈地表現的。與平均年分的總收入數字相比，繁榮時期總收入的上升以及衰退時期總收入的下降在8%～12%之間，甚至在因發展強度大而使波動比歐洲更加顯著的美國也是如此（參考米切爾的論述）。阿夫達農已經表明，衰退時期價格的下

---

[224] 我們兩次談到了繁榮對成本增加的作用。首先，企業家的需求推高了生產數據的價格，然後處於第二波發展的所有人的需求進一步增加。這些不斷增加的成本與古典經濟學家所稱的那種長期成長沒有什麼關係，古典經濟學所說的這種長期增加是建立在人口的增加會帶來生產數據的生產的可能增加的基礎上。現在，上面所提到的成本的減少不是對以貨幣為計量的成本增加的補充，而是繁榮所實現的生產進步的結果，標誌著每單位產品真實成本的下降，這種成本的真實下降首先會出現在與舊企業對立的新企業中，然後會出現在舊企業中，因為它們必須使自己適應 —— 比如，削減產量，將它們自己限制在最好的可能性中 —— 否則，它們就會消亡。每一次繁榮過後，這種經濟系統就能以更少的勞動和土地的支出來生產產品。 —— 原注

[225] 當然，戰後的衰退是不正常的，我認為，把經濟周期理論的一般性結論運用於戰後經濟數據的分析，是不正確的。但人們常犯這種錯誤。很多對危機進行判斷的現代經濟學家是透過信貸政策的幫助來進行的，這可以由這樣的事實來得到解釋，即他們堅決維護僅僅適用於戰後危機的正常周期性運動。 —— 原注

[226] 例如，1895 年之前顯著的衰退時期的英文報導，著名的《衰退時期貿易的第三次調查報告》。對衰退時期的精確調查只是近期才有的，如《倫敦和劍橋經濟服務的第 8 號特殊備忘錄》及美國的《議會和總統對失業問題的報告》中的數據和猜想。有個有趣的方法，能夠產生與 1921 年相同的結果，儘管 1921 年不是衰退的年分，這個方法的提出者就是斯奈德（《管理》雜誌，1923 年 5 月）。 —— 原注

降只構成了平均水準的很少一部分，真正大的波動是在特殊條件下產生的，與周期性的運動的關係很小。這對於所有大的一般性的運動都是一樣的，比如戰後時期。當那些非常事件（恐慌、破產的蔓延等）的過程變得不斷衰弱，以及由此而生的對不可預測的危險的焦慮消失的時候，大眾也會對衰退發表不同的意見，做出不同的判斷。

我們可以看到衰退時期的真正特徵，如果我們考慮這樣的事情，即衰退時期給不同類型的個人帶來了什麼又帶走了什麼——對從衰退時期事件的非正常過程的現象提取出來的事實，這裡我們並不涉及。對企業家及他的追隨者來說，尤其是對那些偶然幸運地或投機地能夠享受到繁榮時期的價格上漲所帶來的成果的人們來說，衰退使他們失去了獲得這種利潤的可能性——尤其是在投機的情況中，這種投機被衰退中出現的看跌的可能性所代替。在正常情況的例子中，企業家已經獲得了利潤，並將這種利潤包含在了已經建立起來且經過調整適應的企業中；但是，他不再產生進一步的利潤，相反，他會受到損失的威脅。在正常情況下，即使在事件的理想過程中，他的企業家利潤將會枯竭，他的其他企業家利潤的收入也將降至最小值。在事件的真實過程中，儘管很多不利影響已經被上面所提到的要素所減弱，但這些不利影響還是會發生。與舊企業有關聯的一些事情，正在被競爭性地消除，但它們還是會遇到困難。具有固定貨幣收入的人，或者收入在很長時間之後才會變化的人（比如領取養老金的人、收租金的人、政府工作人員以及長期出租自己土地的土地所有者），都是衰退時期的典型受益人。他們的貨幣收入所能購買到的商品，在繁榮時期被壓縮了，但在衰退時期卻擴大了，而且，在原則上，這種擴大的程度比繁榮時期被壓縮的程度更大，這一點我已經說明了（參閱前面的 3. 中的「第三」）。進行短期投資的資本家，從每單

位收入和資本所增加的購買力中獲益，而由於更低的利息率受到損失。理論上，他們所遭受的損失要大於收益，但是很多次要的情況 —— 首先是遭受損失的風險，其次是對風險補償的需求 —— 使這個理論上的原理失去了實際的重要意義。那些沒有用長期合約把自己的租金固定下來的土地所有者 —— 主要是擁有土地的農民 —— 在根本上與工人處於相同的地位，所以，對有關工人問題的論述也適用於他們。工人與土地所有者之間的差別在實踐中很重要，但在理論上就不值得考慮了，人們對這種差別通常是非常熟悉的，我們在這裡對此不進行論述 [227]。

在繁榮時期，薪資必須增加。因為對勞動力的需求會增長，首先是企業家對勞動力的新的需求，其次是次級波動上升時，那些擴大經營活動的人也會增加對勞動力的需求，這些都會直接或間接增加對勞動力的需求。因此，就業首先會增加，伴隨而來的就是勞動力的薪資總數的增加，然後是薪資率以及個別工人收入的增加。正是由於薪資的增加，引起了對消費品需求的增加，從而又導致了一般物價水準的提高。

理論上與工人具有相同地位的土地所有者的部分收入，因為上面提到的原因不會隨著薪資的增加而增加，而他們的固定收入根本不會增加，所以總薪資的增加與更大的實際勞動收入是相等的，而這會導致尚未增加的社會產品中的份額增大。

下面這種情況是普遍真理的特殊情況。新創造的購買力在影響消費品的價格之前必定會對薪資產生影響，那麼通貨膨脹就不會立即損害工人的利益。只要情況不是如此，或者只要薪資的上漲遇到了外界的障礙（比如世界大戰），那麼薪資就會按照經常被描述的方式滯後於物價而上

---

[227] 同樣，也沒有必要討論衰退對不同行業的不同程度的影響 —— 例如，對奢侈品行業的影響要大於對食品生產工業的影響。對這些不同程度的影響，哪些具有理論意義，我們已經在本章的不同地方都有所涉及。 —— 原注

漲^[228]。如果通貨膨脹確實是過度消費的工具（比如如果戰爭是靠通貨膨脹來獲取資金支持的），那麼由此造成的經濟系統的貧困^[229] 必然會對工人的地位產生影響，即使這種影響不如對其他群體的地位所產生的影響那麼嚴重。但是在我們的例子中，發生了相反的情況。

瑪塞拉·哈特是三個孩子的母親，受僱於鐵路車站做擦拭工，她的工作是清洗列車發動機和機械的表面。拍攝於 1943 年 4 月，美國艾奧瓦州。

---

[228] 對這個理論的統計性檢驗遇到了各種困難。首先，我們對工人所消費的商品的零售價格的數據，遠沒有我們所期望的完整——這樣，貨幣薪資的變動當然就沒有任何意義了；如果人們對這種狀況滿足的話，就證明了我們的觀點。對就業程度的測量仍然不能使我們滿意，但我們又不得不用這個數據。據我所知，在戰前測量短期的勞動量是根本不可能的，而且只有藉助於工會的數據和偶然的人口調查才能測算完全的失業。現在，這些手段和方法將會更加成功，因為從我們的目的出發，我們只考慮戰前的數據，這是前面已經提及的。這裡有一篇著作，即伍德的〈1850 年以來的實際薪資和人們的滿足標準〉，刊登在《皇家統計協會雜誌》（1909 年 3 月），它試圖尋找我們所需要的東西，並將它的論述延伸到了 1902 年，並且證實了我們的預期。然而，世紀之交出現了非周期性的、長遠的價格運動，它歪曲了整個情景，並且包含了周期性運動的越軌行為。根據鮑利教授對伍德的著作的繼續以及伍德的文章〈1900-1912 年倫敦實際薪資的過程〉（發表在《皇家統計協會雜誌》，1913 年 12 月）中所做的研究，以及漢森的〈影響實際薪資趨勢的要素〉（發表在《美國經濟評論》，1925 年 3 月），我們可以確切地說這個理論是不符合實際情況的，而我們所提到的這些文章與就業程度都是無關的。但是，很容易可以看出，如果消除價格的長期上漲趨勢，那麼我們的結論就會被證實。關於黃金的生產與薪資水準的關係，可以參閱皮古在 1923 年 6 月的《經濟雜誌》中的論述。
本文接下來的論點有充足的數據支持。在衰退時期，真實的薪資是有規律地下降的，而下降的程度只是繁榮時期所獲得利益的一部分。這也正是我們應該期望的。——原注
[229] 在支付工具的數據大致保持不變的情況下，由於貧困及產生的問題，即使不採用膨脹性的融資政策，也會出現相對的通貨膨脹。本文還提到了紙質貨幣或者信貸膨脹所帶來的影響程度的加劇的情況。——原注

一方面，在衰退時期，每單位薪資的購買力增加了。而以貨幣形式表現的對勞動力的有效需求，由於繁榮而開始的自動的通貨緊縮而有所下降。如果僅出現這種情況，那麼對勞動的有效真實需求[230]將保持不受干擾。勞動的真實收入將繼續保持在比較高的位置，這種收入不僅高於前期的均衡位置時的收入，還高於繁榮時期的收入。因為，之前的企業家利潤會流向——理論上和根據我們對這個概念的定義會全部流向，但實際上只是逐漸且不完全的流向——勞動和土地的服務，只要這種企業家的利潤沒有被產品價格的下降所消化吸收掉。但是下面的這些情況在短期內阻礙了這種事情的發生，並且會引起由統計數據所表示的真實收入的暫時性下降，但是，與我們的理論相一致的期望的真實收入的上升，在現實中通常會被下一個繁榮的出現所掩蓋。

（a）在衰退時期我們所稱的數據和事件的不確定性和明顯的無規則性，以及更多異常事件過程中的恐慌和錯誤，擾亂了很多廠商，並且使很多其他廠商在一段時間內無所事事。這必然會導致失業等其他事情的發生，但本質上這些現象都是暫時的，這種暫時性的特徵不會改變這樣的事實，即它是一個重大的事件，在一定條件下可以消除人們所關心的不幸和災難，以及對它的恐懼——僅僅是因為它的發生是不可計算的——這種暫時性的特徵實質上有助於反映衰退時期的情況。這種暫時性的失業特徵是衰退時期的典型特徵，也是勞動恐慌性供應的來源，會導致之前由工會的行動所獲得的利益的損失，有時，雖然不是必然的，但也會對薪資施加比較大的壓力，而它所造成的這些影響可能比失業數據的影響還要大。

（b）從這些事情中，我們必須分清這樣的事實，即新的企業要麼會完

---

[230] 這個新的概念在這裡僅指以一種理想的標準單位所衡量的勞動的需求，這種標準單位不會由於流通中的媒介的數量的變化而經歷周期性變化；因此，這種概念僅僅指的是對勞動總需求的實際變化，而不是名義上的變化。——原注

全消滅掉舊企業，要麼迫使這些舊企業限制它們本身的經營活動。作為對這種情況所引起的失業的抵制措施，新企業的執行肯定會引起對勞動力的新需求。這種對勞動力的新需求的數量在多大程度上能夠超過由此引發的失業數量，可以透過鐵路和大眾馬車的例子來說明。但是，並不是所有的情況都是如此，而且即使所有的情況都是如此，也會碰到困難和摩擦。同時，由於勞動力市場作用的不完全，這兩者（對勞動力的新需求的數量和引發的失業數量）在平衡中，它們之間的不對稱可能還要更加偏重一些。

（c）由於曾經創造了新的投資的企業家對勞動的需求最終會停止，上面所提到的由於繁榮的到來而產生的對勞動的新需求也會失去其重要性。

（d）作為規則，繁榮最終意味著生產過程進一步機械化，因而必然會減少每單位產品所必需的勞動量；而且，繁榮還經常包含著工業對勞動需求量的減少，儘管工業會出現生產的擴張，當然，繁榮對工業的這種包含不是必然的。這樣，技術性的失業就表現為周期性失業的一個組成部分，而且不應該與後者對立以致它看似與這個周期循環無關一樣。

衰退所帶來的這種要素是巨大的、讓人感到痛苦的，但這些要素所面對的這些困難主要還是暫時的 [231]。因為對勞動力總體真實需求一般來說不會持續下降。忽略所有補充的以及次要的因素，企業家利潤中那部分未被價格下降所消除的支出，必然會超過任何永久性收縮所需要的量，所以對勞動力的需求不會持續下降。即使這部分的支出僅僅花在消費方面，它也必定要分解為薪資和租金，因此我反覆強調，這裡所說的每一個問題，在理論上都適用於薪資和租金。一旦它們被投資，在某種程度上就會產生對勞動的真實需求的增加。

---

[231] 對於這一點，請讀者參閱我的論文〈分配學說的基本原理〉，載於《社會經濟與社會政策文獻》（第二卷）。—— 原注

（e）繁榮只會以一種方式直接或間接地使對勞動的真實需求持續降低：如果在新的組合中，繁榮轉化為土地和勞動的相對邊際重要性，而土地和勞動產生於之前對勞動不利的舊的生產組合中。於是，不僅勞動在社會產品中所占的份額，而且勞動的真實收入的絕對數量都可能持續下降。實際上，比這種情況更重要的——但未必屬於永久性的性質——是一種對已經生產出來的生產數據的需求的轉變。

基於這個限定條件，我們回到我們的結論，即衰退的經濟本質在於，透過力求均衡的機制，把繁榮的成果擴散到整個經濟系統；而那種對於這個經濟系統來說僅僅是部分必需的暫時反應，掩蓋了這個基本特徵，並產生了一種可以表達為衰退的氛圍，同時產生了一種反響，即那些指數所表現的形式不屬於（或者說不完全屬於）貨幣、信貸和價格的範疇，而且那些指數不僅僅反映了衰退時期自動的通貨緊縮的特徵。

6. 危機的爆發開始了事件的異常過程，或者說危機的爆發是事件過程的異常開端。正如我們已經提到的，這沒有提出任何新的理論問題。我們的分析表明，恐慌、破產、信貸制度的崩潰等現象很容易在繁榮轉向衰退的轉振點出現。這種危險會持續一段時間，但是只要衰退的過程更加徹底地發揮其作用，那麼這種危險就會變小 [232]。如果出現恐慌，

---

[232] 隨著衰退的繼續，經濟系統崩潰和信貸結構崩潰的風險就會越來越小。這種論述和這樣的事實是相符的。即大多數的破產並不是恰好發生在轉振點附近，而是發生在轉振點之後，甚至有時會發生在經濟系統的風險過去之後。因為，一家廠商經歷了致命的打擊，但是它不一定會立即破產。相反，每個人都會盡可能地抵制破產。大多數廠商都可能在或多或少的時間內做到這一點。他們希望自己——還有他們的債權人也希望——能夠處於比較有利的地位。他們深思熟慮，藉助新的支持和一定的手段、方法，有時會獲得成功，有時至少會獲得同意他們進行債務清理的成功——當然，更多的時候，他們沒有成功，但是即使沒有成功，垂死的掙扎也會延遲破產或重組的過程，常常會延遲到下一個上升過程，這就相當於乾涸的土地上重現了新生。這並不是新的災難所帶來的結果，實際上這種高風險在逐漸降低，這種結果是很早之前就發生的災難的結果。這裡，與別的地方所做的努力一樣，我們只考慮主要的原因以及所需要的解釋的基本特徵，而不關心什麼時候這種原因才是明顯可見的。這就產生了我們的理論與所觀察到的事實之間明顯的不一致。但是，如果這種不一致沒有得到滿意的解釋，那麼每一種不一致就只能成為一種反對或異議。——原注

那麼首先出現在這種恐慌中的錯誤或者僅因試圖解除這種恐慌而出現的錯誤，以及大眾輿論等，就會成為獨立的原因，而這些錯誤以及大眾輿論在事件的正常過程中是不可能出現的。這些錯誤和大眾輿論就成為衰退的原因，這種衰退表現出了不同的特徵，並導致最後不同的結果偏離正常軌道。在這裡，最終所建立的均衡狀態，與其他情況下所建立的均衡狀態，是不同的。重大的錯誤和破壞等不能被改正和修復，它們創造的情況反過來會產生進一步的影響，這樣，這些情況必須共同努力尋找解決的辦法；這些錯誤和破壞意味著新的干擾，而且它們還會包含適應的過程，而這種適應過程在其他情況下都是多餘的。事件的正常過程與非正常過程之間的區別是非常重要的，這種重要性不僅展現在理解事情的本質方面，還展現在與理解這些事情的本質相連繫的理論和實際問題方面。

1933 年 12 月，禁酒令結束後，費城一家酒吧裡顧客正在痛飲。

1920 年 1 月 17 日，美國憲法第 18 號修正案（禁酒令）生效，任何製造、售賣、運輸酒精含量超過 0.5%以上的飲料，以及聚眾飲酒皆屬違法。從這一天起，美國進入了長達 14 年的「禁酒時代」。禁酒令發表的背景是當時數十萬工人在職位上受傷或死亡，其中一個很重要的原因就是酒精，而聚眾飲酒更會直接導致勞動效率集體下降。因此，出於生產的需要，禁酒法案在 1920 年通過。

　　我們已經看到 —— 與我們在經濟周期中看到的貨幣現象，或者根源於銀行信貸的現象相對立的學說，在今天特別地與凱因斯、費雪、霍特里的名字連繫在一起，也與聯邦儲備局的政策連繫在一起 —— 無論是繁榮時期的利潤還是衰退時期的虧損，都是沒有意義的和不產生作用的。相反，私營企業家與其競爭對手仍然在競爭，他們之間的相互作用是經濟發展機制的基本要素，而且不會被消除。如果不進行把那些與沒有希望改變的事物不可避免地連繫在一起的實體加以完全破壞的徹底競爭，那麼經濟系統就不能發揮作用。但是，伴隨著事情的非正常過程的損失和破壞確實是沒有意義和不發揮作用的。對危機的預防和整治的各種建議的論證，主要依靠這些伴隨衰退的損失和破壞。其他對危機的整治措施的出發點是基於這樣的事實，即使是正常的衰退也包含著與周期的原因和意義沒有任何連繫的個人，即工人。

　　對危機最重要的治療措施，也是唯一不會引起反對意見的措施，就是對經濟周期預測的改進。商人們對周期理論的不斷熟悉以及逐漸形成的托拉斯化，就成為真正的危機現象變得越來越弱的原因 [233] —— 世界大戰以及戰後那段時間都不屬於這種情況。由政府的企業或大的企業聯合體所進行的新建設推遲到衰退時期，從我們的觀點來看似乎是對新組合成群出現的結果的一種緩和，也似乎是對衰退時期的通貨緊縮和繁榮時期的通貨膨脹的一種減弱，因而，這似乎是減緩周期運動和危機風險

---

[233] 不斷增加的對周期的預見也削弱了正常的周期運動。但是，這不能阻礙危機的發生，如果從這個觀點來檢查我們的論點，這一點就會被認可。因此，當亞當斯這樣說：「預測周期就是使得周期失效」，他未免預測得太遠了。這與早前提到的要素有所不同，即隨著時間的程序，經濟發展不斷變為一種「計算的事情」。這種要素與我們所講的熟悉程度和預見性有所不同。它也緩和了周期運動，但是由於另外的原因：它趨於消除產生繁榮的基本原因，它的運動比周期過程的預測的速度要慢，但在趨勢上更加完整 —— 只要產生繁榮的原因存在，這些都是不可避免的。這也不同於托拉斯化：由於同樣的原因，它減緩了事件的正常和非正常過程。—— 原注

的有效手段。對信用工具不加區別的普遍的增加，僅僅意味著通貨膨脹，正如政府印製紙幣的行為一樣。它可能像阻礙非正常的過程一樣，阻礙正常的過程。它不僅會遇到反通貨膨脹的一般爭論，還會遇到這樣的論點，這種論點認為它破壞了可以歸結為衰退的選擇性措施，它還使經濟系統負擔那些不能適應的以及無法生存的廠商。與之相比，通常由銀行無系統地並且沒有預見性地實施的信貸控制，卻能夠出現在值得公開討論的政策面前，這種政策透過讓嚴重的結果自由發展來醫治災難。這種政策實施的過程可以用其他的措施來補充，但這些其他的措施可能會使個別生產者很難抵制價格的必要下降。但是，也可以構想一種信貸政策 —— 部分是在個別銀行方面，更多的是在中央銀行對私人銀行的影響方面 —— 這種政策能將具有經濟職能的衰退過程的正常現象，和具有破壞作用而沒有經濟職能的衰退過程的非正常現象區分開來。這種政策肯定會導致一種特殊種類的經濟計劃，這種計劃必定會增加政治因素對個人和團體命運的影響。這個過程也包含政治的判斷，這與我們的論述不相關，我們並不關心。這種政策必備的技術性前提條件，以及對經濟和文化生活的事實和可能性的全面洞察和了解，儘管理論上說是能夠及時得到或實現的，但是在目前，這些無疑是不能得到或不能實現的。但是在理論上，確立卜面的一些事情引起了人們的興趣，即這種政策不是不可能的，不能簡單地把它的出現歸因於幻想，也不能歸因於那些在本質上不能用作達到目的的手段，或者不能歸因於那些其得到的反作用必然大於其直接影響的手段。不能僅僅從概念上來區分事件的正常過程和異常過程中的現象。實際上，在現實中，它們是不同的事物；透過充分深入的研究，即使在今天發生的具體情況也可以立即被普遍性地認定是屬於這種事物，還是屬於另一種事物。在受任何衰退時期的災難所威脅

的大量企業中，這種政策會區分出那些由於繁榮而在技術上或商業上過時的企業，和那些受到次要環境、反作用和偶然事件影響而陷入危險境地的企業；這種政策將不會扶持前一種企業，而對後一種企業給予信貸支持。如同有意識地制定的種族衛生政策可能會成功一樣，這種有意識地扶持特定的企業的政策也可能會成功，然而如果放任事情自由發展，那這種有意識的政策就不可能實現。然而，無論情況如何，作為資本主義制度產物的危機，都將比資本主義制度更早地消亡。

大蕭條期間，加利福尼亞州薩克拉門託附近，失業的田納西州煤礦工人的女兒正悲傷地在加利福尼亞移民工人營地休息。拍攝於 1936 年。

但是，沒有任何措施能夠永久性地阻礙大規模的經濟和社會過程，在這個過程中，企業、個人的地位或位置、生活方式、文化價值和理想等，都將沉沒，並最終消失。在存在私有財產和競爭的社會中，這個過程是不斷出現的新的經濟和社會形態的必要補充，也是所有社會階層不斷上升的真實收入的補充。如果沒有周期性的波動，這種過程會更緩和，但是，這也不能完全歸因於周期性的波動，而且這個過程與周期性的波動是相互獨立的。在理論上和實際上，在經濟上和文化上，這些變化比經濟的穩定性更加重要，但很長時間以來，所有分析的注意力都集

中在經濟的穩定性方面。家庭和公司的興衰，在它們特殊的變動方式中，比在靜態的社會中觀察到的任何事物都具有更多資本主義經濟系統的特徵，在家庭和公司興衰的特殊變動方式所形成的文化和作用效果方面，更加具有資本主義經濟系統的特徵。而在靜態的社會中，家庭和公司是以固定速度進行自我再生產的。

熊彼得經濟發展理論：

破解經濟周期謎團！從信貸市場到結構性改革，現代企業思想之父的創新理論與現代應用

作　　者：[奧] 約瑟夫‧熊彼得（Joseph Schumpeter）

譯　　者：王永勝

發 行 人：黃振庭

出 版 者：財經錢線文化事業有限公司

發 行 者：財經錢線文化事業有限公司

E-mail：sonbookservice@gmail.com

粉 絲 頁：https://www.facebook.com/sonbookss/

網　　址：https://sonbook.net/

地　　址：台北市中正區重慶南路一段61 號 8 樓
8F., No.61, Sec. 1, Chongqing S. Rd., Zhongzheng Dist., Taipei City 100, Taiwan

電　　話：(02)2370-3310

傳　　真：(02)2388-1990

印　　刷：京峯數位服務有限公司

律師顧問：廣華律師事務所 張珮琦律師

定　　價：375 元

發 行 日 期：2024 年 07 月第一版

◎本書以 POD 印製

Design Assets from Freepik.com

國家圖書館出版品預行編目資料

熊彼得經濟發展理論：破解經濟周期謎團！從信貸市場到結構性改革，現代企業思想之父的創新理論與現代應用 / [奧] 約瑟夫‧熊彼得（Joseph Schumpeter） 著，王永勝 譯 .-- 第一版 .-- 臺北市：財經錢線文化事業有限公司 , 2024.07

面；　公分

POD 版

ISBN 978-957-680-923-1(平裝)

1.CST： 熊 彼 得 (Schumpeter, Joseph Alois, 1883-1950) 2.CST: 經濟思想 3.CST: 經濟發展 4.CST: 資本主義

550.1872　　　　　113010099

電子書購買

爽讀 APP

臉書